中学数学教研智慧丛书

U0619961

# 明史传智
# 以文化人

## 中华优秀传统数学文化
## 融入初中数学课堂的实践

上海教育出版社
SHANGHAI EDUCATIONAL
PUBLISHING HOUSE

# 序 言

在浩瀚的中华文化长河中,数学文化犹如一颗璀璨的明珠,闪耀着独特的智慧光芒。中华优秀传统数学文化,不仅承载着古代先贤们对数学真理的不懈追求,更蕴含着丰富的数学思想、方法和价值取向,是中华优秀传统文化的重要组成部分。今天,我们有幸站在新的历史起点上,探讨如何将这份宝贵的文化遗产融入现代数学教育之中,尤其是初中数学课堂,这无疑是一项意义深远且富有挑战性的工作。

《明史传智 以文化人——中华优秀传统数学文化融入初中数学课堂的实践》一书的问世,正是对这一重要课题的积极回应与深入探索。作者在深入研究中华优秀传统数学文化的基础上,结合当前数学教学的实际需求,提出了一系列创新性的教学策略和案例,为数学教育的改革与发展提供了宝贵的思路和借鉴。

在本书中,作者以数学史与数学教育(HPM)的有关研究成果为支撑,结合大量的教学实践案例,系统阐述了中华优秀传统数学文化融入数学课堂的多种路径和策略。从新知引入、问题设计、公式推导、定理证明等多个维度,作者展示了如何巧妙地运用中国古代数学典籍中的问题和思想,创新数学教学的内容和形式,使数学课堂变得更加生动有趣、富有文化底蕴。

尤为值得一提的是,本书在探讨具体教学策略的同时,还深入分析了中华优秀传统数学文化的精髓和价值,揭示了其在现代数学教育中的独特意义和作用。这种理论与实践相结合的研究方法,不仅为一线教师提供了具体的操作指南,也为数学教育研究者提供了丰富的思想资源。

我相信,《明史传智 以文化人——中华优秀传统数学文化融入数学课堂的实践》一书的出版,将对推动中华优秀传统数学文化的传承与发展、促进数学教育的改革与创新产生积极而深远的影响。

最后,我要向本书的作者表示衷心的祝贺!他为中华优秀传统数学文化的传承与发展、为数学教育的改革与创新做出了重要贡献。同时，我也期待更多有志于数学教育与数学史研究的学者和同仁能够加入到这一行列中来，共同书写中华数学教育的新篇章。

汪晓勤

2024 年 9 月

# 前　言

中华优秀传统文化是中华民族的"根"与"魂"。习近平总书记指出:"优秀传统文化是一个国家、一个民族传承和发展的根本,如果丢掉了,就割断了精神命脉。"

数学之美,自古有之;文化之魅,源远流长。中华五千年的文明史中,数学文化以其独特的魅力闪耀着智慧的光芒。从《周髀算经》到《九章算术》,从勾股定理到杨辉三角,中国古代数学家以卓越的智慧和不懈的探索,为世界数学史留下了浓墨重彩的一笔。

在当今这个文化交融的时代,如何将这些宝贵的数学文化遗产传承下去,让新一代的青少年在领略数学之美的同时,更加深刻地理解和认同中华优秀传统数学文化,成为我们中小学数学教育工作者面临的重要课题。

国家高度重视中华优秀传统文化的传承与弘扬。2017 年 1 月,中共中央办公厅、国务院办公厅印发了《关于实施中华优秀传统文化传承发展工程的意见》;2021年 1 月,教育部制定了《中华优秀传统文化进中小学课程教材指南》;2022 年 4 月,《义务教育数学课程标准(2022 年版)》发布。这一系列文件都提出了将中华优秀传统文化有机融入中小学课堂的要求。

2022 年 7 月,我参加第十批援藏——上海市教育人才"组团式"援藏工作。从踏上这片高原的那刻起,我就在思考:进藏为什么? 在藏干什么? 离藏留什么?

在上海市第十批援藏干部联络组引领下,教育援藏以立德树人为根本任务,以为党育人、为国育才为根本目标,以铸牢中华民族共同体意识为主线,以传承发展中华优秀传统文化为着力点,用风雨兼程、奋发有为的创新实践描绘"白玉兰香"映衬"格桑花美"的动人画卷。

本书正是在这样的背景下编写而成,为中学数学教师提供一套全面而深入的资源,帮助教师在课堂上有效融入中华优秀传统数学文化。通过系统梳理和深入解读中国古代数学文化,本书不仅为教师提供了丰富的素材和案例,使教师在设计教学时能够引入中国传统数学智慧的精华,还提供了切实可行的教学策略和路径,使课堂更具深度和吸引力。

此外,本书意在促进中华优秀传统数学文化在中学数学教育中的传播,并为中华优秀传统数学文化融入初中数学课程教材提供参考。

第一章开展了"为何"和"如何"的讨论,阐述了中华优秀传统数学文化的价值和意义,剖析了中华优秀传统数学文化的内涵和特点;再结合沪藏两地的教学实践,系统阐明初中数学教学中融入中华优秀传统数学文化的具体途径。

第二章进行了教育取向的数学史研究,在查阅了大量文献的基础上,梳理出与初中数学教学紧密相关的中华优秀传统数学文化成就;从历史发展的角度,介绍八个主题在初中数学教学中的实际应用价值,并给出教学建议。

第三章从核心素养角度出发,分析了中华优秀数学传统文化中蕴含的核心素养,并提出了在初中数学课堂中融入传统数学文化,发展学生核心素养的路径和策略,为学生核心素养的发展注入新的活力。

第四章梳理了中国古代数学名著,介绍了中华优秀传统数学文化命题的内容、试题认知水平的划分;通过大量的实例,探讨了中华优秀传统数学文化的命题方法和试题运用策略。

第五章开展了融入中华优秀传统数学文化的教学实践,通过具体的案例,探讨中华优秀传统数学文化融入初中数学教学的具体方法,呈现教学设计、课堂实施和学生反馈的过程,为一线教师提供可借鉴、可复制的典型案例。

在沪、藏两地开展的教学实践中,学生们积极参与课堂探究,创作了大量的实践作品,让我更加坚定了传承和弘扬中华优秀传统文化的决心。我将中华优秀传统数学文化融入课堂,不仅是为了让学生了解历史、感受文化,更是为了培养他们的核心素养和文化自信。

本书是第十批援藏——上海市教育人才"组团式"援藏工作队的经验凝练。研究团队在日喀则市上海实验学校和亚东中学开展了大量的实践活动,受到了日喀则市上海实验学校张小波校长、亚东中学朱俊校长的关心和支持,在此表示感谢!

让我们一起踏上这场数学文化的探索之旅，领略中国古代数学家的智慧之光，感受中华优秀传统数学文化的独特魅力，共同探索如何在初中数学课堂将这一宝贵财富更好地传承和发扬。

2024 年 3 月于西藏

# 目录

# 第一章 | 继承与发展，中华优秀传统数学文化与初中数学教学

事类相推，各有攸归，故枝条虽分而同本干知，发其一端而已。又所析理以辞，解体用图，庶亦约而能周，通而不黩，览之者思过半矣。

——刘徽

在数学的殿堂中，中华优秀传统数学文化如同一颗璀璨的明珠，其深邃的智慧和独特的魅力历经千年仍熠熠生辉。本章将带领大家深入探索这一宝藏，挖掘其在初中数学教学中的巨大价值和深远意义。

本章首先从宏观角度阐述中华优秀传统数学文化在初中数学教学中的重要性和必要性，揭示其对学生核心素养的培育作用以及对坚定文化自信的促进功能。

接着，我们将深入剖析中华优秀传统数学文化的内涵和特点，通过对其历史渊源、思想精髓和独特风格的阐述，让读者对这一宝贵财富有更全面、更深刻的认识。

最后，本章聚焦于将中华优秀传统数学文化融入初中数学教学中的具体途径和方法。结合教学实践，我们将探讨如何在初中数学课堂中有效融入中华优秀传统数学文化，让学生在合作探究中领略、领悟和领会中国古代数学家的智慧，感受中华优秀传统数学文化的博大精深。

让我们携手共进，以本章为起点，共同探索中华优秀传统数学文化与初中数学教学的融合之道，让学生在数学学习过程中领略中华文化的独特魅力，培育具有深厚文化底蕴和数学素养的新时代人才。

## 第一节 中华优秀传统数学文化的价值和意义

中华文化源远流长、灿烂辉煌。在5 000多年文明发展中孕育的中华优秀传统文化，积淀着中华民族最深沉的精神追求，代表着中华民族独特的精神标识，是中华民族生生不息、发展壮大的丰厚滋养，是中国特色社会主义植根的文化沃土，是

当代中国发展的突出优势,对延续和发展中华文明、促进人类文明进步,发挥着重要作用。

2017 年 1 月,中共中央办公厅、国务院办公厅印发了《关于实施中华优秀传统文化传承发展工程的意见》,文件要求:深化对中华优秀传统文化重要性的认识,深入挖掘中华优秀传统文化价值内涵,着力构建中华优秀传统文化传承发展体系。文件同时要求中华优秀传统文化贯穿国民教育始终。围绕"立德树人"根本任务,遵循学生认知规律和教育教学规律,按照一体化、分学段、有序推进的原则,把中华优秀传统文化全方位融入思想道德教育、文化知识教育、艺术体育教育、社会实践教育各环节,贯穿于启蒙教育、基础教育、职业教育、高等教育、继续教育各领域。以幼儿、小学、中学教材为重点,构建中华文化课程和教材体系。加强面向全体教师的中华文化教育培训,全面提升师资队伍水平。

2021 年 1 月,为落实全国教育大会精神和中共中央办公厅、国务院办公厅《关于实施中华优秀传统文化传承发展工程的意见》,充分发挥中小学课程教材承载的中华优秀传统文化教育功能,教育部制定了《中华优秀传统文化进中小学课程教材指南》,文件指出,数学是中华优秀传统文化教育的载体,要结合学科特点,选择有关学科领域典籍、人物故事、基本常识、成就、文化遗存等,引导学生体会其中蕴含的思想方法,感悟中华民族智慧与创造,培养学生勇于探索、自强不息的精神,坚定文化自信,增强民族自豪感。

2022 年 4 月,《义务教育数学课程标准(2022 年版)》发布,新课标坚持"将社会主义先进文化、革命文化、中华优秀传统文化等重大主题教育有机融入课程,增强课程思想性"的目标导向,要求中学生在课程学习中弘扬中华优秀的传统文化。中华优秀传统数学文化作为中华优秀传统文化的重要组成部分,将其融入课程教学有助于学生培养数学素养、提高思想品质、增强爱国情怀等。

2022 年 10 月,中国共产党第二十次全国代表大会在北京顺利召开,习近平总书记在党的二十大报告指出:中华优秀传统文化源远流长、博大精深,是中华文明的智慧结晶。我们必须坚定历史自信、文化自信,坚持古为今用、推陈出新。开展中小学中华优秀传统文化教育,对于永续中华民族的根与魂,坚守中华民族的共同理想信念,筑牢民族文化自信、价值自信的根基,维护国家文化安全,增强国家文化软实力,培养青少年做堂堂正正的中国人,具有重要意义。

我国古代数学成就是中华优秀传统文化的有机组成部分,它具有悠久的历史,创造出很多具有中国特色和世界影响的成果,不仅为中华民族的发展作出了杰出贡献,也为整个人类文明作出了积极贡献。

中华优秀传统数学文化进初中数学课堂,是强化中华优秀传统文化铸魂育人功能,落实以中华优秀传统文化涵养社会主义核心价值观,实现中华优秀传统文化传承发展系统化、长效化、制度化的重要举措,对于学生感悟中华民族智慧与创造、增强民族自豪感、坚定文化自信具有以下的重要价值:

传承文化遗产。中华优秀传统数学文化代表了中国古代科学的辉煌成就,其中不乏曾领先世界的先进成果,融入初中数学教学有助于传承和弘扬我国的优秀传统文化,能够让学生了解和珍视中国古代数学文化的宝贵遗产。

提升核心素养。中华优秀传统数学文化强调实践和应用,集中体现了中国古人解决实际问题的智慧,融入数学教学有利于提升学生的应用意识和创新意识,培养学生对于中华优秀传统文化的理解和认同。

激发探究精神。中华优秀传统数学文化包含丰富的历史史料和经典问题,这些史料和问题有助于培养学生的探究精神,激发他们对数学的好奇心。此外,中国古代数学家勇于创新、追求真理的故事也将激发学生数学学习的热情。

培养问题意识。中国古代数学家坚持以实用为导向,留下的数学知识往往源于在社会生活中遇到的实际问题,并蕴含了当时的政治和社会背景。这些数学知识有利于学生在学习中华优秀传统数学文化的过程中,培养主动思考和提出问题的能力。

培育高阶思维。中国古代数学家善于灵活地处理问题以及创造性地解决问题,学生将在解决中华优秀传统数学问题中促进思维品质的提高。同时,与教材不一样的解题方法,也有助于培养学生思维的多变与灵活。

# 第二节　中华优秀传统数学文化的内涵和特点

文化是一个很宽泛的定义,不同学者对"文化"下了很多种定义,一种较为流行的定义见于《不列颠百科全书》:文化,人类特有的行为,和这种行为组成部分的物质对象的集合。

从文化学的角度理解数学,对于数学教育有特别重要的意义。数学是一种先进的文化,是人类文明的重要基础。它的产生和发展在人类文明的进程中起着重要的推动作用,占有举足轻重的地位。

张奠宙教授认为:如果我们把数学文化打扮起来,数学就是一位光彩照人的科学女王。但是如果你仅仅把数学等于逻辑,等于几条枯燥的公式,那么这位美女就变成 X 光下的骷髅,就是 X 光的照片。

郑毓信教授在《数学文化学》一书中,试图从数学哲学和数学社会学的视角构建数学文化体系,特点是用社会建构主义的哲学观,强调"数学共同体"产生的文化效应。

美国数学家怀尔德教授运用文化人类学视角和方法审视一些重要的数学历史现象,获得了一些重要的结论。他的两部经典著作《数学概念的进化》和《作为文化体系的数学》,从文化生成理论、发展理论等方面提出数学文化体系的理论。他认为:数学是一个由于其内在力量与外在力量共同作用而处于不断发展和变化之中的文化体系。也就是说,数学文化由数学传统和数学本身组成。

综合众多数学者的观点,从狭义角度理解,数学文化是指数学的思想、精神、方法、观点、语言,以及它们的形成和发展。从广义上讲,除上述内涵以外,数学文化还包含数学家、数学史、数学美、数学教育、数学发展中的人文成分、数学与社会的联系、数学与各种文化的关系等。本书中的数学文化指广义上的界定。

中国自古以来就是一个数学先进的国家。古代数学以《九章算术》为代表,通过《周髀算经》《海岛算经》《孙子算经》《缀术》《张丘建算经》《数书九章》《缉古算经》《五经算术》等经典数学著作在数学研究发展史取得了丰富的研究成果,并形成迥异的东方数学体系。到了十三、十四世纪,中国传统数学达到了鼎盛时期,取得了十分辉煌的成就,在数学的许多领域内处于世界领先的地位。

英国科学史家李约瑟则根据自己以及李俨、钱宝琮、严敦杰等学者关于中国数学史的研究成果指出,在公元前 250 年到公元 1250 年之间,在数学上,从中国传出去的东西比传入中国的东西要多得多。

在吴文俊院士看来,数学发展的主流并不像以往有些西方数学史家所描述的那样只有单一的希腊演绎模式,还有与之平行的中国式数学,而就对近代数学的产生而言,后者甚至更具有促进作用。

中华优秀传统数学文化是中国古代的数学智慧和独特的思维方式的集中体现。它包括数学史的经典著作、古代数学家的贡献与发明、非凡的计算方法及独特的数学哲学思想等，强调实用性、注重整体观念、追求求真精神，是一种积淀深厚的数学传统。

中华优秀传统数学文化的特点有：

以算法为中心。中国传统数学可谓是把计算发展到了淋漓尽致的地步，几乎所有古代数学都与当时的社会实践、经济生活有密切关系，还产生了诸如算筹和算盘等计算工具，不仅形成了迭代等高超的计算技巧，还归纳出了分数四则运算理论、比例计算理论、正负数运算理论、方程理论、勾股理论、割圆术、体积理论、同余理论等举世公认的成就。

寓理于算。中国数学家善于从错综复杂的数学现象中抽象出数学概念，并经过推演等程序提炼出一般的数学原理。作为研究众多数学问题的基础，最具代表性的就是出入相补原理。与此同时，中国传统数学中的演算也不是简单的计算技巧，往往还蕴含着每一步转化的依据、思想方法以及适用于某类问题的一般性原则。

经世致用。实用主义是中国古代数学的基本特征之一，几乎每部古典数学著作都是以问题集解的形式编纂，反映出当时社会政治、经济、军事、文化等方面的某些实际需要，《九章算术》就是典型代表，具有浓厚的应用数学的色彩。

# 第三节　中华优秀传统数学文化融入初中数学教学的途径

党的二十大报告明确指出：培养什么人、怎样培养人、为谁培养人是教育的根本问题。中华优秀传统文化教育对于"培养什么人"具有重要意义。长期以来，初中数学教材中都有大量的中华优秀传统数学文化，特别是在章末，以阅读理解或探究学习的形式呈现。但教材中的阅读材料往往没有教学指导意见和建议的提供，如何系统利用这部分教学资源，弘扬中华优秀传统数学文化，培养初中生文化自信，值得深入开展研究。

在对沪、藏两地 8 校近 700 名学生关于中华优秀传统数学文化的问卷调查中，学生对于中华优秀传统数学文化融入初中数学课堂作出了积极的反馈。

如图 1－1,当询问学生是否希望数学老师在课堂上多讲一些和所学内容相关的中华优秀传统数学文化时,70%的学生给出了比较希望或非常希望的答案。

学生对中华优秀传统数学文化融入课堂的态度条形统计图

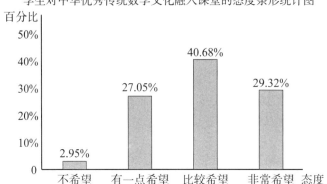

**图 1－1**

如图 1－2,关于学习中华优秀传统数学文化对拓展数学思维是否有帮助,65.68%的学生觉得帮助比较大或非常大。

学生认为中华优秀传统数学文化对拓展数学思维的作用条形统计图

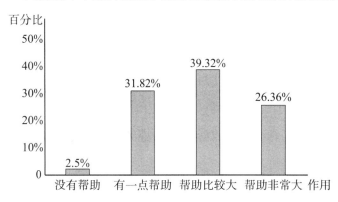

**图 1－2**

### 一、中华优秀传统数学文化进初中数学课堂的内容选择

习近平总书记多次强调,课程教材要发挥培根铸魂、启智增慧的作用,必须坚持马克思主义的指导地位,体现马克思主义中国化最新成果,体现中国和中华民族风格,体现党和国家对教育的基本要求,体现国家和民族基本价值观,体现人类文化知识积累和创新成果。

　　我国古代数学成就是中华优秀传统文化的有机组成部分，具有悠久的历史，创造出很多具有中国特色和世界影响的成果，不仅为中华民族的发展作出了杰出贡献，也为整个人类文明作出了积极贡献。在中小学数学课堂中融入我国传统数学内容，对于学生感悟中华民族智慧与创造、增强民族自豪感、坚定文化自信具有重要作用。

　　通过对沪教版和人教版①初中数学教材中中华优秀传统数学文化元素的梳理，我们发现中华优秀传统数学文化主要以引入材料、例题、阅读材料和探究活动等形式呈现，涵盖了数与代数、图形与几何、综合与实践、数学文化四个方面，如表1-1所示。

表1-1　沪教版和人教版初中数学教材中华优秀传统数学文化实例

| 序号 | 文化素材内容 | 出现章节 | 领域 | 出现方式 |
|---|---|---|---|---|
| 1 | 《九章算术》中的分数运算法则 | 沪教版六上第二章 | 数学文化 | 阅读材料 |
| 2 | 祖冲之与圆周率 | 沪教版六上第四章、人教版九上第二十四章 | 数学文化 | 阅读材料 |
| 3 | 《孙子算经》中鸡兔同笼问题、《算学启蒙》中快慢马问题 | 沪教版六下第六章、人教版七上第三章、人教版七下第八章 | 数与代数 | 例题和练习 |
| 4 | 《孙子算经》《九章算术》中算筹解方程(组) | 沪教版六下第六章、人教版七下第八章 | 数与代数 | 阅读材料 |
| 5 | 中国人最先使用负数 | 人教版七上第一章 | 数学文化 | 阅读与思考 |
| 6 | 中国人对方程的研究 | 人教版七上第三章 | 数与代数 | 阅读与思考 |
| 7 | "开方作法本源图"中贾宪三角 | 沪教版七上第九章 | 数与代数 | 阅读材料 |
| 8 | 古典园林、剪纸图案和京剧脸谱等 | 沪教版七上第十一章、人教版八上第十三章 | 综合与实践 | 引入材料 |
| 9 | 华罗庚智求立方根 | 人教版七下第六章 | 数与代数 | 数学活动 |
| 10 | 七巧板拼图案 | 沪教版七下第十四章 | 图形与几何 | 探究活动 |
| 11 | 赵爽《勾股圆方图注》与一元二次方程求根公式 | 沪教版八上第十七章 | 数学文化 | 探究活动 |
| 12 | 《九章算术》中引葭赴岸问题 | 沪教版八上第十九章、人教版八下第十七章 | 图形与几何 | 例题 |

---

　　① 　说明：本书提到的各版本教材均为根据《义务教育数学课程标准(2011年版)》或《上海市中小学数学课程标准(试行稿)》(2014年版)编写的教材。

（续表）

| 序号 | 文化素材内容 | 出现章节 | 领域 | 出现方式 |
|---|---|---|---|---|
| 13 | 周髀算经、赵爽弦图、"出入相补法"与勾股定理 | 沪教版八上第十九章、人教版八下第十七章 | 数学文化 | 教学素材、阅读材料 |
| 14 | 海伦－秦九韶公式 | 人教版八下第十六章 | 图形与几何 | 阅读与思考 |
| 15 | 杨辉三角与路径问题 | 沪教版八下第二十三章、人教版八上第十四章 | 数学文化 | 阅读与探究 |
| 16 | 华罗庚优选法与黄金分割数 | 人教版九上第二十一章 | 数学文化 | 阅读与思考 |
| 17 | 漫谈"出入相补原理" | 沪教版九上第二十四章 | 图形与几何 | 阅读材料 |
| 18 | 赵州桥桥拱所在圆半径 | 沪教版九下第二十七章 | 综合与实践 | 例题 |
| 19 | 《海岛算经》中测量问题 | 人教版九下第二十七章 | 图形与几何 | 拓广探索题 |

结合初中数学教材中的中华优秀传统数学文化实例和《中华优秀传统文化进中小学课程教材指南》建议,综合考虑初中学生的认知水平以及与教材的安排衔接,我们选取其中8个典型主题。根据表1-2,在每个学期,教师可以选取一个主题,整理我国古代数学成就的相关资料,开展主题探究活动,让学生感悟中华优秀传统数学文化的魅力,体会中国古代数学家的创造性智慧,增强民族自豪感,坚定文化自信。

表1-2　中华优秀传统数学文化进初中数学课堂的主题

| 序号 | 素材内容 | 领域 | 方式 |
|---|---|---|---|
| 1 | 《九章算术》分数运算法则 | 数学文化 | 主题探究 |
| 2 | 中国古代方程问题 | 数与代数 | 数学竞赛 |
| 3 | 中国古代建筑、剪纸等对称美 | 综合与实践 | 制作摄影 |
| 4 | 七巧板 | 图形与几何 | 动手操作 |
| 5 | 周髀算经、赵爽弦图与勾股定理 | 数学文化 | 主题探究 |
| 6 | 杨辉三角与贾宪三角 | 数学文化 | 问题解决 |

（续表）

| 序号 | 素材内容 | 领域 | 方式 |
|---|---|---|---|
| 7 | 出入相补原理 | 图形与几何 | 主题探究 |
| 8 | 祖冲之与圆周率 | 数学文化 | 主题探究 |

## 二、中华优秀传统数学文化进初中数学课堂的实践路径

在具体的实践中，我们把探究的内容与学生已有的数学知识联系起来，引导学生深入理解中华优秀传统数学文化的价值。教师课前查阅文献准备中华优秀传统数学史料、规划学习进程、进行教学设计；课上呈现数学史料并创设情境；学生从数学史料中抽象出信息并持续探究；教师再组织学生研讨交流，并加以强化。

如图 1-3，教师在组织学生进行主题探究时，可运用弗赖登塔尔的数学教育思想，结合数学史来重新组织教材内容以适合学生的学习。从学生的数学现实出发，教师可先准备可阅读的数学史料，再组织学生进行数学化活动从而吸收内化；最后指导学生在展示交流中再创造。

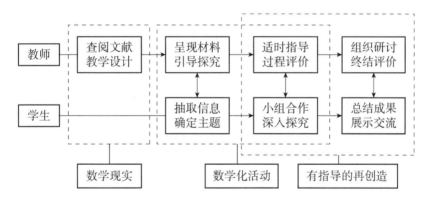

图 1-3　中华优秀传统数学文化进初中数学课堂的实践路径

## 三、中华优秀传统数学文化进初中数学课堂的教学策略

我们组织了上海市 3 所学校和日喀则市 2 所学校的教师构建项目组，开展课例研究和开设《中华优秀传统数学文化赏析》社团课。坚持课堂教育与实践教育相结合，既充分发挥课堂教学的主渠道作用，又注重发挥课外活动和社会实践的重要作用。根据主题内容难易，教师采用 3～5 个课时，分"激发兴趣，引入主题—开展主题探究—成果展示，交流与评价"三个阶段，教师提前做好教学设计，根据具体内容细化每个环节任务。

## 中华优秀传统数学文化进初中数学课堂教学设计模板

| 中华优秀传统数学文化进初中数学课堂之_____ | | |
|---|---|---|
| 一、主题背景 | | |
| 1. 教材分析(与教材知识的关联性)<br>2. 学情分析(学生已有的知识与方法、尚需补充的知识)<br>3. 历史分析(中外对比、教师对这部分中华优秀传统数学文化的理解) | | |
| 二、教学目标 | | |
| 知识与技能、过程与方法、情感态度与价值观三个方面(重点关注核心素养和中华优秀传统数学文化渗透) | | |
| 三、历史素材 | | |
| 准备提供给学生自主探究的资料(文献、网页、文本、书籍等) | | |
| 四、活动安排 | | |
| 一般分三个阶段:激发兴趣,引入主题—开展主题探究—成果展示,交流与评价 | | |
| 五、教学过程 | | |

<table>
<tr><td rowspan="4">第<br>一<br>阶<br>段</td><td colspan="3">1. 引入主题</td></tr>
<tr><td>教师活动</td><td>学生活动</td><td>设计意图</td></tr>
<tr><td></td><td></td><td></td></tr>
<tr><td colspan="3">2. 学生分组(建议采用异质分组)<br>3. 主题确定方式(教师拟定一些有价值的课题,再与学生一起探讨确定学生研究方向)</td></tr>
<tr><td>第<br>二<br>阶<br>段</td><td colspan="3">学生自主成团开展合作探究,教师适时指导<br>1. 探究方式<br>2. 指导方式</td></tr>
<tr><td>第<br>三<br>阶<br>段</td><td colspan="3">学生展示与交流方式:数学写作、电子小报、问题解决和HPM微视频呈现等方式</td></tr>
</table>

注:HPM,是 History and Pedagogy of Mathematics 的缩写,表示"数学史与数学教育"。

对于每个主题,教师根据数学学科特点和学生情况,形成了"三领"教学策略,让学生在合作探究中领略、领悟和领会中国古代数学家的智慧和中华优秀传统数学文化的丰厚底蕴。

1. 知识重构中领略中华优秀传统数学文化

汪晓勤教授团队在 2014 年提出了数学史融入数学教学的四种方式:附加式、复制式、顺应式、重构式。其中,重构式是指借鉴历史,重构概念的发生过程或公式、定理的发现、探究、证明过程。中国古代数学构建了独具一格的知识体系,与现行教材的解题方法风格迥异,因此在开展中华优秀传统数学文化主题探究时,教师需要在借鉴历史的基础上,结合知识的逻辑顺序和学生的心理次序,对教学知识进行重构,自然而然地呈现一个主题。

例如,《九章算术》中"盈不足"卷提供了许多经典问题,盈不足术也独具风格。教师在课堂引入时,要有意识地选用史料中的问题并创设情境(图 1-4),使问题在进行重构后符合学生的认知起点;在课堂探究中,教师可适时介绍相关的历史背景和中国古代数学解决问题的过程和方法(图 1-5),从而促使学生领略中国古代数学家解决问题的独特构思和寓理于算的特点。

一、情境引入

例1、春游的时候,第一小组的几位同学想共同买一个物品,每人出8元,还盈余3元,每人出7元,则还差4元。请问:小组共有多少人?这个物品的价格是多少?

出自《九章算术》卷七"盈不足"章中的第一题:

今有共买物,人出八,盈三;人出七,不足四。问:人数、物价各几何?

图 1-4 盈不足术主题探究情境引入

| 每人每次出的钱数 | 8 | 7 |
|---|---|---|
| 盈、不足 | 3 | 4 |
| 交叉相乘得"实" | $3\times7+8\times4=53$ | |
| 盈、不足相加得"法" | $3+4=7$ | |
| "实"除以"法"得每个人应出的钱数 | $\dfrac{53}{7}$ | |
| 出的钱数之差得"设差" | $8-7=1$ | |
| "实"除以"设差"得物价 | $53\div1=53$ | |
| "法"除以"设差"得人数 | $7\div1=7$ | |

图 1-5 盈不足术解法示意图

再如,出入相补原理的主题探究。现行初中数学教材无相关教学内容,但其实出入相补原理在计算图形面积、证明勾股定理等许多领域都有应用。查阅历史,我们发现出入相补原理常常应用于测量问题。教师可从相关古典问题引入(图1-6),引发学生思考。在课堂探究中,教师再介绍出入相补原理的出处和明确表达,最后和学生一起完成古典问题的解答(图1-7),从而帮助学生领略中国古代数学家创造性地解决问题的智慧。

周公测日说起

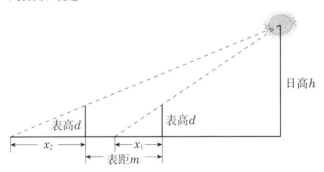

赵爽在给《周髀算经》写注的时候,提出了测量太阳高度的想法。

**图1-6　出入相补原理主题探究情境引入**

出入相补原理的应用

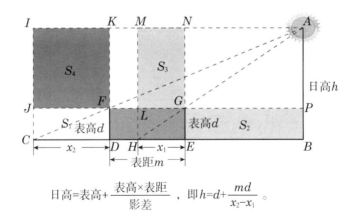

$$日高=表高+\frac{表高×表距}{影差}，即 h=d+\frac{md}{x_2-x_1}。$$

**图1-7　出入相补原理主题探究情境问题讲解**

2. 动手激趣中领悟中华优秀传统数学文化

数学看似枯燥乏味，其实隐藏着无尽的魅力。它是一种语言，一种逻辑，一种思维方式，也是一种解决问题的工具。中华优秀传统数学文化具有深厚的历史底蕴和独特的文化特色，它注重实用，强调数学与生活的紧密联系。中国古代的建筑园林、文化遗址和民间艺术就蕴含着大量的古代数学成就，教师应该创设多种途径，指导学生凭眼观察、动手实践和用脑思考，引导学生领悟其中蕴含的数理设计和数学之美。

例如，在图形的运动教学中，我们身边的古代建筑园林、文化遗址可以作为素材。学生可以走出课堂，用数学眼光去欣赏这些素材，通过拍摄图片（图1-8）或制作小报，领悟我国各族人民创造的灿烂文化。民间艺术中的剪纸、陶艺和刺绣等也蕴含着丰富的数学元素，教师可以设计趣味问题，让学生动手尝试（图1-9），在实践中感受中华优秀传统数学文化与生活的紧密联系。

图1-8 学生拍摄的《藏族小屋》

图1-9 学生剪纸作品

再如，在七巧板的主题探究中，教师一方面以七巧板为线，串联起教材中的平行线、实数和平面直角坐标系等教学内容(图1-10);另一方面,教师可以让学生用七巧板拼出不同的图案并命名,再展示交流(图1-11)。学生需要不断探索和尝试,才能创造出新的图案,这种创新精神和探索精神是中华优秀传统数学文化的重要组成部分。

---

七巧板任务单

1、找出图中的七巧板中的同位角、内错角和同旁内角。(每组3个)

同位角: _____。

内错角: _____。

同旁内角: _____。

2、找出图中的七巧板中的平行线段和互相垂直的线段,并说明理由。

平行线段: _____ ;理由: _____。

平行线段: _____ ;理由: _____。

平行线段: _____ ;理由: _____。

平行线段: _____ ;理由: _____。

平行线段: _____ ;理由: _____。

平行线段: _____ ;理由: _____。

互相垂直的线段: _____。

3、如图,点A到直线OC的距离是_____;线段EH是点____到直线____的距离。

4、如图,把七巧板放在平面直角坐标系中,已知点A坐标为(1,0),写出图中各点的坐标。

**图1-10　七巧板任务单**

**图1-11　学生七巧板拼图《愚公移山》**

### 3.比较分析中领会中华优秀传统数学文化

中国古代数学与西方数学在发展历程、特点和应用上都有着显著的差异,两者各有千秋,共同推动了数学文化的繁荣和发展。对于初中数学中的一些知识点,中国古代数学家也曾做过深入的研究,并取得了令人瞩目的成就。通过引导学生比较和分析中外数学家解决问题的方法的差异,不仅有助于加深学生对数学知识的理解,还能让他们体会到中华优秀传统数学文化的独特魅力和价值。

例如,在勾股定理的教学中,教材基本采用"赵爽弦图"的证法,与欧式几何演绎体系并不同,学生在学习时可能会感到突兀。教师可以介绍欧几里得、毕达哥拉斯和刘徽等典型证法。欧几里得的证法容易想到,但添加多条辅助线的证明过程较为困难(图1-12);赵爽的证法不易想到,但借助图形的切割、拼接的证明过程较为简单(图1-13)。在多元文化的比较和分析中,引导学生感受中国古人的智慧。

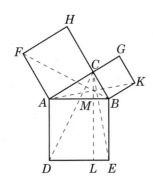

图1-12 勾股定理欧几里得证法

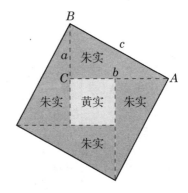

图1-13 赵爽弦图

再如,众多数学家对于圆周率的计算都作出了贡献。因此,在关于圆周率的主题探究中,教师可以圆周率的发展史为载体,充分展示我国古代数学的光辉成就。同时,阿基米德和刘徽虽然都采用了"割圆术"来计算圆周率,但不管是他们运用的几何知识,还是逼近的思路,都不尽相同(图1-14和图1-15)。学生已经具备了相应的代数和几何知识,教师可引导学生重温两位数学家的计算之路,并进行比较和分析,进而领会中华优秀传统数学文化的博大精深。

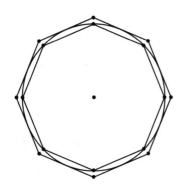

图1-14 阿基米德割圆术

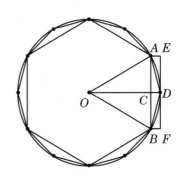

图1-15 刘徽割圆术

具体教学策略如表1-3所示：

表1-3　中华优秀传统数学文化进初中数学课堂的教学策略

| 序号 | 素材内容 | 切入方式（教师） | 探究内容（学生） | 展示交流（师生） |
|---|---|---|---|---|
| 1 | 《九章算术》分数运算法则 | 介绍刘徽生平、《九章算术》典型问题 | 约分术、合分术等"术"的合理性和先进性 | 数学写作、电子小报、问题讲解 |
| 2 | 《九章算术》中盈不足术解方程 | 中国方程历史及典型例题 | 10道中国古代方程问题 | 古代方程问题竞赛 |
| 3 | 中国古代建筑、剪纸等的对称美 | 展示具有中国特色的文化遗址和民间艺术 | 挖掘文化遗址和民间艺术中的数学元素 | 剪纸、摄影作品及电子小报 |
| 4 | 唐图（七巧板、益智图） | 七巧板的历史及玩法 | 运用七巧板拼图及学习其中的数学知识 | 七巧板拼图作品、家具布置 |
| 5 | 周髀算经、赵爽弦图与勾股定理 | 勾股定理发展史及中国古代相关成就 | 赵爽弦图和《九章算术》"勾股"卷问题 | 数学写作、电子小报、证法比较 |
| 6 | 杨辉三角 | 杨辉三角中数字的规律 | 杨辉三角与概率问题 | 问题解决、杨辉三角数字规律 |
| 7 | 出入相补原理 | 出入相补原理与已学知识的关联 | 《测圆海镜》和《九章算术》测量问题 | 古典问题讲解展示 |
| 8 | 祖冲之与圆周率 | $\pi$的发展史与祖冲之的贡献 | 历史上$\pi$的计算方法 | 数学写作、$\pi$日方案、微视频 |

## 四、中华优秀传统数学文化进初中数学课堂的多元评价

评价不仅要关注数学学习的结果，还要关注数学学习的过程。参考《义务教育数学课程标准（2022年版）》中对主题活动和项目学习评价的内容，在过程性评价中关注学生的自主学习（发现问题、提出问题）、合作探究（分析问题）和展示交流（解决问题）三个方面的能力；在终结性评价中关注学生的数学理解、数学运算、逻辑推理、数据分析、应用意识、创新意识等核心素养，特别是能否深刻理解中华优秀传统数学文化的内涵。

在开展中华优秀传统数学文化的主题探究活动时，教师宜与学生一起制订完

善的过程性评价表(表1-4)与终结性评价表(表1-5),形成多元的评价方式,实现"教—学—评"一体化。

表1-4 中华优秀传统数学文化进初中数学课堂过程性评价表

| 评价指标 | | 评分(0～10) | | |
| --- | --- | --- | --- | --- |
| | | 自评 | 互评 | 师评 |
| 主动学习 | 勤于思考,主动提问 | | | |
| | 准确理解,数学表达 | | | |
| 合作探究 | 发挥特长,主动交流 | | | |
| | 正确运算,严密论证 | | | |
| 展示交流 | 方式恰当,感悟透彻 | | | |
| | 成果丰富,具有创新 | | | |
| 总分 | | | | |

表1-5 中华优秀传统数学文化进初中数学课堂终结性评价表

| 评价指标 | | 评分(0～10) | | |
| --- | --- | --- | --- | --- |
| | | 自评 | 互评 | 师评 |
| 前期准备 | 选题价值 | | | |
| | 计划完善 | | | |
| | 数学理解 | | | |
| 中期实践 | 资源利用 | | | |
| | 运算论证 | | | |
| | 合作交流 | | | |
| 后期展示 | 成果完整 | | | |
| | 数学表达 | | | |
| | 创新意识 | | | |
| 深刻理解中华优秀传统数学文化 | | | | |
| 总分 | | | | |

# 第四节　结　　语

文化是民族生存和发展的重要力量。习近平总书记强调,没有中华文化的繁荣兴盛,就没有中华民族的伟大复兴。传承和弘扬中华优秀传统文化,是推进社会主义文化强国建设、提高国家文化软实力的重要内容。

中华优秀传统数学文化源远流长,承载着丰富的数学智慧和价值观。数学学科需要根据教育目标,从学科自身特点出发,挖掘中国古代数学的成就与思想精髓,结合相应学段的数学课程内容,融合中华优秀传统数学文化。这不仅是对传统的继承与发展,更是一种培养学生核心素养的有效途径。

初中阶段开展中华优秀传统数学文化主题探究时,要坚持正确的价值导向,辩证看待中国传统数学。教师要结合教材内容安排,进行整体设计;遵循学生认知规律,注重有机融合;同时,关注数学学科核心素养的培育,注重多种信息技术(GeoGebra、几何画板和 HPM 微视频等)的合理运用。

中华优秀传统数学文化进初中数学课堂,要以增强学生对中华优秀传统文化的理解力为重点,通过翔实的史料,引导学生感悟中华优秀传统数学文化的博大精深,提高学生对中华优秀传统数学文化的认同度。同时,学校教师要构建学习共同体,发挥数学知识的载体作用,从学科知识走向学科实践,进而实现学生核心素养的培养。

## 参 考 文 献

[1] 曹一鸣.中华优秀传统数学文化进中小学数学课程:从意义到实施[J].教育研究与评论,2022(6):46-49.

[2] 李甜甜.初中数学教材中的数学文化及其教学研究——以北师大版教材为例[D].伊宁:伊犁师范大学,2023.

[3] 卢浩挺,郑瑄.以史为轴拓视野　阅史启智提思维——以浙教版初中数学教科书"阅读材料"教学为例[J].数学教学,2020(8):10-13.

[4] 马冠群.基于核心素养的初中数学概念教学策略研究[D].济南:济南大

学,2020.

[5] 孙雨竹.初中数学教材中数学文化的内容分析及使用现状研究[D].扬州：扬州大学,2023.

[6] 汪晓勤.基于数学史的数学文化内涵课例分析[J].上海课程教学研究,2019(2):37-43.

[7] 汪晓勤.中华优秀传统数学文化融入数学教学的若干路径[J].教育数学研究(小学教育数学),2022(11):5-10.

[8] 王海青,曹广福.弗赖登塔尔的数学教育思想及其再发展[J].中国数学教育,2021(22):3-8.

[9] 王晓杰.数学文化教学对小学生数学抽象素养的影响研究[D].重庆：西南大学,2017.

[10] 辛欣.在初中数学教学中渗透数学文化的案例研究[D].济南：济南大学,2019.

[11] 张楚廷.数学文化与人的发展[J].数学教育学报,2001(3):1-4.

[12] 蒋琦,曹辉.数学教学中的数学文化教育[J].数学学习与研究,2020(9):121.

[13] 张大均.教育心理学[M].北京：人民教育出版社,2011.

[14] 张奠宙.关于数学史和数学文化[J].高等数学研究,2008(1):18-22.

[15] 郑毓信,王宪昌,蔡仲.数学文化学[M].成都：四川教育出版社,2000.

[16] 中华人民共和国教育部.义务教育数学课程标准(2022年版)[S].北京：北京师范大学出版社,2022.

# 第二章 | 数学与文化，初中数学课堂中的中华优秀传统数学文化

积之之多不若取之之精，取之之精不若得之之深。

——李冶

穿越千年的历史长河，中华优秀传统数学文化承载着古人的智慧与探索，闪烁着数学领域的独特光芒。本章将带领读者领略这些优秀传统数学文化的独特魅力，探索它们与初中数学教学之间的紧密联系。我们将通过数之术的奥秘、解方程的智慧、古匠艺的数韵、七巧板的创意、勾股定理的深远、杨辉三角的神奇、出入相补原理的精妙以及圆周率的探索八个主题，深入剖析中国古代数学家的杰出贡献和深刻思想。

每个主题都将从历史发展的角度出发，揭示其在中国数学史上的重要地位和深远影响，进而探讨它们在初中数学教学中的实际应用价值，并从提供给学生的材料、教师的切入方式、学生的探究主题和学生的探究性作业几个方面给出了具体的教学建议。

希望本章能够为广大初中数学教师提供有益的参考和启示，共同推动中华优秀传统数学文化的传承与弘扬，为培养具有民族文化自信的新时代人才贡献我们的力量。

## 第一节　数之术的奥秘

### 一、有理数史话

由于自然生活发展的需要，数字逐步产生和扩展。数系的扩张伴随着数学历史进程的发展，也贯穿了整个义务教育阶段的数学学习，是代数学习的基石和培养学生数学核心素养不可或缺的重要环节。让我们一起走进历史，了解有理数的发展。

1. 自然数

自然数的概念是在人类生活的长期实践中产生的,它的表示法可分为非进位制和位值进位制。非进位制是自然数最原始的表示法(图2-1),如用手指记数、石头记数和结绳记数等来代表每个个体的数量,这种表示方式并不涉及"进位制"的概念,简便、易操作,但能表示的数较少。

手指记数 → 石头记数 → 结绳记数 → 书契记数 → 文字记数

**图2-1 记数系统的历史**

约公元前3000年,古埃及人开始有了一种象形数字系统,它的符号大致如下(表2-1),这和我们现在使用的数字截然不同,它更具有画面感。一道简单的笔画代表1,一块脚跟骨头形状的符号代表10,等等。这些数字就像古老故事中的角色,每一个都有其独特的地位和个性。

**表2-1 古埃及象形数字系统**

| 阿拉伯数字 | 1 | 10 | 100 | 1 000 | 10 000 | 100 000 | 1 000 000 |
|---|---|---|---|---|---|---|---|
| 象形数字 | | | |  |  |  |  |

据传,约公元前2500年,玛雅人的计算方法是根据人的手指和脚趾合起来计算,所以他们的记数方法是二十进制。玛雅人的数字世界中,符号只有三种,他们用圆点表示"1",一横表示"5",一个贝壳表示"0",如图2-2所示。玛雅文明是最早发明"0"概念的文明之一。

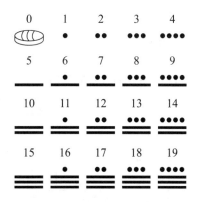

**图2-2 玛雅人的二十进制**

约公元前 1900 年,古巴比伦人已经知道了位值制,但他们使用的是六十进制。但这种六十进位的位值制记数法并不完善。

河南安阳出土的甲骨文证明,约公元前 1400 年,中国商王朝时期就已经采用了十进位值制记数法,在那时已经有十、百、千、万等专用的大数名称,这对目前世界统一数字的发展具有重要意义。据史料记载和相关科学家研究表明,目前世界通用的十进位值制记数法产生于中国。

位值制记数法的使用与中国筹算制度的演变是分不开的。中国古代算筹的历史可以追溯到春秋战国时期,当时算筹已经作为专门的计算工具被普遍采用,并且算筹的算法已趋成熟。"凡算之法,先识其位。一纵十横,百立千僵,千十相望,万百相当。"这是《孙子算经》的"算筹记数法"(表 2 - 2)。

表 2 - 2　中国古代算筹记数系统

| 阿拉伯数字 | 1 | 2 | 3 | 4 | 5 | 6 | 7 | 8 | 9 |
|---|---|---|---|---|---|---|---|---|---|
| 横式 | ─ | ═ | ≡ | ≣ | ≣ | ⊥ | ⊤ | ⊥ | ⊥ |
| 纵式 | │ | ‖ | ‖│ | ‖‖ | ‖‖│ | T | T | ∏ | ∏│ |

按照中国古代的筹算规则,算筹记数的表示方法为:个位用纵式,十位用横式,百位再用纵式,千位再用横式,万位再用纵式,依次类推,空位表示"0"(表 2 - 3)。这样从右到左,纵横相间,就可以用算筹表示出任意大的自然数了。由于它位与位之间的纵横变换,且每一位都有固定的摆法,因此既不会混淆,也不会错位。

表 2 - 3　中国古代算筹记数表示方法

| 阿拉伯数字 | 算筹记数 |
|---|---|
| 3 | ‖│ |
| 62 | ⊥ ‖ |
| 236 | ‖ ≡ T |

（续表）

| 阿拉伯数字 | 算筹记数 |
|---|---|
| 3 627 | $\equiv\;\top\;=\;\top$ |
| 3 703 | $\equiv\;\top\;\;\parallel\parallel$ |

算筹的加法:

① 置被加数于上列,加数于下列,数位相齐;

② 由左至右逐位将下列数筹并入上列;

③ 和数在十以上者,在其左边位添加一筹。

例如,523＋649＝1 172 的筹算步骤如图 2 - 3 所示:

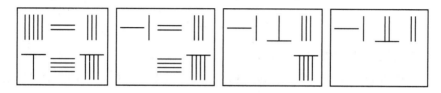

图 2 - 3  算筹的加法

算筹的减法:

① 置被减数于上列,减数于下列,数位相齐;

② 从左到右,逐位从上列之数中减去下列之数;

③ 当下列之数大于上列之数时,上列于左位借,以一当十。

例如,649－373＝276 的筹算步骤如图 2 - 4 所示:

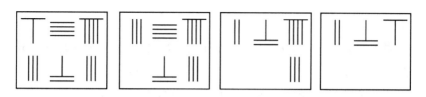

图 2 - 4  算筹的减法

算筹的乘法:

① 置一数于上,一数于下;

② 将下数左移,使下数末位与上数首位相齐;

③ 从左至右，以上数首位遍乘下数各位，所得之积布于上数和下数之间，去上数首位数；

④ 下数左移一位，再以上数的第二位数遍乘下数各位，并将所得之和依次加入中行；

⑤ 依前法而行，至上数尽，积便求得。

例如，47×69=3 243 的筹算步骤如图 2-5 所示：

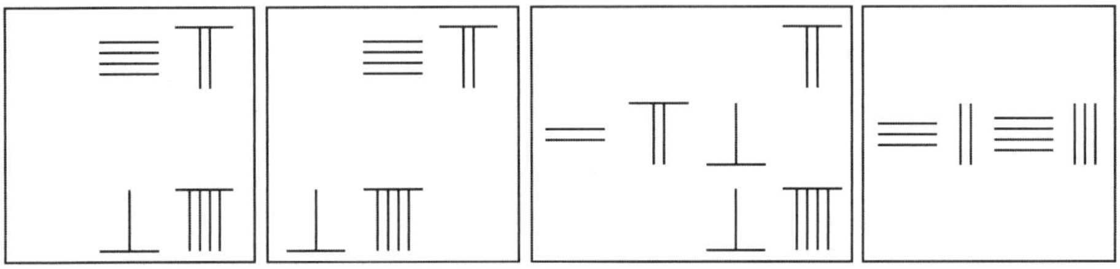

**图 2-5　算筹的乘法**

中国古代十进位值制的算筹记数法在世界数学史上是一个伟大的创造。将它与世界其他古老民族的记数法比较，其优越性是显而易见的。中国古代数学之所以在计算方面取得了许多卓越的成就，在一定程度上应该归功于这一符合十进制的算筹记数法。马克思在他的《数学手稿》一书中称十进位值制记数法为“最妙的发明之一”。

由于我国记数符号多种多样，数字一、二、三、……、九的表示方式书写简便，算筹记数及运算系统较完善，因此一直没有采用“印度-阿拉伯数字”记数方法。直到 19 世纪末，为了翻译大量欧美和日本等国家的数学书，我国才开始使用印度-阿拉伯数字。

2. 分数和小数

从历史上数的发展顺序看，分数产生于自然数之后，许多国家都有记载分数相关的文献。

公元前 1900 年左右的泥版书中，古巴比伦最早是使用分母为 60 的分数。如用楔形文字“
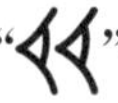
”作为分数时表示 $\frac{20}{60}$，“
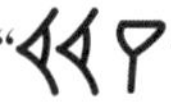
”作为分数时表示 $\frac{21}{60}=\frac{20}{60}+\frac{1}{60}$ 或 $\frac{20}{60}+\frac{1}{60^2}$。

公元前 1700 年左右的莱因德纸草书中，古埃及人通过象形文字来表示分数，如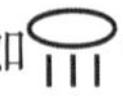$=\frac{1}{3}$，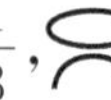$=\frac{1}{10}$。他们通常用单位分数（分子为 1 的分数）的和来表示分数。

公元前 12 世纪前后,中国商代就产生了分数的概念。我国最早的数学书《算数书》《周髀算经》《九章算术》中已有分数的定义、性质和运算法则。例如,《九章算术》中:"实如法而一。不满法者,以法命之。"其大意是,以除数去除被除数,若除不尽,则以余数为分子,除数为分母,得一分数。中国古代的分数也通常用算筹表示。

算筹的除法:

① 置实(被除数)于中,法(除数)于下,商布于实上;

② 先置法实首位相齐,法首大于实首者,法向右移一位;

③ 以议得之商数遍乘法数各位,并以实中减去乘得之数;

④ 依次依法而行,终于实小于法,便是余数,余数为零便是实被法除尽。

例如,$4\,393 \div 78 = 56\dfrac{25}{78}$ 的筹算步骤如图 2-6 所示:

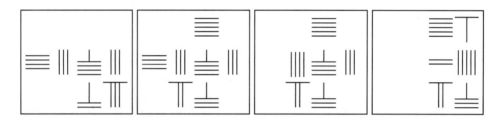

图 2-6　算筹的除法

最后一个图表示的就是我们现在的带分数 $56\dfrac{25}{78}$。

关于分数线的记载,最早见于阿拉伯数学家花剌子米(约 780—约 850)的著作《代数学》。他从除法的角度引进分数线,用 $\dfrac{3}{5}$ 表示 3 除以 5。欧洲人最初不愿接受分数,直到 15 世纪后才逐步形成现代分数的算法。

刘徽在注释《九章算术》中的"开方术"时,针对开不尽的情形称:"不以面命之,加定法如前,求其微数。微数无名者以为分子,其一退以十为母,其再退以百为母。退之弥下,其分弥细。"此外,他在注释"割圆术"时,大量使用了"微数"。从刘徽对"微数"的定义以及"割圆术"的计算来看,小数产生的动因是"无名",即没有单位可用。"微数"是小数在中国的第一个名称。到了 13 世纪,我国元代数学家朱世杰提出了"小数"的名称。

3. 负数

由于计数的需要人们认识了自然数,由于分配物品的需要人们认识了分数,但是负数的产生就不是那么自然了。

负数的引入是数学史上的一个重大突破,这是中国古代数学的一项重要成就。1700 多年前,我国数学家刘徽在注释《九章算术》时,指出"两算得失相反,要令正负以名之",意为计算中遇到相反意义的量,需要用正负数加以区别。首次明确提出负数的概念和运算法则"正负术"。他还规定在算筹运算时"正算赤,负算黑",如图 2-7 所示,这是人类历史上对负数最早的明确记载。印度数学家婆罗摩笈多在 628 年给出了正负数的四则运算法则。

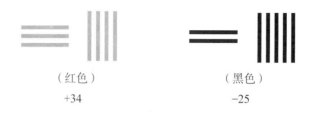

（红色）　　　　　　　　　　　　（黑色）
+34　　　　　　　　　　　　　　−25

**图 2-7　九章算术中算筹表示正负数**

考察正负数的历史,我们发现,有传说直到 14 世纪法国数学家丘凯都称负数为"荒谬之数"。到了 16 世纪欧洲人才较明确地知道了负数。西方有数学家直到 19 世纪仍不承认负数,认为负数是"荒谬"的数。可见负数的概念在西方数学中被接受和确立经历了一个相对漫长的过程。

中国使用负数在世界上是首创。早在 2 000 多年前的商业活动中,中国古人在商业活动中就有"粮食入仓为正,出仓为负;收入的钱为正,支出的钱为负"的先进思想。这种对正负数的理解,不仅体现了古人对数学概念的深刻洞察,也展示了他们在实际生活中运用数学解决问题的能力。

从实际生活的角度来看,不使用负数确实会给生活带来诸多不便。许多情况下,我们需要一个"更低的标准"或"更少的量"来进行描述和计算,而负数恰好为我们提供了这样的工具。例如,在描述温度变化、海拔高低、借贷金额等方面,负数都发挥着不可或缺的作用。

因此,负数的产生并非"荒谬",而是生产实践中自然产生的结果。它是对现实世界的一种精确描述和数学表达,体现了数学与实际生活的紧密联系。中国古代数学家引进负数,并将其广泛应用于实际生活中,这无疑是我国古代数学科学的一项伟大贡献,也是值得我们骄傲和自豪的瑰宝。

## 二、初中数学中的数之术

### 1. 分数运算法则

中国古代的数学经典著作《九章算术》给出了相当完整的分数运算法则。所提到的分数的算法有约分术(约分)、合分术(加法)、减分术(减法)、乘分术(乘法)、经分术(除法)、课分术(比较分数大小)、平分术(求分数平均数),这些运算法则在当时都是领先世界的。

### (1) 约分术

《九章算术》中的约分算法是用最大公因数约分,求最大公因数的方法称为"更相减损"法,约分的具体步骤是"可半者半之,不可半者,副置分母、子之数,以少减多,更相减损,求其等也。以等数约之。"这里所说的"等数"就是我们现在的最大公因数。

约分算法具体步骤的大意是:分子、分母都是偶数,可以折半的先把它们折半,即可先约去 2。待到分子、分母不都是偶数了,就另外摆分子、分母的算筹进行计算,从大数中减去小数,辗转相减,减到余数和减数相等,即得等数(最大公因数)。最后用原来分数的分子、分母同除以那个等数。

**例 1** 把 $\frac{35}{42}$ 化成最简分数。

**分析:** 关键是求出分子与分母的最大公因数,方法就是"从大数中减去小数"。

解:$42-35=7$(因为 42 比 35 大);

$35-7=28$(因为 35 比 7 大);

$28-7=21$(因为 28 比 7 大);

$21-7=14$(因为 21 比 7 大);

$14-7=7$(因为 14 比 7 大)。

至此,得到最大公因数 7。

$35\div7=5$,$42\div7=6$,因此得到结果 $\frac{35}{42}=\frac{5}{6}$。

此法的数学原理如下:

已知 $a$、$b$、$c$、$m$、$n$ 均为正整数,且 $a>b$,$a=mc$,$b=nc$,即 $c$ 是 $a$、$b$ 的公因数。

由 $a>b$,可知 $m>n$,且 $a-b=(m-n)c$。

因此,$c$ 也是 $a-b$ 的因数,即 $c$ 是 $a$、$b$、$a-b$ 三者的公因数。

同理易知,若 $c$ 是 $a$、$b$ 最大公因数,则也是 $a$、$b$、$a-b$ 三者的最大公因数。这也是我们在上例中从 7 是 14、7、7 的最大公因数,推出 7 也是 35 和 42 的最大公因数的根据。

根据此方法还可以判定一个分数是否为最简分数。

**例 2** $\dfrac{6}{35}$ 是否为最简分数?

解:$35-6=29$;

$29-6=23$;

$23-6=17$;

$17-6=11$;

$11-6=5$;

$6-5=1$。

从最后一式可知 6、5、1 的最大公因数是 1,即 35 和 6 的最大公因数是 1,故 $\dfrac{6}{35}$ 已是最简分数。

这个"更相减损"法和欧几里得《几何原本》第七卷第 2 题求最大公因数法是一致的。在现代算术书中求两个整数的最大公因数用的辗转相除法是"更相减损"法的演变。

(2) 合分术、减分术、乘分术和经分术

合分术曰:母互乘子,并以为实。母相乘为法。实如法而一。

这里的实、法分别指的是分数的分子和分母。用现在的数学符号表示出来,就是:$\dfrac{a}{b}+\dfrac{c}{d}=\dfrac{ad+bc}{bd}$。

减分术曰:母互乘子,以少减多,余为实。母相乘为法。实如法而一。

用现在的数学符号表示出来,就是:$\dfrac{a}{b}-\dfrac{c}{d}=\dfrac{ad-bc}{bd}$。

乘分术曰:母相乘为法,子相乘为实,实如法而一。

用现在的数学符号表示出来,就是:$\dfrac{a}{b}\cdot\dfrac{c}{d}=\dfrac{ac}{bd}$。

经分术曰①：又以法分母乘实，实分母乘法。此谓法、实俱有分，故令分母各乘全分内子，又令分母互乘上下。

用现在的数学符号表示出来，就是：$\dfrac{a}{b} \div \dfrac{c}{d} = \dfrac{ad}{bd} \div \dfrac{bc}{bd} = \dfrac{ad}{bc}$。

《九章算术》中记载的分数的四则运算法则与现今初中教材中的相关内容虽大体相似，但也有着显著的区别。例如，合分术中，古人直接取两个分数的分母乘积作为公分母，这与现代数学教育中强调先求最简公分母作为公分母的做法有所不同。一方面，这种差异源于历史背景和数学发展的阶段特性，反映了中国古代数学独特的算法特征和思维方式；另一方面，这种差异也体现了数学教育的演变和发展，有助于学生深入理解分数的本质和运算规律。

（3）课分术和平分术

课分术曰：母互乘子，以少减多，余为实。母相乘为法。实如法而一，即相多也。即比较分数大小的运算法则是：分母与分子交叉相乘，从大数里减小数，所得的差作被除数（新的分子），分母与分母相乘作除数（新的分母），以除数去除被除数，所得的结果即为多出之数。

**例 3** 比较 $\dfrac{7}{11}$ 和 $\dfrac{23}{40}$ 的大小。

解：母互乘子：$7 \times 40 = 280，11 \times 23 = 253$。

因为 $280 > 253$，故 $\dfrac{7}{11} > \dfrac{23}{40}$。

以少减多，余为实：$280 - 253 = 27$。

母相乘为法：$11 \times 40 = 440$。

因此，$\dfrac{7}{11}$ 比 $\dfrac{23}{40}$ 大 $\dfrac{27}{440}$。

平分术曰：母互乘子，副并为平实。母相乘为法。以列数乘未并者各自为列实。亦以列数乘法。以平实减列实，余，约之为所减。并所减以益于少。以法命平实，各得其平。

我们通过下面的例题来解释平分术（求分数平均数）。

———————

① 这是刘徽的注，不是《九章算术》的原文。

**例 4**　(《九章算术》"方田"卷第 16 题)有 $\frac{1}{2}$、$\frac{2}{3}$、$\frac{3}{4}$ 三个分数,问:若减少大数以增补小数,这三个分数各增加或者减少多少才能使它们都等于平均数?

中国古代数学家是借助算筹,按照图 2-8 的流程来计算的。

| $\frac{1}{2}=\frac{a_1}{b_1}$<br><br>$\frac{2}{3}=\frac{a_2}{b_2}$<br><br>$\frac{3}{4}=\frac{a_3}{b_3}$ | 母互乘子,副并为平实。母相乘为法 | 以列数乘未并者各自为列实。亦以列数乘法 |
|---|---|---|
| $a_1=1\quad b_1=2$<br>$a_2=2\quad b_2=3$<br>$a_3=3\quad b_3=4$ | $a_1b_2b_3=12\quad b_1b_2b_3=24$<br>$a_2b_1b_3=16\quad b_1b_2b_3=24$<br>$a_3b_1b_2=18\quad b_1b_2b_3=24$<br>平实:<br>$P=a_1b_2b_3+a_2b_1b_3+$<br>$a_3b_1b_2=46$ | $3a_1b_2b_3=36\quad 3b_1b_2b_3=72$<br>$3a_2b_1b_3=48\quad 3b_1b_2b_3=72$<br>$3a_3b_1b_2=54\quad 3b_1b_2b_3=72$<br>列实:<br>$P_1=3a_1b_2b_3$<br>$P_2=3a_2b_1b_3$<br>$P_3=3a_3b_1b_2$ |

| 以平实减列实,余,约之为所减 | 并所减以益于少。以法命平实,各得其平<br>(此法为 $3b_1b_2b_3$) |
|---|---|
| $P-P_1=10\quad 3b_1b_2b_3=72$<br>$P_2-P=2\quad 3b_1b_2b_3=72$<br>$P_3-P=8\quad 3b_1b_2b_3=72$<br>约之为所减:<br>$\dfrac{P_2-P}{3b_1b_2b_3}=\dfrac{2}{72}=\dfrac{1}{36}$ 为 $\dfrac{2}{3}$ 要减少的<br>$\dfrac{P_3-P}{3b_1b_2b_3}=\dfrac{8}{72}=\dfrac{1}{9}$ 为 $\dfrac{3}{4}$ 要减少的 | 并所减以益于少:<br><br>$36+2+8=46$<br>以法命平实,各得其平:<br><br>$\dfrac{46}{72}=\dfrac{23}{36}$<br><br>$\dfrac{23}{36}$ 为各分数的算术平均 |

**图 2-8　平分术算法示意图**

在中国古代,这些术在实践中得到了广泛应用,如在贸易、土地面积等方面,直接促进了实际生产和科学技术的进步,体现了古代中国数学家的思维方式和数学智慧。

2. 有理数加减法（正负术）

在《九章算术》"方程"卷中，中国古代数学家在利用"方程术"消元的过程中，出现了"以少减多"的情形，在此不可避免地引入了负数，进而给出了有理数的加减运算法则，即"正负术"：同名相除，异名相益。正无入负之，负无入正之。其异名相除，同名相益。正无入正之，负无入负之。

其中，"同名""异名"指的是两个进行运算（加法或减法）的数的符号相同或相异，"无"就是零，"相除"和"相益"是指两数的绝对值相减或相加。这里，术文可分为两段，前半段给出的是有理数的减法法则，用现代数学符号表示如下（这里我们假设 $a>b>0$）：

"同名相除"表示，两个符号相同的数相减，等于它们的绝对值相减，即

$$(+a)-(+b)=+(a-b);$$

"异名相益"表示，两个符号不同的数相减，等于其绝对值相加，即

$$(+a)-(-b)=+(a+b);$$

"正无入负之"表示，零减正数则改正数为负数，即

$$0-(+a)=-a;$$

"负无入正之"表示，零减负数则改负数为正数，即

$$0-(-a)=+a。$$

后半段则给出了正负数的加法法则，用现代数学符号表示如下（这里我们也假设 $a>b>0$）：

"异名相除"表示，两个符号不同的数相加，等于它们的绝对值相减，即

$$(+a)+(-b)=+(a-b);$$

"同名相益"表示，两个符号相同的数相加，等于其绝对值相加，即

$$(+a)-(-b)=+(a+b);$$

"正无入正之"表示，正数加零为正数，即

$$0+(+a)=+a;$$

"负无入负之"表示，负数加零为负数，即

$$0+(-a)=-a。$$

在《九章算术》的时代，虽然数学运算已经相当成熟，但关于正负数的乘除运算法则，书中并未有明确的记载。1299 年，元代数学家朱世杰在《算学启蒙》一书中

明确提出了"同名相乘为正,异名相乘为负"以及"同名相除所得为正,异名相除所得为负"的法则,这为有理数的四则运算提供了完整的理论基础。因此,可以说最迟在 13 世纪末,中国已经全面总结了有理数的四则运算法则。这一成就不仅体现了中国古代数学家的智慧和贡献,也为后世的数学发展奠定了坚实的基础。

中国数学家在《九章算术》"方程"卷里提出的正负数的不同表示法和正负数的加减运算法则,在中国数学史上是一个无比伟大的成就。

### 三、数之术主题探究教学建议

数之术主要涉及初中数学分数的运算和有理数的相关知识,教师可以在学生学习完对应的内容后,引导学生开展主题探究。

1. 以数学典籍和数学家为引,渗透传统数学文化

《九章算术》是一部现有传本的最古老的中国古代数学经典著作之一,全书共计 246 题,53 术,总结了周、秦以来的数学研究成果,是中国的古算经之首,也是世界数学史上极为珍贵的古典文献,其数学水平处于当时的世界先进行列。《九章算术》中许多问题的解法精彩玄妙,但又述文过简,多数问题的解法缺乏论据,也存在某些问题的解法不妥。刘徽通过刻苦钻研,认真思考,终于在魏景元四年(263年)写成了《九章算术注》。他不仅对《九章算术》中的问题一一注解,使之图文并茂,并且首次从理论上给予每一问题严密而精巧的论证,且在解法上有许多创新,奠定了其在中国数学史上的不朽地位。教师可以将这些资料分享给学生,帮助学生了解《九章算术》的相关知识,引导学生感受中国古代数学的辉煌。

算筹是我国历史上特有的计算工具,为推动中国古代数学的发展起到举足轻重的作用。教师可以给学生讲算筹的历史故事,同时准备相关的教具,让学生亲自演练,希望学生能传承中国古老的智慧,在"运筹帷幄"中走好自己的人生。

2. 以古典问题中算学方法为例,领悟中国古人智慧

我国古人能很早地认识和使用负数,源于中国古代的数学注重与生产实践的结合,实用即使用。在初中数学教学中,这些史例可以帮助学生认识到负数的实际意义和运用场合。

《九章算术》中的分数运算方法在世界史上占有重要的地位,和我们现在所学的分数运算基本相同。它从实际问题中引入了分数,提供了一种简单而有效的解决问题的方式,为算学方法的创新提供了范例。学生在探究过程中,一方面能感受

到学以致用的古人智慧，另一方面能体会中国古代数学特有的算法模式。有理数的加减运算亦是如此，教师可以适当延伸，引导学生认识绝对值的概念，帮助学生掌握有理数加减法的运算法则，并运用到实际问题的解决中。

教师可将这些研究成果和典型问题与初中数学教学内容进行整合，通过向学生介绍中国古人的数学思想和方法，帮助学生在数学学习中更好地理解知识点的内涵和相关问题的实际意义。同时，学生通过吸收和整合中国古人的学术成果，也可以激发学习兴趣和研究热情，提升他们的数学素养。

具体教学建议如下：

### 分数运算主题探究教学建议

| 一、提供给学生的材料 |
| --- |
| 1. 陈金飞.《九章算术》的主要内容及其教育价值<br>2. 钱宝琮.《九章算术》中的算术部分<br>3.《九章算术》"方田"卷中分数问题节选 |
| 二、教师的切入方式 |
| 1.《九章算术》及其历史地位、刘徽生平和算筹<br>2.《九章算术》中分数运算的相关内容<br>3. 我国古代分数及其四则运算在世界数学发展史上的领先地位 |
| 三、学生的探究主题 |
| 《九章算术》中有约分术、合分术、减分术、乘分术、经分术、课分术等，学生分小组探究这些"术"，用现在的数学符号表示出来，思考其合理性 |
| 四、学生的探究性作业 |
| 1. 数学写作：跨越时空与刘徽对话<br>2. 电子小报：我眼中的《九章算术》<br>3. 微视频：《九章算术》中分数问题讲解 |

**有理数主题探究教学建议**

| 一、提供给学生的材料 |
| --- |
| 1. 覃淋.东方数学史中的正负数<br>2. 郭书春.《九章算术》正负术"无人"辨<br>3. 陈振良.中国人最先使用负数 |
| 二、教师的切入方式 |
| 1. 介绍负数在中国最早使用的历史<br>2.《九章算术》中记载的"正负术"<br>3. 我国古代有理数加减运算在世界数学发展史上的领先地位 |
| 三、学生的探究主题 |
| 学生分小组探究《九章算术》中的"正负术",用现在的数学符号表示出来,思考其合理性 |
| 四、学生的探究性作业 |
| 1. 数学写作:我眼中的"正负术"<br>2. 电子小报:有理数发展简史<br>3. 微视频:《九章算术》中"正负"讲解 |

# 第二节　解方程的智慧

## 一、方程史话

方程是代数史中重要的研究课题之一,是古埃及人、古巴比伦人、阿拉伯人、中国人、印度人和欧洲人一棒接着一棒而完成的伟大成就。甚至直至 19 世纪,代数学还被不少人理解为解方程的学问。

早在 3 600 多年前,古埃及人写在草纸上的数学问题中就涉及了方程,即含有未知数的等式。古巴比伦泥版书上也有类似的数学问题:两数互为倒数,二者之和是一个给定数,求这两个数。

大约在公元前 2000 年,古巴比伦算术已经演化出一些用文字表述的代数解题方法。在当时,一类常见的题目是:两数之积是 $a$,两数之和(或差)是 $b$,求这两个数。古巴比伦人既能用相当于代入一般公式的方法，又能用配方法来解二次方程，还讨论过某些三次方程和双二次方程。

约公元前 1700 年的莫斯科纸草书上有一个题目：将一个面积为 100 的大正方形分为两个小正方形，使其中一个的边长是另一个的 $\frac{3}{4}$。

公元前 1700 年左右，记载了古埃及数学的莱因德纸草书中记载了这样一个题：一个数，加上它的 $\frac{1}{7}$，等于 19，求这个数。

在公元前三四世纪，古希腊流行着一种数学谜语，它们常常以诗歌的形式出现：路上并排走着驴和骡子，驴不住地埋怨驮的货物太重。骡子不耐烦地说："你发什么牢骚，我驮得比你重，只要从你这里再给我一袋货物，我驮得就是你的两倍；如果我给你一袋货物，咱俩才刚好一样。"请问：驴和骡子各驮了几袋货物？

欧几里得的《几何原本》中很多问题都用到了二次方程。例如，形如 $x^2 + ax = b^2$ 的方程的图解法为：如图 2-9，画 Rt$\triangle ABC$，使 $\angle ACB = 90°$，$BC = \frac{a}{2}$，$AC = b$，在斜边 $AB$ 上截取 $BD = \frac{a}{2}$，则该方程的一个正根为 $AD$ 的长。

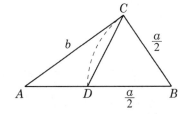

图 2-9 《几何原本》中二次方程的解法

《九章算术》的第八卷为"方程"卷，共计 18 题，其中关于二元一次方程组的有 8 题，三元一次方程组的 6 题，四元和五元一次方程组各 2 题，皆是用直除法求解。该演算法是我国古代求解线性方程组的基本方法，其理论上和现在的加减消元法基本一致。

"方程"的明确定义由刘徽在《九章算术注》"方程"卷开篇注释道：程，课程也。群物总杂，各列有数，总言其实，令每行为率。二物者再程，三物者三程，皆如物数程之，并列为行，故谓之方程。

可见，中国古代的方程就是现在的方程组。《九章算术》没有表示未知数的符号，而是用算筹将未知数的系数和常数项排列成一个（长）方阵，这就是"方程"名称的来源之一，也叫作"算筹方阵"。清代学者李善兰、华蘅芳等在翻译西方著作时，将英语"equation"翻译为"方程"或"方程式",最终改变了"方程"在古代的本义。

东汉末年至三国时代的赵爽对《周髀算经》做注释时,曾写了一篇很有价值的"勾股圆方图"注文,研究了二次方程的求根问题。他还研究了根与系数的关系,得到了一元二次方程的求根公式,与"韦达定理"的结果相似。

250 年前后的丢番图是古希腊数学中的代表人物,他最出色的著作《算术》一书中的绝大多数篇章谈的是方程,讨论了一次方程、二次方程和个别三次方程,还讨论了大量的不定方程。他是解方程的大师,是代数学的鼻祖之一。丢番图刻了这样一道题作为自己的墓志铭:这儿埋葬着丢番图,他生命的六分之一是童年;再过了一生的十二分之一后,他开始长胡须;又过了一生的七分之一后他结了婚;婚后五年他有了儿子,但可惜儿子的寿命只有父亲的一半;儿子死后,老人再活了四年就结束了余生。

南北朝时期的数学家张丘建在《张丘建算经》一书中给出了著名的不定方程组"百鸡问题":今有鸡翁一,值钱五;鸡母一,值钱三;鸡雏三,值钱一。凡百钱买鸡百只,问:鸡翁、母、雏各几何?

受中国的影响,印度在 7 世纪初就已经能使用缩写文字和一些记号来描述代数的问题和解答,具有符号代数的特征。

820 年左右,"代数学之父"花剌子米出版了《代数学》,首次给出了一元二次方程的一般代数解法和几何证明,明确提出了代数、已知数、未知数、根、移项、合并同类项等一系列概念。除此之外,书中还列出了大量例题和求解方法,直接将代数学分离成一门可以与几何学媲美的独立学科。以方程 $x^2+2x-35=0$ 为例,花剌子米采用几何解法的方法是:将原方程变形为 $(x+1)^2=35+1$,然后构造图 2-10,一方面,正方形的面积为 $(x+1)^2$;另一方面,它又等于 35+1,因此可得方程的一个根 $x=5$。

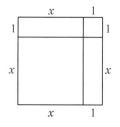

图 2-10　几何方法解一元二次方程

中国各个朝代中,数学家对方程的研究都有过重要贡献,如唐朝的王孝通、张遂,北宋时期的贾宪、刘益,南宋时期的秦九韶等,他们对方程的解法或有所改进,或有所创新。

12 至 13 世纪,宋元时期,中国数学家创立了"天元术",用"天元"表示未知数进而建立方程,这种方法的代表作是数学家李冶写的《测圆海镜》。书中所说的"立天元一"相当于现在的"设未知数 $x$",然后根据问题的条件列出两个天元式,再将这两个天元式相减,进行同数相消,得到一个一端等于 0 的方程。在未知量的一次项旁边记一"元"字,或在常数项旁记一"太"字,并按高次幂在上、低次幂在下排列。例如,图 2-11 所表示的相当于现在的方程: $x^3 + 336x^2 + 4\,184x + 2\,488\,320 = 0$。

天元术已有现代列方程记法的雏形,现代学史家称它为半符号代数。用"元"代表未知数的说法,一直沿用到现在。

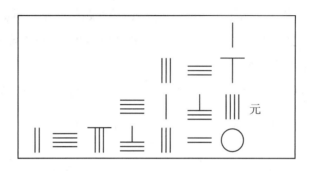

图 2-11 天元术

17 世纪时,法国数学家笛卡儿(图 2-12)最早提出了用 $x$、$y$、$z$ 这样的字母来表示未知数,把这些字母和普通数字同样看待。后来,数学家用运算符号和等号把字母与数字连接起来,就形成含有未知数的等式,即现代意义上的方程。

我国古代的数学是以代数学作为主流而发展的,其中求解方程是我国古代代数学研究的重点,从刘徽注的《九章算术》求解一元一次方程开始,发展到宋元时期对高次方程解的研究步入一个新台阶,中国数学在方程方面的研究已经遥遥领先于世界其他国家。但是,由于腐朽的封建制度,宋元之后我国数学就开始停滞不前,很多优秀的成果也流失了。作为数学王国里一颗璀璨的明珠,中国也曾照亮了那个时代方程发展的道路。

图 2-12 笛卡儿

## 二、初中数学中的解方程

### 1. 一元一次方程

中国古代数学家的方法主要是盈不足术和损益法。《九章算术》中首先提到了移项的思想，"损之曰益，益之曰损"说的就是常数项的移项规则。虽然《九章算术》中已经有了移项的思想，但书中的一次方程并没有使用它来解决，而是运用了盈不足术。

盈不足术是我国古代解决盈亏问题的算术方法，早在先秦时代已有此方法的不同形式。《九章算术》"盈不足"卷共计20题，前8题是一盈一不足，或两盈，或两不足，或一盈一适足，或一不足一适足，第9题及以后各题，并非盈不足问题，而是可转为用盈不足术解决的问题。

我们用《九章算术》"盈不足"卷中的第2题来介绍盈不足术的算法。

**例1**　今有共买鸡，人出九，盈一十一；人出六，不足十六。问：人数、鸡价各几何？

其大意是：有一些人共同买鸡，若每人出9钱，则还盈余11钱；若每人出6钱，则还差16钱。请问：一共有多少人？每只鸡的价格是多少？

《九章算术》"盈不足"卷给出的解法为：

盈不足术曰：置所出率，盈、不足各居其下。令维乘所出率，并以为实。并盈、不足为法。实如法而一。有分者，通之。盈不足相与同其买物者，置所出率，以少减多，余以约法、实。实为物价，法为人数。

其一术曰：并盈、不足为实。以所出率以少减多，余为法。实如法得一人。以所出率乘之，减盈、增不足即物价。

注释　置：放置。所出率：每人出钱数量，即"9"和"6"。维乘：交叉相乘。并：相加。实：被除数。法：除数。实如法而一：被除数除以除数就是每个人所应出的钱数。余以约法、实：用余分别去除法和实。

具体算法如图2-13所示：

| 所出率 | 9 | 6 |
|---|---|---|
| 盈、不足 | 11 | 16 |
| 维乘 | $11×6=66,9×16=144$ | |
| 并以为实 | $66+144=210$ | |
| 并盈、不足为法 | $11+16=27$ | |
| 实如法而一(每个人应出钱数) | $\dfrac{210}{27}=\dfrac{70}{9}$ | |
| 置所出率,以少减多 | $9-6=3$ | |
| 余以约实(得到物价) | $210÷3=70$ | |
| 余以约法(得到人数) | $27÷3=9$ | |

**图 2-13　盈不足术解法流程**

其另一方法与现在的算式解法相同,式子$\dfrac{11+16}{9-6}=9$的计算结果为人数,再用$9×9-11=70$ 或 $9×6+16=70$ 算出鸡价。这种解法容易理解,思路直接,但局限性较强,因而创造了盈不足术,这其实也体现了中国古人的智慧。

《九章算术》"盈不足"卷第 9 题及之后的问题,解法为任意假设一个答数代入原题,其结果或正好,或盈余,或不足。于是进行调整,代入另外一个假设的答数进行验算。一般问题通过两次假设,即会化作一个盈不足问题求解。

**例 2**　(《九章算术》"盈不足"卷第 10 题)今有垣高九尺。瓜生其上,蔓日长七寸;瓠(hù)生其下,蔓日长一尺。问:几何日相逢?

其大意是:今有墙高 9 尺,瓜生在墙的上方,瓜蔓每天向下长 7 寸;瓠生在墙的下方,瓠蔓每天向上长 1 尺。问:经过几日两蔓相逢?(1 尺=10 寸)

术曰:假令五日,不足五寸;令之六日,有余一尺二寸。

用现在的数学语言来解释书中给出的解法是,假设 5 天后相遇,则离实际垣高差 5 寸;假设 6 天后相遇,则超过实际垣高 12 寸。借助盈不足术,得到相遇的天数是:$\dfrac{5×12+6×5}{12+5}=5\dfrac{5}{17}$。

我国盈不足术大约在 9 世纪被传到了阿拉伯,13 世纪意大利数学家把它介绍到欧洲,并广为传播。在阿拉伯和欧洲的早期数学著作中,盈不足术被称作"试位法""双设法"等,是在代数符号系统发展起来之前解决算术问题的一种主要方法,是我国古代数学对世界数学发展做出的重大贡献。

2. 二元一次方程组

"盈不足"问题其实可化为二元一次方程组 $\begin{cases} a_1 x - b_1 = y, \\ a_2 x + b_2 = y. \end{cases}$

盈不足术相当于得到了这个方程组的解为 $\begin{cases} x = \dfrac{b_1 + b_2}{a_1 - a_2}, \\ y = \dfrac{a_1 b_2 + a_2 b_1}{a_1 - a_2}. \end{cases}$

中国古代数学著作《九章算术》中第八卷为"方程"卷,包含了很多关于方程的问题。其第 1 题为:

**例3**　今有上禾三秉,中禾二秉,下禾一秉,实三十九斗;上禾二秉,中禾三秉,下禾一秉,实三十四斗;上禾一秉,中禾二秉,下禾三秉,实二十六斗。问:上、中、下禾实一秉各几何?

其大意为:优质稻子 3 捆,普通稻子 2 捆,劣质稻子 1 捆,能碾 39 斗米;优质稻子 2 捆,普通稻子 3 捆,劣质稻子 1 捆,能碾 34 斗米;优质稻子 1 捆,普通稻子 2 捆,劣质稻子 3 捆,能碾 26 斗米。如果有优质稻子、普通稻子、劣质稻子各 1 捆,各能碾多少米呢?

古代通常采用横列竖行、从右往左的书写习惯。可以用如下形式表示:

| 左 | 中 | 右 | |
|---|---|---|---|
| 1 | 2 | 3 | 上禾秉数 |
| 2 | 3 | 2 | 中禾秉数 |
| 3 | 1 | 1 | 下禾秉数 |
| 26 | 34 | 39 | 总数 |

将"上禾""中禾""下禾"表示成现在的未知数 $x$、$y$、$z$。如果用现代的方程来表

示，那么可以写成一个三元一次方程组 $\begin{cases} 3x+2y+z=39, \\ 2x+3y+z=34, \\ x+2y+3z=26。 \end{cases}$

（1）直除法

古代对于线性方程组的解法称为方程术，其核心是以逐步消元来减少方程的行数及未知数的个数，最终消成每行只存在一个未知数的情况，然后依次把第二、第三个未知数求出来。在古代，这种消元的方法称为直除法，"直除"的意思就是直接相减。《九章算术》"方程"卷的第1题后有解法如下：

方程术曰：置上禾三秉，中禾二秉，下禾一秉，实三十九斗，于右方。中、左禾列如右方。以右行上禾遍乘中行，而以直除。又乘其次，亦以直除。然以中行中禾不尽者遍乘左行，而以直除。左方下禾不尽者，上为法，下为实。实即下禾之实。求中禾，以法乘中行下实，而除下禾之实。余如中禾秉数而一，即中禾之实。求上禾，亦以法乘右行下实，而除下禾、中禾之实。余如上禾秉数而一，即上禾之实。实皆如法，各得一斗。

这段话用方程组的变换可以翻译为：

解方程组 $\begin{cases} 3x+2y+z=39, \\ 2x+3y+z=34, \\ x+2y+3z=26。 \end{cases}$ 　①②③

②×3−①×2，③×3−①，得

$\begin{cases} 3x+2y+z=39, \\ 5y+z=24, \\ 4y+8z=39。 \end{cases}$ 　①④⑤

由⑤×5−④×4，得

$\begin{cases} 3x+2y+z=39, \\ 5y+z=24, \\ 36z=99。 \end{cases}$ 　①④⑥

因此，$z=\dfrac{99}{36}=\dfrac{11}{4}$。

类似地,继续变形,求出 $y=\dfrac{17}{4}$, $x=\dfrac{37}{4}$。

当时人们借助的运算工具是算筹。将方程的各项系数、常数项都用算筹排列成长方形,通过对算筹的移动和重组达到解出方程的解的目的,它的性质和运算过程跟今天的矩阵是差不多的,所以我们可以很自豪地说,中国是矩阵的雏形最早出现的地方。

刘徽指出的用方程的整行和另一行相减,不影响方程的解这一思想成为方程消元法的奠基石。在欧洲,最早的三元一次方程组和解法是由法国数学家布丢在16世纪中叶提出的,这比中国晚了一千多年。

（2）互乘相消法

众所周知,当方程组的系数较大时利用直除法计算往往会很烦琐,刘徽针对这个问题首创了互乘相消法,那何为互乘相消法呢？ 我们不妨来看刘徽在《九章算术》"方程"卷"牛羊直金"问题中所提出的解法。

**例4**　今有牛五,羊二,直金十两;牛二,羊五,直金八两。问:牛、羊各直金几何？

其大意是:今有牛 5 头,羊 2 头,共值金 10 两;牛 2 头,羊 5 头,共值金 8 两。问:牛、羊每头各值金多少？

解:设牛每头值金 $x$ 两,羊每头值金 $y$ 两。根据题意,我们可以列出方程组:

$$\begin{cases} 5x+2y=10, & \text{①} \\ 2x+5y=8。 & \text{②} \end{cases}$$

刘徽用①×2,②×5,得

$$\begin{cases} 10x+4y=20, & \text{③} \\ 10x+25y=40。 & \text{④} \end{cases}$$

然后④－③,得

$$21y=20,$$

$$y=\frac{20}{21}。$$

同理,$x$ 的值也可求得。

这显然与我们如今教材中解一元二次方程组的加减消元法一致。刘徽还指出，这是一种普遍的方法，即使方程式的个数为四个、五个也行得通。可惜这种先进的思想一直未被当时的数学家重视，直到近千年后才被南宋数学家秦九韶继承并发展。

3. 一元二次方程

我国对一元二次方程的研究同样历史悠久，早在公元前四五世纪时，就掌握了一元二次方程的求根公式。《九章算术》"勾股"卷第 20 题以及《张丘建算经》中都有关于一元二次方程解法的讲解。

《九章算术》中记载有一元二次方程问题。其中，方程 $x^2+px=q(p>0,q>0)$ 的解法称为"开带从平方"，其解题思路如下：

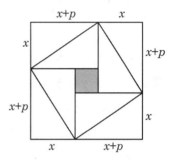

图 2-14 开带从平方

如图 2-14，将四个长为 $x+p$、宽为 $x$ 的矩形（面积均为 $q$）和一个边长为 $p$ 的小正方形拼成一个大正方形，于是大正方形的面积为 $p^2+4q$，边长为 $\sqrt{p^2+4q}$，故得 $x+(x+p)=\sqrt{p^2+4q}$，进而有方程 $x^2+px=q$（$p>0$，$q>0$）的正根为 $x=\dfrac{\sqrt{p^2+4q}-p}{2}$。

用今天的代数式语言来表达上述求根过程为：

$\because$　$x^2+px=q(p>0,q>0)$。

$\therefore$　$x(x+p)=q$。

$\therefore$　$4x(x+p)=4q$。

$\therefore$　$4x(x+p)+p^2=4q+p^2$。

$\therefore$　$(2x+p)^2=p^2+4q$。

$\therefore$　$2x+p=\sqrt{p^2+4q}$（$x>0$）。

$\therefore$　$x=\dfrac{\sqrt{p^2+4q}-p}{2}$。

这个几何方法至少可以用来解以下三类方程：$x^2+px=q$，$x^2-px=q$，$-x^2+px=q$，其中 $p>0,q>0$。

**例5**　求方程 $x^2+5x-14=0$ 的正解。

解：原方程可化为 $x(x+5)=14$。

构造图 2-15，图中大正方形的面积是 $(x+x+5)^2$，同时它又等于四个矩形的面积加上中间小正方形的面积，即 $4\times14+25=81$。

故 $(x+x+5)^2=81$。

易得方程的正解为 $x=2$。

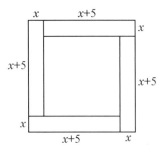

图 2-15

赵爽在《勾股圆方图注》中还得到了类似于现在我们所用的一元二次方程求根公式。

**例6**　（《勾股圆方图注》命题 28）已知一个长方形长、宽之和为 $2c$，面积是 $a^2$，求它的长和宽。

赵爽的解法大致如下：

把 4 个这样的长方形如图 2-16 排列，整个大正方形 $ABCD$ 的面积为 $(2c)^2$，中间小正方形 $EFGH$ 的边长为长方形长、宽之差，面积为 $(2c)^2-4a^2$。

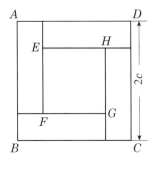

图 2-16

因此，长方形长、宽之差 $=\sqrt{(2c)^2-4a^2}$。

又因为长方形长、宽之和为 $2c$，故所求

$$宽=\frac{2c-\sqrt{(2c)^2-4a^2}}{2}，长=\frac{2c+\sqrt{(2c)^2-4a^2}}{2}。$$

如果我们把所求长和宽看作一元二次方程的两根 $x_1$、$x_2$，那么赵爽的命题相当于已知 $x_1+x_2=2c$，$x_1x_2=a^2$，所求数为一元二次方程 $x^2-2cx+a^2=0$ 的两根，得到的根与系数的关系与韦达定理相当。

约 5 世纪张丘建所著的《张丘建算经》，约 8 世纪的天文学家僧一行，11 世纪刘益的《议古根源》，13 世纪杨辉所著的《田亩比类乘除捷法》等，都对一元二次方程的解法继续做着研究。

中国古代的一元二次方程问题将代数和几何相结合，构造图形求解，为一元二次方程的解法赋予了几何意义。

### 三、中国古代方程趣题

中国古代数学典籍中富含大量的经典方程问题，一些已经为我们所熟知，还有很多没有被充分利用。

《九章算术》中"众人买鸡"问题：今有共买鸡，人出九，盈一十一；人出六，不足十六。问：人数、鸡价各几何？ 其大意是：现有几人合伙买鸡，若每人出 9 钱，则多 11 钱；若每人出 6 钱，则差 16 钱。问：人数、鸡的价格各是多少？

《九章算术》中"众人买琎（jìn）"问题：今有共买琎，人出半，盈四；人出少半，不足三。问：人数、琎价各几何？ 其大意是：现有几人合伙买琎石，若每人出 $\frac{1}{2}$ 钱，则多 4 钱；若每人出 $\frac{1}{3}$ 钱，则差 3 钱。问：人数、琎石的价格各是多少？

《九章算术》中"两鼠打洞"问题：今有垣厚五尺，两鼠对穿。大鼠日一尺，小鼠亦日一尺。大鼠日自倍，小鼠日自半，问：几何日相逢？ 各穿几何？ 其大意是：现有一堵墙厚 5 尺，两只老鼠从墙的两端相对打洞穿墙。大老鼠第一天进 1 尺，以后每天加倍；小老鼠第一天也进一尺，以后每天减半。问：几天后两鼠相遇？ 它们各穿墙几尺？

《九章算术》中"蒲莞生长"问题：今有蒲生一日，长三尺；莞生一日，长一尺。蒲生日自半，莞生日自倍。问：几何日而长等？ 其大意是：现有蒲草、莞草两种植物。蒲草第一天长高 3 尺，莞草第一天长高 1 尺。以后蒲草每天增长的长度是前一天增长的一半，而莞草每天增长的长度是前一天增长的两倍。问：多少天蒲草、莞草高度相等？

以上为典型的盈不足问题或可转化为盈不足的问题，可借助例 1 的方法程序化地进行解答。

《孙子算经》中"众人共车"问题：今有三人共车，二车空；二人共车，九人步。问：人与车各几何？ 其大意是：今有若干人乘车，每 3 人共乘一车，最终剩余 2 辆车空着，若每 2 人共乘一车，最终剩余 9 个人无车可乘。问：共有多少人，多少辆车？

《孙子算经》中"妇人荡杯"问题：今有妇人河上荡杯。津吏问曰："杯何以多？"妇人曰："家有客。"津吏曰："客几何？"妇人曰："二人共饭，三人共羹，四人共肉，凡用杯六十五。不知客几何？"其大意是：一位妇人在河边洗碗。津吏问道："为什么要洗这么多碗？"妇人回答："家里来客了。"津吏问："有多少客人？"妇人回答："每二人合用一只饭碗，每三人合用一只汤碗，每四人合用一只肉碗，共用 65 只碗。"

问:来了多少客人?

《算学启蒙》中"良马驽马"问题:良马日行二百四十里,驽马日行一百五十里。驽马先行一十二日,问:良马几何追及之? 其大意是:跑得快的马每天走 240 里,跑得慢的马每天走 150 里。慢马先走 12 天,快马几天可以追上慢马?

《算法统宗》中"群羊逐草"问题:甲赶群羊逐草茂,乙拽肥羊随其后,戏问甲及一百否? 甲云所说无差谬,若得这般一群凑,再添半群小半群,得你一只来方凑。玄机奥妙谁参透? 其大意是:牧羊人赶着一群羊去寻找草长得茂盛的地方放牧。有一个过路人牵着 1 只肥羊从后面跟了上来,他对牧羊人说:"你赶的这群羊大概有 100 只吧?"牧羊人答道:"如果这一群羊加上 1 倍,再加上原来羊群的一半,又加上原来这群羊的 $\frac{1}{4}$,连你牵着的这只肥羊也算进去,才刚好满 100 只。"你知道牧羊人放牧的这群羊一共有多少只吗?

以上为典型的一元一次方程问题,教师可进行改编,融入更多的教材知识。

《九章算术》中"五雀六燕"问题:今有五雀、六燕,集称之衡,雀俱重,燕俱轻。一雀一燕交而处,衡适平。并燕、雀重一斤。问:雀、燕一枚各重几何? 其大意是:现有 5 只雀、6 只燕,分别聚集而且用衡器称之,聚在一起的雀重,燕轻。将 1 只雀、1 只燕交换位置而放,重量相等。5 只雀、6 只燕的总重量为 1 斤,问:雀、燕每只各重多少斤?

《九章算术》中"金银重量"问题:今有黄金九枚,白银一十一枚,称之重,适等。交易其一,金轻十三两。问:金、银一枚各重几何? 其大意是:现有黄金 9 枚,白银 11 枚,称重两者相等。互相交换 1 枚后,黄金部分比白银部分轻 13 两,问:黄金、白银每枚各重多少两?

《孙子算经》中"鸡兔同笼"问题:今有鸡兔同笼,上有三十五头,下有九十四足,问:鸡、兔各几何? 其大意是:现有鸡、兔子在同一个笼子里,共有 35 个头,94 条腿。问:鸡和兔子各有多少只?

《四元玉鉴》中"二果问价"问题:或问九百九十九文钱,及时梨果买一千。一十一文梨九个,七枚果子四文钱。其大意是:用 999 文钱买了甜果和苦果共 1 000 个,已知 9 个甜果 11 文钱,7 个苦果 4 文钱。现在要求出买了多少个甜果和苦果,以及它们各是多少钱。

以上为典型的二元一次方程组问题,有些也可运用盈不足术和一元一次方程解决。

《九章算术》中"引葭赴岸"问题:今有池方一丈,葭生其中央,出水一尺。引葭赴岸,适与岸齐。问:水深、葭长各几何? 其大意是:如图 2-17,有一个边长为 10 尺的正方形池塘,一棵芦苇生长在它的正中央,高出水面部分为 1 尺。如果把该芦苇沿与水池边垂直的方向拉向岸边,那么芦苇的顶部恰好碰到岸边。问:水深和芦苇长各是多少?

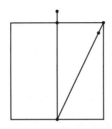

**图 2-17 《九章算术》中"引葭赴岸"问题**

《九章算术》中"邑方大小"问题:今有邑方不知大小,各中开门。出北门二十步有木。出南门一十四步,折而西行一千七百七十五步见木。问:邑方几何? 其大意是:如图 2-18(此为示意图,未按比例绘制),Rt$\triangle ABC$ 边 $AC$ 垂直于正方形 $DEFG$ 的边 $DG$,$H$、$M$ 分别为 $DG$、$EF$ 的中点,$AH=20$ 步,$MC=14$ 步,$BC=1\,775$ 步,求正方形 $DEFG$ 的边长。

《益古演段》中"方中圆池"问题:今有方田一段,内有圆池水占之外,外计地一万一千三百二十八步(平方步)。只云从外田角斜至内池楞各五十二步。问:内径、外方各多少? 其大意是:正方形田地中有一个圆形水池(图 2-19),田地除去水池剩余面积为 11 328 平方步,$AE=52$ 步,求圆的直径以及正方形的边长。($\pi$ 取 3)

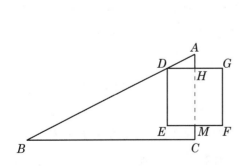

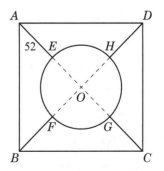

**图 2-18 《九章算术》中"邑方大小"问题**　**图 2-19 《益古演段》中"方中圆池"问题**

以上为可运用一元二次方程解决的问题,中国古代数学家大都运用了出入相补原理,构造图形解决,在后面第七节也将详细介绍。

通过对这些名家名著的素材挖掘与学习,不但能提升学生对数学的兴趣与爱好,还能激发学生对古老东方数学探究的欲望。这些经典方程问题,为导向"立德树人"的教学提供了很好的载体与方向,需要教师在备课中特别关注。

### 四、解方程主题探究教学建议

解方程主题涉及初中一元一次方程、二元一次方程组和一元二次方程,教师可在学完相应内容后进行主题探究,亦可在学习完解一元二次方程后,分多课时进行专题探究。

1. 在方程发展史中体会中国古代方程的悠久历史

方程的发展历史悠久,世界各国都对方程进行过深入的研究,体现了文化的交融。方程由于其存在的普适性、直观性、有效性和逻辑性,为古时候人们解决生活中遇到的问题提供了有效的工具。这其中,也有很多"故事"。例如,方程的"程"古今含义的不同、丢番图的墓志铭和我们经常所说的几元几次方程中"元"的来历。在课堂中,教师可以给学生介绍这些故事,让学生知道教材上的知识背后蕴含了丰富的人文因素,激发学生的学习兴趣。

2. 在问题解决中感悟中国古代数学家的智慧

由于方程为古人解决生活中的实际问题提供了有效的手段,因此方程中的古典问题大多贴合人们的生活实际,特别是中国古代的方程问题。让学生在古代的实际问题中,体会中国古代以实际应用为背景和以算法为中心的特征。单个问题的解决不是学习的目的,教师可以引导学生挖掘中国古人为解决问题而形成的算法,体会中国古代数学在方程的研究中形成的经典方法和技巧,让学生从中了解到这些方法求解方程的逻辑和流程,以及它们与现代数学方法的异同。

3. 借助解方程(组)方法的多样性拓展学生思维

本部分与初中数学相关联的内容有一元一次方程、二元一次方程(组)和一元二次方程,这些相关内容在中国古代数学典籍中都有过深入的研究,产生了很多经典的问题和巧妙的方法。这些方法,有的与现在类似(互乘相消法),有的不完全相同(盈不足术、直除法、图解一元二次方程)。在教学中,教师可以根据学情,适当地选取与教材不同的解法进行讲解。学生可以通过对古算题的探究,重构知识的发生、发展过程,加深对消元思想和化归思想的理解。

## 具体教学设计建议如下:

### 盈不足术主题探究教学建议

| 一、提供给学生的材料 |
| --- |
| 1. 钱宝琮.盈不足术的发展史<br>2. 李欣妍,鲍成成.追本溯源,传承创新——中国古代数学盈不足术初探<br>3. 文广.《九章算术》中的盈不足问题赏析 |
| 二、教师的切入方式 |
| 1.《九章算术》"盈不足"卷第1题转化为情景问题引入盈不足术<br>2. 盈不足术的合理性探讨<br>3. 盈不足术的历史地位和广泛影响 |
| 三、学生的探究主题 |
| 学生分小组探究盈不足术的合理性,运用盈不足术解决教材中一元一次方程问题,思考其在当时的先进性 |
| 四、学生的探究性作业 |
| 1. 数学写作:神奇的盈不足术<br>2. 电子小报:我眼中的盈不足术<br>3. 微视频:《九章算术》"盈不足"卷选一问题讲解 |

### 二元一次方程组主题探究教学建议

| 一、提供给学生的材料 |
| --- |
| 1. 唐肖准.趣谈中国古代数学中的方程问题<br>2. 张天姿,韩祥临.《九章算术》融入初中数学课堂的教学设计——以二元一次方程组"加减消元法"为例<br>3.《九章算术》"方程"卷问题节选 |
| 二、教师的切入方式 |
| 1. 介绍方程发展简史及中国古代数学家的成就<br>2. 二元一次方程组的直除法和互乘相消法<br>3. 我国古代方程趣题 |
| 三、学生的探究主题 |

| 学生分小组探究《九章算术》"方程"卷的问题解法,思考其合理性和在当时的先进性 |
| --- |
| 四、学生的探究性作业 |
| 1.数学竞赛:提供20道中国古代方程问题,让学生开展中国古代方程问题知识竞赛<br>2.电子小报:方程发展简史<br>3.微视频:《九章算术》"方程"卷选一问题讲解 |

### 一元二次方程主题探究教学建议

| 一、提供给学生的材料 |
| --- |
| 1.卢子文."平方带纵"与古算诗题的一元二次方程——兼论一元二次方程求根公式的历史<br>2.潘有发.一元二次方程求根公式的历史<br>3.《九章算术》中一元二次方程应用问题节选 |
| 二、教师的切入方式 |
| 1.一元二次方程发展简史<br>2.赵爽解一元二次方程的方法<br>3.《九章算术》"勾股"卷中的"邑方大小"问题 |
| 三、学生的探究主题 |
| 学生分小组探究一元二次方程的几何解法,思考其合理性 |
| 四、学生的探究性作业 |
| 1.运用一元二次方程的几何解法解决教材中的问题<br>2.电子小报:一元二次方程发展简史<br>3.微视频:《九章算术》中"引葭赴岸"问题讲解 |

# 第三节 古匠艺的数韵

## 一、传统文化中的数学元素

中国的建筑园林、文化遗址和民间艺术都是古代匠人的杰作,其中蕴藏着丰富的数学元素。从形状的设计到布局的安排都体现着数学的影响,数学的足迹无处不在。通过数学,我们可以更好地探索和理解中华优秀传统文化,体会中国古代文化的丰富多彩。中华优秀传统文化中的数学,让我们看到了中国古代科学家的智慧，让我们更加自信地认识和热爱中国文化。

1. 建筑园林

（1）颐和园

颐和园被誉为中国古代皇家园林之冠，它的建筑设计中运用了大量的几何形状。例如，佛香阁的底座为正方形，上部为八角形，顶部为圆形；而万寿山主峰的建筑形态则类似于一个六边形。这些几何形状的运用，在视觉上产生了简洁而有力的美感，同时也充分展现了古代中国人的艺术和数学造诣。

颐和园的轴线设计亦展现出了一定的数学特点（图2-20）。颐和园的轴线设计非常规整明确，主轴线和次轴线交错贯穿整个园林，使整个园林呈现出一种秩序感和节奏感。这种轴线设计不仅体现了古代中国人对美的追求，也体现了他们对数学知识的运用和掌握。

图2-20

颐和园作为一个集中华传统文化和人文景观于一身的著名景点，不仅仅具有文化和艺术的价值，还蕴含着丰富的数学元素，可供我们开展多方面的探究。

（2）花街铺地

当你漫步在中国传统园林中，是否留意过在脚下也有一片美丽的天地？这些美景名为花街铺地。铺地不仅具有装饰效果，还有防滑、净化地面的功用。匠人在造园时充分发挥了智慧和想象力，创造出变幻无穷的铺地图案，在这些图案中蕴含着丰富的数学元素。

图案精美的地纹可以被视为一种平面上的几何图形。这些图案具有丰富的对称性、周期性和排列规律，从而形成整体的装饰性美感（图2-21）。铺地的材料和图案都经过匠人的巧手，在制作过程中需要进行计算、筛选、排列等操作，体现了数学知识在实际生产中的应用。观察、分析和欣赏花街铺地，可以增强数学审美能力和实际运用能力。

图2-21

一颗颗小小的石子或青砖，承载了惊世之美。匠人的巧手则是众多铺地造型的艺术源头,每颗石子都经过匠人的手筛选出来,带着最好的文化寓意,这是数学与艺术的交织。

2. 文化遗址

中国文化遗址中的数学元素十分丰富。中国古代建筑常常采用几何图形的设计。这些几何图形的设计不仅为建筑赋予了美感,更具备一定的工程实用性和数学意义。

(1) 天坛

北京天坛是世界上现存的最大的古代祭天建筑群,北为圆形,南为方形。两道坛墙环绕四周,把全坛分为内坛和外坛两部分。

如图 2-22,祈年殿是天坛的主体建筑之一。祈年殿一共有 28 根楠木大柱,其中被称为"龙井柱"的柱子有 4 根,象征着春、夏、秋、冬四个季节;中层有 12 根"金柱",代表一年中有 12 个月;外层的 12 根柱子寓意一天有 12 个时辰。中层和外层一共有 24 根柱子,又与一年之中的 24 个节气相对应,而这总数量为 28 根的楠木大柱也代表我国传统文化中的 28 星宿,与顶柱 8 根童柱相加后总数为 36,代表 36 天罡。

图 2-22　祈年殿

在建筑过程中,天坛对测量精度要求非常高,圆形环路、祭坛等建筑都需要精准测量,使得它们的结构和比例均符合古代的天文学和数学原理,而当时的测量工具十分简陋,因此需要工匠们进行精心计算和设计,以达到精准的测量效果。

(2) 福建土楼

福建土楼(图 2-23)多建造于 13 世纪到 20 世纪之间,被联合国教科文组织列为世界文化遗产。土楼的诞生有着特殊的历史背景。有说法称,在明清时期,为了应对倭寇的侵袭,人们建造了这种圆形的土楼——圆楼,这种土楼全封闭围合,没有拐角,更加易守难攻,成为福建人的有力武器。

图 2－23　福建土楼

土楼并非只有人们惯常以为的圆形，而是或圆或方，如同一个个几何符号，散落在梯田之侧。土楼的内部建筑包含不同的形状，有正方形、圆形、正八边形和椭圆形等，甚至还有我们不熟悉的挂耳形。而土楼内部的空间规划也充分考虑了数学原理，合理地安排了各个功能区域的位置和布局，如厨房、起居厅和卧室等房间的位置和面积。此外，土楼从多层结构到墙体结构再到圆楼的设计，都利用了数学中的几何学、比例等原理。

福建土楼中蕴含的丰富数学元素既是对古代客家人智慧和辛勤劳动的呈现，也展示了古代中国人民在建筑领域卓越的数学造诣。

3. 民间艺术

中国传统民间艺术是中华文化的精髓之一，其中蕴藏着丰富的数学元素。从刺绣、剪纸到瓷器等多个领域，人们常常会综合运用多种数学知识来创作民间艺术品。

（1）剪纸

剪纸作为一种传统的民间手工艺，既有文化内涵，也有数学元素。

剪纸在制作过程中需要用到各种几何形状，如圆形、正方形、长方形、三角形等。这些形状是剪纸设计的基础，通过拼贴、组合、分割等方式，可以创作出丰富多彩的剪纸作品。

剪纸还需要具备一定的对称性和比例美感。在民间的剪纸作品中，往往需要考虑到整体布局的对称性，以及细节部分的比例和协调，如图 2－24 和图 2－25 所示。这种对称性和比例美感的追求，也存在着数学知识的影响。例如，在制作花朵、叶子、人物等图案时，需要考虑各个部位之间的比例和长度，这就需要运用到数学中的比例关系和计算技巧。

从民间剪纸所蕴含的几何曲线、几何变换、黄金分割等数学元素为出发点,深入探析民间剪纸艺术与数学文化之间的联系,有利于民间剪纸艺术文化的传承和保护,促进多元文化的健康发展和与数学文化的交流融合。

图 2-24                          图 2-25

(2) 瓷器

瓷器(china)的故乡是中国,它是中国古代劳动人民智慧和审美的结晶。将数学与瓷器结合起来,从数学角度去观赏瓷器,我们看到了不一样的瓷器,也看到了另一种数学。

瓷器本身是三维物体,不同的长、宽、高比例,会带给人不同的第一感觉。如图 2-26 和图 2-27,两个瓷器的下半部分形状近乎相同,但两者给人的感觉则相异。瓷罐(图 2-26)近乎没有颈,"瓶腹"以上便为罐口,给人以厚重、包容之感。瓷瓶(图 2-27)较瓷罐而言其瓶颈更长,给人的感觉更加高挑、端庄。

图 2-26        图 2-27              图 2-28

如图 2-28,这些瓷器上的纹饰多是由一些基础图案进行轴对称、翻转、平移变换得到。纹饰大小错落有致,颇具和谐之感,使数学中图形的运动在瓷器上大放异彩。

## 二、古匠艺与初中数学

### 1. 图形的三种运动

在平面内,将一个图形上的所有点都按照某个方向作相同距离的移动,这样的图形运动称为图形的平移运动,简称平移。

图形平移的方向,不限于水平方向。图 2-29 中的图案可以由图中任意一个立方体为基本图形,通过左右平移和上下平移得到。图 2-30 中的二方连续纹样,以一个单位纹样为基础,以条形或带状有规律地排列。

通过图形的平移可以大大减少工作量,视觉上也给人一种美感。

图 2-29                              图 2-30

在平面内,将一个图形绕一个定点旋转一定的角度,这样的图形变换称为图形的旋转。其中,这个定点称为旋转中心,旋转的角度称为旋转角。

图形的旋转在民间艺术中的应用十分广泛。图 2-31 中的风车(不含小棒部分)可将最中间的一点看作旋转中心,由一片叶子作为一个基本图形绕旋转中心旋转、每次旋转 90°得到。图 2-32 中存在三片风扇叶片,形成一个旋转角为 120°的旋转对称图形。

图 2-31              图 2-32              图 2-33

　　当一个图形绕着某个点旋转180°,如果旋转后的图形能与原来的图形重合,那么这个图形叫作中心对称图形,这个点叫作它的对称中心。图2-33为中心对称图形的剪纸作品。

　　如果一个图形沿着一条直线对折后两部分完全重合,那么这样的图形就叫作轴对称图形,这时,我们也说这个图形关于这条直线成轴对称。

　　建筑中的所谓对称,是以一个点或一条线为中心,两边的形状和大小一致,呈现对称的事物的色彩、影调和结构是统一、和谐的。

　　对称,是自然美的形象表征。空间位置的这种对称性设计,是对大自然的有机模仿。在这种模仿中,人类得到感官的愉悦和情操的陶冶,进而产生有益于人的身心健康的审美感受。中国传统建筑中大多有清楚的南北中轴线、整齐的东西对称,形成了“中正”之美。例如,故宫(图2-34)沿着一条子午线对称分布,共同构筑出重叠的空间序列;山西王家大院,主体建筑居中而立,次要的房子则置于两侧,再朝纵深方向布置若干庭院、道路、广场,用走廊、围墙连接成方形,每一步都力求均衡,就整体而言,院落的对称布局获得了一种端正、规整、对仗的形式美。

**图2-34　故宫**

　　中国村落的选址与自然相呼应,一般选择背山面水的环境建造村落。建筑则是坐北朝南有利于采光,后面有山可以阻挡冬季西北风,面前临水既解决了用水问题也解决了排水问题。这是古人根据自然环境对空间格局的合理规划,显示出朴素的“几何对称”观念。

　　民间剪纸艺术中最突出的数学文化就是对称。很多剪纸图案都呈对称性,有些图案既是轴对称又是中心对称，直接体现出数学的对称美。

瓷器中也不乏对称之美，如四方连续纹样。四方连续纹样是由一个基础纹样沿上下左右四个方向连续延伸扩展形成的。

2. 比和比例

完美的比例是产生建筑美的关键因素。比例是指建筑构件和体块本身的长、宽、高三个维度尺寸的关系，也指建筑体块整体与局部、局部与局部之间尺寸的关系。

《营造法式》是一部记录中国古代建筑营造规范的书，其中有两张插图叫"圆方图"和"方圆图"（图 2-35）。在配合这两个插图的文字当中，《营造法式》引用了更古老的一本书——《周髀算经》中的一句话："万物周事而圆方用焉，大匠造制而规矩设焉。"其大意为，运用方圆作图的比例其实是古代大匠设下的规矩。具体而言，中国古代建筑设计中出现得最为频繁的比 $1:\sqrt{2}$ 源于一个正方形的边长和它外接圆的直径之比。

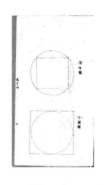

图 2-35

图 2-36

匠人在运用这些比例进行建筑设计时，表达着他们天圆地方的宇宙观，以及一种追求天地和谐的文化理念。等边三角形、正方形、圆形等是具有确定数量之间制约关系的几何图形，它们只有大小的变化，不会有形状的变化。

如图 2-36，祈年殿整座建筑的比例被各种圆形控制，显出完整而崇高的气质。

中国古代匠人在瓷器制作过程中对于比例的运用方面，也显示出高超的技艺。例如，某种瓷器用料由瓷土、石英粉、石灰粉和高岭土按一定比例配成，并加入相应比例的水。

除了不同材料在瓷器制作中的用量配比,还有不同瓷器制作和装饰工艺中存在的比例、不同瓷器烧制过程中存在的比例、不同颜料在瓷器制作中的用量比例、不同瓷器器型中的比例和不同瓷器尺寸中的比例等。

3. 黄金分割

数学上的黄金分割又称黄金比例,是事物各部分间存在的一定的数学比例关系,即将整体一分为二,较小部分与较大部分之比等于较大部分与整体之比,其比值是$\frac{\sqrt{5}-1}{2}$,约为 0.618。美的图案常常与黄金分割比有关,具有严格的比例性、艺术性和和谐性,蕴藏着丰富的美学价值。

在山水画中巧妙地运用黄金分割,亦使得作品极为优美。诚然,数学是理性的,艺术是感性的,艺术只要大概是这个比例即可。例如,北宋著名画家郭熙的《早春图》(图 2 - 37),其主山与全山的比例近似于黄金分割;明代沈周的《庐山高图》(图 2 - 38),其主山与全景山水的比例亦是如此。

图 2 - 37　早春图　　　　　图 2 - 38　庐山高图

从古到今的中国画家们虽然没有明确提出黄金分割法在画面中的使用,但是从流传的经典作品中可以看到,他们在艺术实践中也自觉地运用着这一原则,画面构图、画面内容、画面色彩、画面语言关系中都有黄金分割法的使用。

### 三、古匠艺主题探究教学建议

古匠艺主题主要涉及初中数学中比例、图形的三种运动和黄金分割等知识点。教师可运用具有中国特色的建筑园林、文化遗址、民间艺术等作为背景材料，设计综合实践主题，使学生在数学综合实践中感悟中华优秀传统文化魅力。

1. 创设真实探究情境，提高综合素质

现初中数学教材在引入轴对称的知识点时引用了剪纸和京剧脸谱等中华优秀传统文化。其实，在学生们的身边，还有许多传统文化中富含着数学元素。

通过建筑园林的参观，学生可以了解到不同几何图形所具有的特征，并在数学课堂上运用这些特征进行几何图形的分类、比较和计算等；文化遗址中的石刻、铜钟、古代几何题等都是数学史实例，可以在初中数学教学中引入，激发学生对数学的思考，提高数学的综合素质。

2. 激发学生学习兴趣，提升创新能力

通过探究中华文化的数学元素，学生可以感受到数学知识的实际应用价值，并且可以开拓他们的思维和想象空间，激发他们对于数学学习和文化创新的热情。通过深入了解中华优秀传统文化中的建筑园林，如故宫、颐和园等，学生可以培养对于中国古代建筑技术和设计的兴趣，并可以更好地理解几何图形和数学原理等概念；通过了解中国的民间艺术，学生可以更深层次地了解中华优秀传统文化的内在精神和审美价值。

3. 增进学生文化理解，弘扬中华文化

数学概念和数学知识的融入可以让初中生更深层次地了解中华优秀传统文化的内在联系和应用，增进学生对于文化背景的理解。此外，将展现中华优秀传统文化的形式融入数学教育中，也能够更好地传承和弘扬中华文化的精神，激发学生的民族自豪感和文化自信心。学生也能够更好地理解和欣赏中华优秀传统文化的艺术魅力和人文价值，进一步增强自己的文化自信和认同感。

具体教学建议如下：

古匠艺主题探究教学建议

| 一、提供给学生的材料 |
| --- |
| 1. 代钦.中国彩陶上的数学文化——以几何图案的解析为中心<br>2. 王培,王彭德.民间剪纸艺术中的数学文化<br>3. 付倩.中国传统"数"文化在园林建筑设计中的表达(节选) |
| 二、教师的切入方式 |
| 1. 欣赏导入:通过多媒体课件,介绍中国古典建筑园林、文化遗址和民间艺术,引导学生欣赏其中的数学元素<br>2. 数学元素介绍:通过课堂讲解和互动讨论,介绍平移、旋转和轴对称等数学概念及其在中国古典建筑园林、文化遗址和民间艺术中的应用<br>3. 古匠艺欣赏:通过欣赏剪纸和瓷器中的数学美,引导学生感受传统文化与数学之间的联系,提高学生对古匠艺的欣赏能力<br>4. 剪纸活动:鼓励学生动手制作剪纸作品,并在课堂上展示和分享 |
| 三、学生的探究主题 |
| 学生结合三种图形基本运动观察身边的建筑园林、文化遗址和民间艺术,尝试运用图片、小报和剪纸等形式表达对中国优秀传统数学文化成果的感受 |
| 四、学生的探究性作业 |
| 1. 以建筑园林、文化遗址或民间艺术为主题,制作一个剪纸或拍摄一幅照片(建筑园林、文化遗址),并配文字体现对称美<br>2. 数学写作:选一个建筑园林、文化遗址或民间艺术,从数学角度谈体会<br>3. 电子小报:介绍建筑园林、文化遗址或民间艺术蕴含的数学之美 |

# 第四节　七巧板的创意

## 一、七巧板史话

七巧板(图2-39)的美,美在它的故事,美在它的色彩,美在它蕴含的无限可能。相传,英国皇家学会会员、英中了解协会会长、《中国科学技术史》的作者李约瑟博士曾经赞叹,中国七巧板比西方魔方、魔棍、魔球更具有迷人的智慧魅力。

七巧板之妙,源于勾股法。《周髀算经》中勾股定理就是采用拼图的方式来证明的。赵爽给《周髀算经》注"形诡

**图2-39　七巧板**

而量均，体殊而数齐"，中国古代数学家擅长通过对图形进行移补、拼贴、凑合的方式来证明几何定理和性质。一个图形可以分成多个局部图形，而这些局部图形又可以拼补成另一个图形，前后两个图形虽形状不同，但面积却是相同的，这种方式又被称作为"出入相补"。正是因为传统中存在着这样的思想，七巧板才有了诞生的可能。

清代陆以湉在《冷庐杂识》中记载：宋黄伯思燕几图，以方几七，长短相参，衍为二十五体，变为六十八名。明严澂蝶几谱，则又变通其制，以勾股之形，作三角相错形，如蝶翅。其式三，其制六，其数十有三，其变化之式，凡一百有余。近又有七巧图，其式五，其数七，其变化之式多至千余。体物肖形，随手变幻，盖游戏之具，足以排闷破寂，故世俗皆喜为之。

这基本说明了七巧板的渊源，即宋代的燕几到明代发展为蝶几，到清初再演变成七巧图。

宋代，任官秘书郎的黄伯思对"燕几"作了进一步改进，如图2-40，设计成六件一套的长方形案几系列，既可视宾客多少拼合，又可分开陈设古玩书籍，后又添置一件，更名为"七星桌"。后来，黄伯思写了《燕几图》一书，阐明了此桌的原理，"燕几"在民间流传开来。

明万历年间，戈汕在黄伯思燕几图的基础之上，设计出了蝶几图。《常熟县志》记载：戈汕能书善画，尝造蝶几，长短方圆，惟意自裁，垒者尤多，张者满室，自二三客至数十俱可用。如图2-41，"蝶几"由13件大小不等的三角形和梯形桌子组成，有一定的比例规格。蝶几图中列出的桌面拼合方式比燕几图更为复杂多变，花样层出，令人叹为观止。

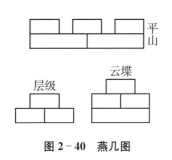

图 2-40 燕几图

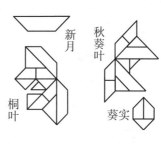

图 2-41 蝶几图

　　到了清代,有人根据这种蝶几的几何形制成 7 片一套的拼板玩具,并取名"七巧板",人们将用七巧板拼成的各种图形叫作"七巧图"。七巧板一经面世就大受欢迎,成为当时最流行的益智玩具。如图 2-42,故宫博物院至今还保存着当时的七巧板。

**图 2-42**

　　中国现存最早有关七巧板的书籍是 1813 年碧梧居士所著的《七巧图合璧》。七巧板在清代很快就传往日本和欧洲,并立刻引起当地人极大的兴趣,有些人通宵达旦地把玩,并称它为"唐图"(tangram),意思是"来自中国的拼图"。

　　1805 年,欧洲出版了《中国儿童七巧图》,又称《新编中国儿童谜解》,从此七巧板在欧美广为流传。1813 年,荷兰出版了《七巧图合璧》一书,不久,美国、德国、英国、法国、意大利和奥地利等国亦相继翻译出版了关于中国七巧板智慧游戏的书籍。1864 年,英国《韦氏大辞典》对七巧板作了介绍,并将"唐图"这个名字确定下来。

　　相传,曾经显赫一时的法国皇帝拿破仑·波拿巴在 1815 年滑铁卢战役失败,被流放到大西洋中的圣赫那拿岛时,百无聊赖的他成了七巧板的狂热爱好者,沉浸其中。

　　到了现代,七巧的造型应用在了人们的生活用品中,如七巧攒盘、七巧装潢。

　　透过时空,我们不禁感叹古人的那份智慧和匠心。一种家具的形制能带来一个世界智力游戏的传世和更多的数学思维,这不仅仅是造型观念的巧合,更是一种民族智慧的延续。

## 二、制作七巧板

一个正方形底板可以制作一副七巧板,对正方形的划分如图 2－43 所示。

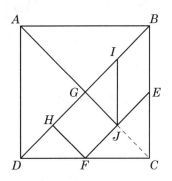

**图 2－43 制作七巧板**

步骤 1:先在正方形 $ABCD$ 中画两条对角线 $AC$ 和 $BD$,对角线相交于点 $G$。

步骤 2:取边 $BC$ 的中点 $E$ 和边 $DC$ 的中点 $F$,连接 $EF$,交 $AC$ 于点 $J$。

步骤 3:由点 $J$ 向上作边 $BC$ 的平行线,交 $BD$ 于点 $I$。

步骤 4:由点 $F$ 作 $AC$ 的平行线,交 $BD$ 于点 $H$。

这样形成的图形中,除了 $CJ$ 是虚线不能剪切以外,沿其他线按任意次序剪切,就可以剪出一副七巧板了。

## 三、七巧板与初中数学

### 1. 七巧板各组块的性质

根据七巧板的画法,我们可以看出,七巧板是由 5 个三角形、1 个正方形、1 个平行四边形这 7 个小板块组成的。

边的比例关系:如图 2－44,如果把小正方形的边长定为 1,所有板块的边长只有 1、$\sqrt{2}$、2、$2\sqrt{2}$ 四个值。我们称长度为 1 或 2 的边为"有理边",称长度为 $\sqrt{2}$ 或 $2\sqrt{2}$ 的边为"无理边"。

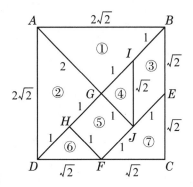

**图 2－44 七巧板中的线段**

角的比例关系:对于七巧板各板块的角度,也有一个很有趣的规律,它们的内角度数都是 45 的倍数。三角形有 1 个直角(2×45°)、2 个 45°角;正方形有 4 个直角(2×45°);平行四边形有 2 个 45°角、2 个 135°角(3×45°)。这些内角度数形成 1∶2∶3 的比。

面积的比例关系:从面积上看,假设小正方形的面积为 1,则小三角形的面积为 $\frac{1}{2}$,中三角形和平行四边形的面积为 1,大三角形的面积为 2,它们的面积存在着 1∶2∶4 的数量关系。

正是七巧板各板块特殊的数量关系和几何性质,为拼出丰富的图形奠定了数学基础。

2. 特殊的分数

七巧板由 7 个板块组成,每一部分与整体的关系可以借助分数表示。学生通过试验、推理和计算,可以掌握分数加减运算和分数与几何图形的关系。

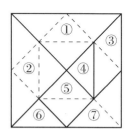

图 2-45　七巧板中的板块

仔细观察七巧板,如果我们用最小的三角形④或⑥去等分其余 5 个块板,就可以得到图 2-45。从图中可以看出,整个正方形被平均分成了 16 份,④和⑥分别占 1 份,因此是 $\frac{1}{16}$;③⑤⑦分别占 2 份,是 $\frac{2}{16}$,也就是 $\frac{1}{8}$;①和②占 4 份,是 $\frac{4}{16}$,也就是 $\frac{1}{4}$。

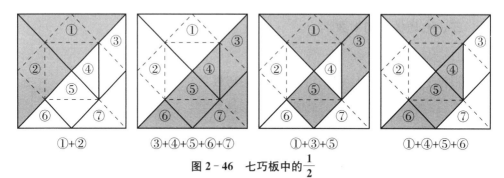

①+②　　③+④+⑤+⑥+⑦　　①+③+⑤　　①+④+⑤+⑥

图 2-46　七巧板中的 $\frac{1}{2}$

图 2-46 可用分数的运算表示为:

$$\frac{1}{4}+\frac{1}{4}=\frac{1}{2};\frac{1}{8}+\frac{1}{16}+\frac{1}{8}+\frac{1}{16}+\frac{1}{8}=\frac{1}{2};$$

$$\frac{1}{4}+\frac{1}{8}+\frac{1}{8}=\frac{1}{2};\frac{1}{4}+\frac{1}{16}+\frac{1}{8}+\frac{1}{16}=\frac{1}{2}。$$

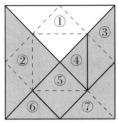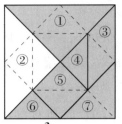

图 2-47 七巧板中的 $\frac{3}{4}$

从图 2-47 可以看到,只要从正方形中拿走①或②,剩下的就是 $\frac{3}{4}$。可用分数的运算表示为: $\frac{1}{8}+\frac{1}{16}+\frac{1}{8}+\frac{1}{16}+\frac{1}{8}+\frac{1}{4}=\frac{3}{4}$。

我们还可以在七巧板中找到更多特殊的分数,如 $\frac{3}{8}$、$\frac{5}{8}$、$\frac{7}{8}$、$\frac{9}{16}$、$\frac{11}{16}$、$\frac{13}{16}$ 和 $\frac{15}{16}$ 等,其中蕴含的规律是分母为 16 的分数都能在七巧板中找到。如何快速地确定一个分数可用哪几块来表示,则可以考验学生的观察力和分数运算能力。

3. 相交线与平行线

如图 2-48,七巧板中包含了大量的相交线与平行线。例如,直线 $OC$ 与 $BD$ 相交于点 $H$,产生了 2 组对顶角和 4 组邻补角,且直线 $BD$ 是线段 $OC$ 的垂直平分线;点 $A$ 到直线 $OC$ 的距离是线段 $AG$ 的长度。直线 $AG$ 和直线 $EF$ 被直线 $AI$ 所截,$\angle 1$ 和 $\angle 2$ 是同位角;直线 $OC$ 和直线 $AI$ 被直线 $EF$ 所截,$\angle 2$ 和 $\angle 4$ 是内错角;直线 $OC$ 和直线 $FH$ 被直线 $EF$ 所截,$\angle 3$ 和 $\angle 4$ 是同旁内角。

我们可以通过所学习的相交线与平行线的知识,判定图 2-48 中包含了 6 组平行的直线。其中,平行线 $OC$ 与 $AI$ 间的距离为线段 $FH$ 或 $AG$ 的长度。

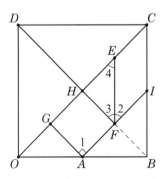

图 2-48 七巧板中的相交线与平行线

**4. 全等三角形和等腰三角形**

如图 2-49，△GOA 向右平移可以得到△FAB，故△GOA≌△FAB；△FAB 绕点 M 逆时针方向旋转 90°得到△HFE，故△FAB≌△HFE；△DHO 与△DHC 关于直线 DH 成轴对称，故 △DHO≌△DHC。

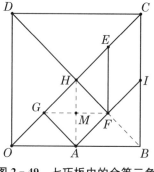

图 2-49　七巧板中的全等三角形与等腰直角三角形

七巧板中的 5 个三角形都是等腰直角三角形。如图 2-49，等腰 Rt△DOC 中，DH 是底边上的中线、底边上的高和顶角的平分线。

## 四、七巧板主题探究教学建议

七巧板作为中华优秀传统文化的一部分，其背后蕴含着丰富的历史和文化内涵。七巧板涉及初中分数运算、无理数、相交线与平行线、三角形等多领域知识，教师可组织学生在七年级或八年级上学期开展主题探究，让学生感受中华优秀传统文化的魅力，实现文化传承。

**1. 关注学习能力培养，让文化传承有广度**

教师可以通过介绍七巧板的历史、起源和发展，让学生深入了解中华优秀传统文化。初中数学包含实数、相交线与平行线、三角形和平面直角坐标系等内容，我们意外地发现，七巧板与这些数学知识都可以融合。在主题探究过程中，通过七巧板这一有趣的载体，教师可以帮助学生整合这些知识点，形成知识网络。

**2. 关注思维品质提升，让文化传承显深度**

在七巧板主题探究课中，教师可以通过设置各种有趣的问题和挑战来培养学生的问题解决能力。例如，可以让学生尝试用七巧板拼出特定的图案或解决一些与七巧板相关的数学问题。这样的教学活动能够让学生在解决问题的过程中锻炼自己的思维能力。

下题为七巧板与平面直角坐标系整合的问题：

如图 2-50，把七巧板放在平面直角坐标系中，已知点 A 的坐标为(1,0)，写出图中其他各点的坐标。

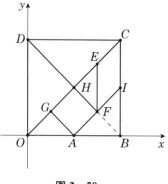

图 2-50

3.关注动手动脑结合，让文化传承有持久度

在七巧板探究课中，实践操作是非常重要的环节。学生自己动手制作七巧板和运用七巧板进行拼图游戏能够让他们更深入地理解相关数学知识点和原理。

为了让文化传承具有持久度，教师可以通过设置有趣的课后作业、开展七巧板创意设计比赛等方式来激发学生对七巧板的热情。引导学生通过基本形状的组合、对称性的运用、数学比例与关系的应用，融入数学元素的创意，创造出新的玩法和作品，进而推动传统文化的传承与创新。

具体教学建议如下：

### 七巧板主题探究教学建议

| 一、提供给学生的材料 |
| --- |
| 1.陈毅敏,羽狐.从七巧板开始的拼图游戏 |
| 2.倪艳.神奇的七巧板 |
| 3.吴行民."七巧板"走进中考 |
| 二、教师的切入方式 |
| 1.通过视频介绍七巧板的历史和玩法，掌握基本的七巧板拼图方法 |
| 2.组织学生尝试制作七巧板和运用七巧板拼图 |
| 3.师生一起探究七巧板与分数运算、无理数、相交线与平行线、三角形等多领域知识整合问题 |
| 三、学生的探究主题 |
| 学生分小组深入了解七巧板的历史，运用七巧板尝试拼不同的成语故事，手脑并用，提高注意力、思维能力和创造能力 |
| 四、学生的探究性作业 |
| 1.动手制作七巧板，感悟中国古人的智慧 |
| 2.用七巧板拼一个中国成语故事 |
| 3.数学写作或电子小报：智慧七巧板 |

# 第五节 勾股定理的深远

## 一、勾股定理史话

勾股定理是人类最伟大的科学发现之一，是初等几何中的一个基本定理，是几何学中的明珠，既重要又简单。

勾股定理:如果直角三角形的两条直角边长分别为$a$、$b$,斜边长为$c$,那么$a^2+b^2=c^2$。

勾股定理有十分悠久的历史,几乎所有文明古国都对此定理有所研究。

1. 古巴比伦

根据相关史料,两河流域的古巴比伦人很早就知道勾股定理。在古巴比伦时期的泥版 BM96857 中就记载有关勾股定理的问题:已知一扇门的宽度、高度、对角线三者中的两项,求第三项。再如泥版 BM85196 中记载有著名的"竹竿倚墙"问题(图 2-51):长 30 尺的竹竿倚墙而立,当上端沿墙壁下移 6 尺时,下端离墙多远?这一问题现在仍出现在一些中学数学教材中。

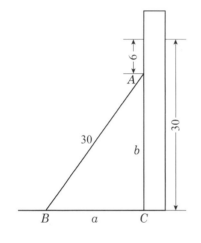

图 2-51　"竹竿倚墙"问题

图 2-52　古巴比伦数学泥版普林顿 322

数学泥版普林顿 322(图 2-52)是古巴比伦数学泥版中最引人注目的泥版,经过鉴定,确认年代为公元前 1900—前 1600 年的遗物,现存于美国哥伦比亚大学珍本图书馆。泥版中记载有 15 组整勾股数组,即满足关系式 $a^2+b^2=c^2$ 的一组整数 $(a,b,c)$,西方称之为毕达哥拉斯三元数组,将它们用十进制书写出来,见表 2-4。

表 2-4　数学泥版普林顿 322 中勾股数组

| 序号 | $r$ | $s$ | $a=r^2-s^2$ | $b=2rs$ | $c=r^2+s^2$ |
| --- | --- | --- | --- | --- | --- |
| 1 | 12 | 5 | 119 | 120 | 169 |
| 2 | 64 | 27 | 3 367 | 3 456 | 4 825 |

（续表）

| 序号 | $r$ | $s$ | $a=r^2-s^2$ | $b=2rs$ | $c=r^2+s^2$ |
|---|---|---|---|---|---|
| 3 | 75 | 32 | 4 601 | 4 800 | 6 649 |
| 4 | 125 | 54 | 12 709 | 13 500 | 18 541 |
| 5 | 9 | 4 | 65 | 72 | 97 |
| 6 | 20 | 9 | 319 | 360 | 481 |
| 7 | 54 | 25 | 2 291 | 2 700 | 3 541 |
| 8 | 32 | 15 | 799 | 960 | 1 249 |
| 9 | 25 | 12 | 481 | 600 | 769 |
| 10 | 81 | 40 | 4 961 | 6 480 | 8 161 |
| 11 | — | — | 45 | 60 | 75 |
| 12 | 48 | 25 | 1 679 | 2 400 | 2 929 |
| 13 | 15 | 8 | 161 | 240 | 289 |
| 14 | 50 | 27 | 1 771 | 2 700 | 3 229 |
| 15 | 9 | 5 | 56 | 90 | 106 |

泥版中第 11 组勾股数 $(45,60,75)$ 是由 $(3,4,5)$ 的倍数得到。除了第 11 组和第 15 组勾股数外，其余各组勾股数均有特定规律。数学家认为古巴比伦人很可能就是利用下述方式来产生普林顿 322 泥版中的数字的。

当 $r$、$s$ 互素，$r>s$ 且不同时为奇数时，令 $a=r^2-s^2$，$b=2rs$，$c=r^2+s^2$，则 $a$、$b$、$c$ 构成勾股数组。

此外，还有许多泥版中记载有关于勾股定理的问题。例如，泥版 BM85914：已知圆周长为 60，直径为 20，弦所在弓形的高为 2，求弦长。又如，泥版 TMS1：已知三角形三边分别为 50、50、60，求外接圆的半径。再如，泥版 BM34568：长方形的长与对角线之和为 50，宽为 20，求长方形的长；一根芦苇倚墙而立，当上端沿墙壁下移 3 尺时，下端向前移动 9 尺，问：芦苇有多长？

2. 古埃及

古埃及的莱因德纸草书和莫斯科纸草书中虽然涉及了许多几何问题，但其中并没有与勾股定理有关的问题。在一些年代较晚的文纸草书中，涉及了一些和勾股定理相关的问题。例如，开罗纸草书 JE89127-30 中有关于勾股定理的问题：一根长 10 尺的竹竿倚墙直立,若下端向前移动 6 尺,则上端下移几尺? 一根长 10 尺的竹竿倚墙直立,若上端向下移动 2 尺,则下端距离墙壁几尺?

同时,可以看见,古埃及纸草书中的勾股问题与古巴比伦泥版中的勾股问题很是相似,这说明两种古文明在历史上很可能存在着数学上的交流。

3. 古希腊

勾股定理在西方被称为毕达哥拉斯定理。相传公元前 500 多年,毕达哥拉斯应邀参加一位朋友的餐会。主人家豪华的餐厅铺着一层正方形的大理石地砖,毕达哥拉斯在凝视这些排列规则、美丽的方形地砖时,想到地面图案和"数"之间的联系反映了直角三角形三边的某种关系。于是,他拿了画笔,选了一块地砖,以它的对角线为边画了一个正方形,他发现这个正方形的面积恰好等于另两块地砖的面积和。于是,毕达哥拉斯做了大胆的假设:任何一个直角三角形,其斜边的平方恰好等于另两边平方之和。

据传,毕达哥拉斯学派为了庆贺证明了此定理,宰了一百头牛来庆祝,故在相关文献中有时又称该定理为"百牛定理"。但可惜证明资料并没有流传下来。

西方流传至今有据可查的关于勾股定理的最早证明是欧几里得《几何原本》中给出的证明,并广为流传。希腊人称之为"已婚妇女的定理";法国人称之为"驴桥问题";阿拉伯人称之为"新娘的座椅";在欧洲,又有人称之为"孔雀的尾巴"或"大风车"。

4. 古代中国

(1) 商高定理

《周髀算经》是中国流传至今最古老的一部天算典籍,它的成书年代保守估计应在公元前 1 世纪。该书开篇记载了周公与商高的问答,商高的答词中论述了勾股定理的内容:"故折矩以为勾广三,股修四,径隅五。"其大意是,将矩形对角一折为二,得两个直角三角形的勾(短直角边)长为 3,股(长直角边)长为 4,则这端到那端的径(斜边)长必为 5。这实际上是勾股定理的一个特例,是对勾股定理的初步认识,所以勾股定理又称商高定理。

有学者认为,商高接下来的答词"既方之外,半其一矩,环而共盘,得成三、四、五"是对勾股定理的证明。如图 2-53,图中最后得到勾方+股方=弦方,即勾股定理。

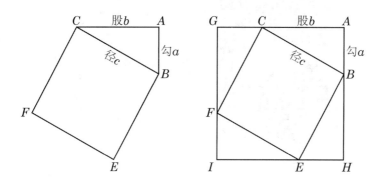

图 2-53　《周髀算经》勾股定理证法

（2）"赵爽弦图"

公元 3 世纪三国时期，数学家赵爽用面积割补给出对勾股定理较为明确的证明。赵爽在引《周髀算经》中商高关于勾股定理的论述之后，就勾股定理及勾、股、弦三边互求的多种类型创作了一篇杰出的文章《勾股圆方图注》，其中第一段便是利用他构造的"弦图"对勾股定理给予了证明。

他详细解释了《周髀算经》中的勾股定理，将勾股定理表述为："勾、股各自乘，并之，为弦实。开方除之，即弦。"又给出："按弦图，又可以勾、股相乘为朱实二，倍之为朱实四，以勾、股之差自相乘为中黄实，加差实一，亦成弦实。"其中，"又""亦"二字表示赵爽认为"弦图"是证明勾股定理的新方法。

赵爽用数形结合的方法得到了勾股定理的证明。他创制了"勾股圆方图"，通过对图形的切割、拼接，极巧妙地利用面积关系证明了勾股定理。这种证法受到了高度评价，它表现了我国古代劳动人民的聪明才智和对数学的钻研精神，是我国古代数学的骄傲。赵爽所用的这种方法是我国古代数学家在研究图形性质时常用的出入相补法，即一个平面图形从一处移置另一处，面积不变。又若把图形分割成若干块，那么各部分面积的和等于原来图形的面积，因而图形移置前后诸面积间的和、差有简单的相等关系。立体图形的情形也是这样。

如图 2-54，该图案被选为 2002 年在北京召开的国际数学家大会的会徽，人们通常称它为"赵爽弦图"。

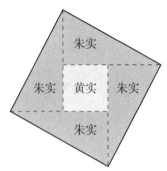

图 2 - 54

（3）刘徽"青朱出入图"

约在 50—100 年间,勾股定理在《九章算术》一书中得到了更加规范的一般性表达。《九章算术》"勾股"卷的第一个公式即为勾股定理:"勾、股各自乘,并而开方除之,即弦。"其大意为:把勾和股分别自乘,然后把它们的积加起来,再进行开方,便可以得到弦。

数学家刘徽用了"青朱出入图"进行证明,他把以勾、股为边的正方形上的某些区域剪下来（出）,移到以弦为边的正方形的空白区域内（入）,结果刚好填满,勾股定理的证明便清晰地呈现。整个证明单靠移动几块图形而得出,因此也被称为"无字证明"。

勾股定理是全人类的共同财富,是世界文明宝库中的一颗璀璨明珠。勾股定理被誉为千年第一定理,一方面当然是由于其在数学上的重要地位,它是用代数思想解决几何问题的最重要的工具之一,也是数形结合的纽带之一;另一方面则是源于勾股定理的证明方法之多,千百年来,许多数学家和数学爱好者对证明勾股定理兴趣盎然,各种证明方法也层出不穷。

**二、勾股定理的典型证法**

1. 毕达哥拉斯和欧几里得证法

罗马帝国时代历史学家普鲁塔克认为:公元前 6 世纪,毕达哥拉斯采用下面的方法证明了勾股定理。

如图 2 - 55,设直角三角形的两直角边和斜边分别为 $a$、$b$、$c$,以此直角三角形为基础，构造两个边长为 $a+b$ 的正方形。

由于两个正方形内各含有四个与原来的直角三角形全等的三角形，因此去除这些直角三角形后，两个图形剩余部分的面积是相等的。

也就是说，第一个图形中以斜边 $c$ 为边长的正方形的面积等于第二个图形中以直角边 $a$ 和直角边 $b$ 为边长的两个正方形的面积和，即 $c^2=a^2+b^2$。

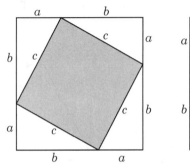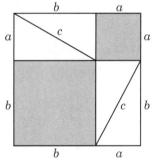

**图 2-55 传说毕达哥拉斯勾股定理证法**

公元前 3 世纪，古希腊数学家欧几里得在《几何原本》中证明了勾股定理。

《几何原本》第一卷命题 47：直角三角形斜边上的正方形的面积等于两直角边上的两个正方形面积之和。

证明：如图 2-56，以 Rt$\triangle ABC$ 三边 $AB$、$BC$ 和 $AC$ 为边，分别向外侧作正方形 $ABED$、正方形 $BCGK$ 和正方形 $ACHF$。

$\because$　四边形 $ABED$、四边形 $ACHF$ 为正方形，

$\therefore$　$\angle BAD=\angle FAC=90°$，$AF=AC$，$AB=AD$。

$\therefore$　$\angle CAD=\angle FAB$。

$\therefore$　$\triangle CAD\cong\triangle FAB$。

过点 $C$ 作 $CL\parallel AD$。

由平行线间距离处处相等，得点 $C$ 到 $AD$ 的距离等于 $DL$，点 $B$ 到 $AF$ 的距离等于 $AC$。

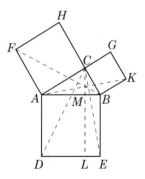

**图 2-56 《几何原本》勾股定理证法**

$\therefore$　$S_{\triangle FAB}=\dfrac{1}{2}AF\cdot AC=\dfrac{1}{2}S_{\text{正方形}ACHF}$，

$S_{\triangle CAD}=\dfrac{1}{2}AD\cdot DL=\dfrac{1}{2}S_{\text{矩形}ADLM}$。

$\therefore$　$S_{\text{正方形}ACHF}=S_{\text{矩形}ADLM}$。

同理，$S_{正方形BCGK}=S_{矩形BELM}$。

∴　$S_{正方形BCGK}+S_{正方形ACHF}=S_{正方形ABED}$。

命题得证。

2. 赵爽和刘徽的证法

赵爽借助"赵爽弦图"对勾股定理进行了证明，其证明思路如下：

以 $a$、$b(b>a)$ 为直角边，以 $c$ 为斜边的四个全等的直角三角形可以围成如图 2-57 所示的形状。

∵　$Rt\triangle ADH\cong Rt\triangle BAE$，

∴　$\angle 1=\angle 2，AD=BA$。

∵　$Rt\triangle ADH$ 中，$\angle 1+\angle 3=90°$，

∴　$\angle DAB=\angle 2+\angle 3=90°$。

同理，$\angle ABC=\angle BCD=\angle CDA=90°$。

∴　四边形 $ABCD$ 是矩形。

∵　$AD=AB=c$，

∴　矩形 $ABCD$ 是正方形，$S_{正方形ABCD}=c^2$。

∵　$EF=FG=GH=HE=b-a$，

∴　四边形 $EFGH$ 是菱形。

∵　$\angle GHE=\angle 1+\angle 3=90°$，

∴　菱形 $EFGH$ 是正方形，$S_{正方形EFGH}=(b-a)^2$。

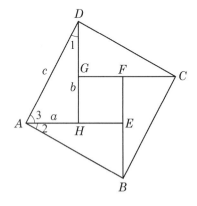

**图 2-57　赵爽弦图**

∵　$S_{\triangle ADH}=S_{\triangle BAE}=S_{\triangle CBF}=S_{\triangle DCG}=\dfrac{1}{2}ab$，

且 $S_{正方形ABCD}=S_{\triangle ADH}+S_{\triangle BAE}+S_{\triangle CBF}+S_{\triangle DCG}+S_{正方形EFGH}$，

∴　$c^2=4\cdot\dfrac{1}{2}ab+(b-a)^2=a^2+b^2$。

弦图的另一种证法如下：

如图 2-58，面积为 $a^2$ 和 $b^2(b>a)$ 的两个正方形连在一起，其面积和为 $a^2+b^2$。可以将之分割为四个以 $a$、$b$ 为直角边，以 $c$ 为斜边的全等的直角三角形和一个小正方形。

把图 2-58 左下角和右下角的两个直角三角形通过旋转和平移运动，分别移动到小正方形的上方和右侧，得到边长为 $c$ 的大正方形，如图 2-59 所示。

由于整个过程,只是对图形进行了切割、拼接,利用出入相补原理,可以知道图 2-58 的面积和图 2-59 的面积相等,即 $a^2+b^2=c^2$。

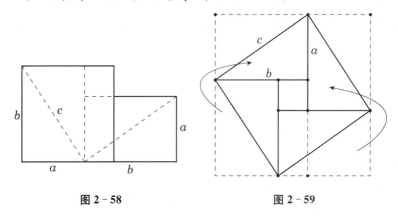

图 2-58                图 2-59

刘徽也是运用对图形进行切割、拼接的方法,借助"青朱出入图"证明了勾股定理。其证明思路如下:

如图 2-60,以 Rt△ABC 两直角边为边分别作正方形 ACDE 和正方形 BCFG,其面积和为 $a^2+b^2$。分割图形,得青出 I、青出 II、朱出 I、青方余和朱方余五个部分。

接下来,如图 2-61,把青出 I、青出 II 和朱出 I 分别平移到青入 I、青入 II 和朱入 I,得到以斜边 AB 为边长的正方形 ABKH,其面积为 $c^2$。

由于图 2-61 中正方形 ABKH 完全由图 2-60 中正方形 ACDE 和正方形 BCFG 切割、拼接而得,故有 $a^2+b^2=c^2$。

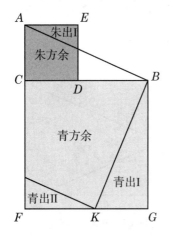

图 2-60 "青朱出入图"拼接前图

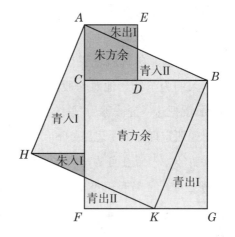

图 2-61 "青朱出入图"

在中国,除了赵爽和刘徽通过对图形的切割、拼接,极巧妙地利用面积关系证明了勾股定理,还有清代数学家梅文鼎和近代数学家邹元治利用图形的切割、拼接证明了勾股定理,下面是两位数学家证明勾股定理的方法(图 2-62、图 2-63),大家可以自行思考他们的证法。

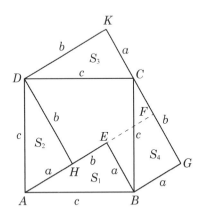

图 2-62　梅文鼎勾股定理证法

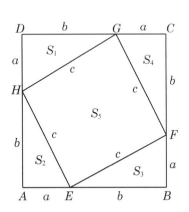

图 2-63　邹元治勾股定理证法

### 3. 总统证法和达·芬奇证法

相传在 1876 年一个周末的傍晚,伽菲尔德在散步时碰到一个小男孩在地上画直角三角形。小男孩询问他,为什么直角三角形两条直角边的平方和等于斜边的平方? 伽菲尔德一时语塞,无法解释。于是,伽菲尔德不再散步,立即回家,潜心研究小男孩给他留下的难题。他经过反复思考与演算,终于弄清楚了其中的道理,并给出了简洁的证明方法。

1881 年,伽菲尔德就任美国第二十任总统,后来,人们为了纪念他对勾股定理直观明了的证明,就把这一证法称为"总统证法"。伽菲尔德对勾股定理的证明思路如下:

以 $a$、$b(b>a)$ 为直角边,以 $c$ 为斜边的两个全等的直角三角形和一个以 $c$ 为直角边的等腰直角三角形可以拼成如图 2-64 所示的直角梯形。

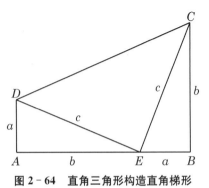

图 2-64　直角三角形构造直角梯形

一方面，
$$S_{梯形ABCD}=\frac{1}{2}(a+b)(a+b)$$

$$=\frac{1}{2}a^2+\frac{1}{2}b^2+ab;$$

另一方面，
$$S_{梯形ABCD}=S_{三角形ADE}+S_{三角形CBE}+S_{三角形CDE}$$

$$=\frac{1}{2}ab+\frac{1}{2}ab+\frac{1}{2}c^2$$

$$=ab+\frac{1}{2}c^2。$$

由以上两等式，可得$\frac{1}{2}a^2+\frac{1}{2}b^2+ab=ab+\frac{1}{2}c^2$，即$a^2+b^2=c^2$。

伽菲尔德的证法是用三个特殊的直角三角形构成梯形，然后通过面积运算得出的，该证明方法也很巧妙。对比毕达哥拉斯证法（图 2-55），我们可以发现，总统证法实际上是把传说中的毕达哥拉斯证法的图截去了一半。

达·芬奇最大的成就在绘画领域，他的《蒙娜丽莎》和《最后的晚餐》等作品，体现了其精湛的艺术造诣。但其实达·芬奇也通晓数学，他称数学为"一门美丽的语言学"。他认为绘画是一门科学，它的基础是数学。达·芬奇的画中包含了大量的透视、比例和黄金分割等数学元素，他在《艺术专论》里说："欣赏我作品的人，没有一个不是数学家。"达·芬奇对勾股定理的证明思路如下：

如图 2-65(1)，正方形 BCFE 和正方形 BAGD 的对角线都在直线 GF 上，左右两侧 Rt△BDE≌Rt△BAC，其中 BE＝BC＝a，BD＝BA＝b，DE＝AC＝c。

以线段 GF 的中垂线为对称轴，把线段 CF、线段 CB、线段 CA、线段 AB 和线段 AG 沿对称轴进行翻折，得到图 2-65(2)。

以 D 为旋转中心，将图 2-65(2)中的△DBE 逆时针旋转90°，得到图 2-65(3)。以 A′为旋转中心，将图 2-65(3)中的△A′B′C′逆时针旋转90°，得到图 2-65(4)。

图 2-65(1)中正方形 BCFE 和正方形 BAGD 的面积和应该等于图 2-65(4)中正方形 A′C′DE 的面积，从而得到 $a^2+b^2=c^2$。

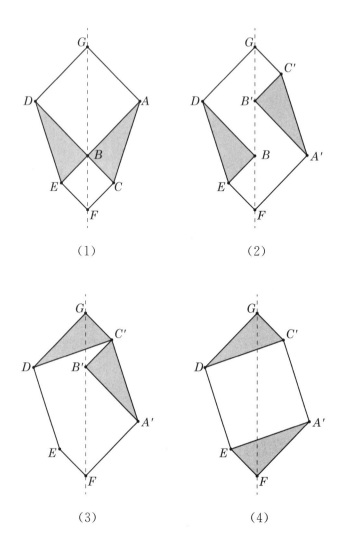

（1）　　　　　　　　　　　　　（2）

（3）　　　　　　　　　　　　　（4）

**图 2 - 65　达·芬奇勾股定理证法**

### 三、勾股定理的古典应用

1. 勾股定理古典问题

我国古代人民非常注重勾股定理在实际生活中的运用，《九章算术》中"勾股"卷包含大量的勾股定理运用问题。

**例 1**　（《九章算术》"勾股"卷第 5 题"葛缠于木"问题）今有木长二丈，围之三尺。葛生其下，缠木七周，上与木齐。问：葛长几何？

其大意是:如图 2-66,现有圆柱形木棍直立在地面上,高 2 丈(20 尺),圆柱底面周长 3 尺,葛藤生于圆柱底部 $A$ 点,等距缠绕圆柱 7 周恰好长到圆柱上底面的 $B$ 点。问:葛藤的长度是多少尺?

分析:如图 2-66,设想从 $A$ 点将葛藤剪断,顶点处 $B$ 不动,将缠绕的葛藤解开拉直到地面上的 $C$ 点处,则葛藤长为 Rt$\triangle BAC$ 的斜边 $BC$ 的长。

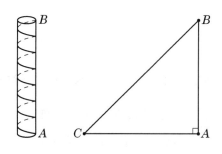

图 2-66 "葛缠于木"问题

解:Rt$\triangle BAC$ 中,$AB=20$,$AC=21$。

由勾股定理,得 $BC^2=AB^2+AC^2=20^2+21^2=29^2$。

因此,$BC=29$。

答:葛藤的长度是 29 尺。

**例2** (《九章算术》"勾股"卷第 8 题"倚木于垣"问题)今有垣,高一丈。倚木于垣,上与垣齐。引木却行一尺,其木至地。问:木长几何?

其大意是:有一面墙,高 1 丈(10 尺)。将一根木杆斜靠在墙上,使木杆的上端与墙的上端对齐,下端落在地面上。若使木杆下端从此时的位置向远离墙的方向移动 1 尺,则木杆上端恰好沿着墙滑落到地面上。问:木杆长多少尺?

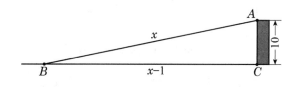

图 2-67 "倚木于垣"问题

分析:设木杆长 $x$ 尺。根据"使木杆下端从此时的位置向远离墙的方向移动 1 尺,则木杆上端恰好沿着墙滑落到地面上",可知图 2-67 中,$AC=10$ 尺,$BC=$

$(x-1)$尺，在 Rt△$BAC$ 中，借助勾股定理构造方程可以解决问题。

解：设木杆长 $x$ 尺，则在 Rt△$BAC$ 中，$BC=x-1$，$AC=10$。

由勾股定理，得 $BC^2+AC^2=AB^2$。

因此，$(x-1)^2+10^2=x^2$。

解得 $x=\dfrac{101}{2}$。

答：木杆长 $\dfrac{101}{2}$ 尺。

古代，两河流域、埃及、印度的数学文献中都有和中国类似的勾股问题。

**例3**　印度数学家婆什迦罗曾提出过"荷花问题"：

　　　　　平平湖水清可鉴，面上半尺生红莲；

　　　　　出泥不染亭亭立，忽被强风吹一边，

　　　　　渔人观看忙向前，花离原位二尺远；

　　　　　能算诸君请解题，湖水如何知深浅。

其大意是：如图 2-68，荷花出水 0.5 尺，风吹倾斜，于 2 尺处没于水，求水深几何。

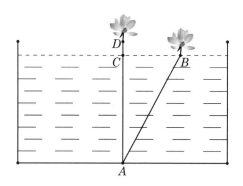

图 2-68　"荷花问题"分析图

分析：设水深 $AC=x$ 尺，则 $AB=AD=(x+0.5)$尺，$BC=2$ 尺。在 Rt△$BAC$ 中，借助勾股定理构造方程可以解决问题。

解：设水深 $AC=x$ 尺，则在 Rt△$BAC$ 中，$AB=(x+0.5)$尺，$BC=2$ 尺。

由勾股定理，得 $BC^2+AC^2=AB^2$。

因此,$2^2+x^2=(x+0.5)^2$。

解得 $x=3.75$。

答:水深为 $3.75$ 尺。

《九章算术》"勾股"卷第 6 题的"引葭赴岸"问题和本例题类似,在人教版、北师大版和沪教版等教材中都有列出:今有池方一丈,葭生其中央,出水一尺。引葭赴岸,适与岸齐。问:水深、葭长各几何?

2. 海伦—秦九韶公式

如果一个三角形的三边长分别为 $a$、$b$、$c$,记 $p=\dfrac{a+b+c}{2}$,那么三角形的面积为

$$S=\sqrt{p(p-a)(p-b)(p-c)}。 \tag{1}$$

约 62 年,古希腊的几何学家海伦在他的著作《度量论》一书中,给出了公式(1)和它的证明,这一公式称为海伦公式。

1247 年,我国南宋时期数学家秦九韶在他的著作《数书九章》中也曾提出利用三角形的三边求面积的秦九韶公式

$$S=\sqrt{\dfrac{1}{4}\left[a^2b^2-\left(\dfrac{a^2+b^2-c^2}{2}\right)^2\right]}。 \tag{2}$$

但由于秦九韶著书立说的习惯,他只给出了公式,并没有给出推导过程。我们推测,秦九韶可能是借助勾股定理来证明这个公式的。大致过程如下:

如图 2-69,过点 $A$ 作 $AD\perp BC$,垂足为 $D$。

$\text{Rt}\triangle ACD$ 和 $\text{Rt}\triangle ABD$ 中,由勾股定理,得 $h^2=b^2-p^2,h^2=c^2-q^2$。

$\therefore\ b^2-p^2=c^2-q^2$。

$\therefore\ b^2-c^2=p^2-q^2=(p+q)\cdot(p-q)=a(p-q)$。

$\therefore\ p-q=\dfrac{b^2-c^2}{a}$。

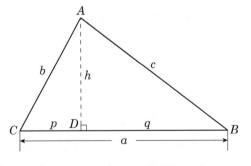

图 2-69  秦九韶公式证法

又 $p+q=a$，两式相加，得 $p=\dfrac{a^2+b^2-c^2}{2a}$。

$$\therefore\quad h=\sqrt{b^2-p^2}=\sqrt{b^2-\left(\dfrac{a^2+b^2-c^2}{2a}\right)^2}。$$

$$\therefore\quad S_{\triangle ABC}=\dfrac{1}{2}ah=\dfrac{1}{2}a\sqrt{b^2-\left(\dfrac{a^2+b^2-c^2}{2a}\right)^2}=\sqrt{\dfrac{1}{4}\left[a^2b^2-\left(\dfrac{a^2+b^2-c^2}{2}\right)^2\right]}。$$

下面，我们对(2)式进行变形：

$$\sqrt{\dfrac{1}{4}\left[a^2b^2-\left(\dfrac{a^2+b^2-c^2}{2}\right)^2\right]}=\sqrt{\left(\dfrac{1}{2}ab\right)^2-\left(\dfrac{a^2+b^2-c^2}{4}\right)^2}$$

$$=\sqrt{\left(\dfrac{1}{2}ab+\dfrac{a^2+b^2-c^2}{4}\right)\left(\dfrac{1}{2}ab-\dfrac{a^2+b^2-c^2}{4}\right)}$$

$$=\sqrt{\dfrac{(a+b)^2-c^2}{4}\cdot\dfrac{c^2-(a-b)^2}{4}}$$

$$=\sqrt{\dfrac{a+b+c}{2}\cdot\dfrac{a+b-c}{2}\cdot\dfrac{a+c-b}{2}\cdot\dfrac{b+c-a}{2}}$$

$$=\sqrt{p(p-a)(p-b)(p-c)}。$$

由此可见，海伦公式与秦九韶公式实质上是同一个公式，所以我们也称(1)式为海伦-秦九韶公式。

### 四、勾股定理主题探究教学建议

勾股定理为初中数学重要的知识点，各版本教材不约而同地借助"赵爽弦图"进行证明，富含传统文化元素，并在阅读部分介绍了不同的证法，体现了数学的多元文化。由史料可知，中国古人借助出入相补原理，创设了多种精妙的证法，值得学生进行深入的探究。

1. 比较中西古代数学差异，挖掘传统文化内涵

中国古代数学起源于实际需要，注重解决实际问题，强调在观察、实验的基础上进行分析、归纳，从而得出结果。而西方数学则起源于古希腊，更强调逻辑演绎和理性构造的规范模式。这种差异导致了中西古代数学在证明勾股定理思维方式上的不同。教师介绍勾股定理的发展史，可以让学生认识到数学是由不同民族、不同历史阶段的人民共同创造的，同时引导学生理解中国古代数学家是如何通过解决实际问题来发现和发展勾股定理的，从而体会到中华优秀传统文化中实用主义

的精神。

2. 探究勾股定理多种解法，发展学生高阶思维

本主题的核心在于探究勾股定理的不同证法，其中比较突出的有《几何原本》证法和赵爽证法。《几何原本》证法是典型的逻辑演绎，证明思路简单但证法复杂；而赵爽证法则是我国古代数学的代表性成果，它与中国式的整体思维理念非常契合，证明思路复杂而证法简单。介绍这些典型证法，有利于学生领会不同证法背后的思维模式，培育学生高阶思维品质。

在探究多种解法的过程中，教师还应注重发展学生的创新思维。教师可以鼓励学生尝试不同的解题思路和方法，提出自己的想法和见解。同时，教师还应给予学生充分的自主探究空间，让他们在解决问题的过程中不断尝试、调整和优化自己的证法。

3. 解决勾股定理古典问题，培育学生模型观念

教师可选取具有代表性的勾股定理古典问题让学生探究，这些问题不但具有深厚的历史背景，而且能够充分体现勾股定理的应用价值。在解决问题的过程中，教师应引导学生分析问题的本质，提取关键信息，构建相应的数学模型。例如，在解决"葛缠于木"问题时，教师可引导学生对"缠木七周"进行讨论，理解其本质，然后尝试构造图形，将其转换为勾股定理解决。在构建模型的过程中，学生需要综合运用所学的数学知识，进行逻辑推理和计算，从而培养自己的模型观念和构建能力。

具体教学设计建议如下：

**勾股定理主题探究教学建议**

| 一、提供给学生的材料 |
| --- |
| 1. 胡晓娟，汪晓勤. 古代数学文献中的勾股问题 |
| 2. 覃淋."勾股定理"的历史 |
| 3. 杨秀琴. 勾股定理的经典证法 |
| 4. 张转转.《九章算术》与勾股定理 |
| 5.《九章算术》"勾股"卷中的问题 |
| 二、教师的切入方式 |
| 1. 介绍勾股定理的发展史，包括古巴比伦、古埃及、古希腊和中国的研究 |
| 2. 勾股定理的典型证法介绍 |
| 3.《九章算术》"勾股"卷中勾股定理运用问题 |

| 三、学生的探究主题 |
|---|
| 学生分小组探究勾股定理的典型证法,在证法比较中体会中国古人的智慧,思考其在当时的先进性 |

| 四、学生的探究性作业 |
|---|
| 1.数学写作:中国古代数学家与勾股定理<br>2.电子小报:说古道今话勾股<br>3.微视频:《九章算术》"勾股"卷选一问题讲解 |

# 第六节　杨辉三角的神奇

## 一、杨辉三角史话

著名数学家华罗庚曾在给青少年撰写的《数学是我国人民所擅长的学科》一文中谈到,我国古代数学的许多创新与发展都曾居世界前列。他说:"实际上我们祖国伟大人民在人类史上,有过无比睿智的成就。"杨辉三角就是其中一例。

1. 贾宪开方作法本源

贾宪,中国北宋数学家,生活于 11 世纪前半叶,曾撰《黄帝九章算法细草》(九卷)和《算法斆古集》(二卷),后者已失传。但他对数学的重要贡献,被后世数学家引用,得以保存下来。

贾宪的主要贡献是创造了"贾宪三角"和"增乘开方法"。"增乘开方法"是将"增乘方法"推广到开任何高次方的方法,比之前传统的方法更整齐简捷,又更程序化,所以在开高次方时,尤其显出它的优越性。

我们以求 625 的算术平方根为例,介绍"增乘开方法"。

如图 2 - 70(1),首先把 625 放入实这一行。

因为 $20^2 < 625 < 30^2$,所以商为两位数,且十位为 2。

如图 2 - 70(2),令借的值为 1,法的值等于借乘商,即为 2。

如图 2 - 70(3),用原来实的百位减去法与商的积得到新实的百位 2。

如图 2 - 70(4),用借乘商加到原法上得到新法为 4。

如图 2 - 70(5),法向右移一位,借向右移两位。

因为 $225 \div 40 = 5.625$,所以商的个位为 5,法的个位等于借乘商的个位,即为 5,如图 2-70(6)所示。

更新实为原实减去新法与商个位的积,得到 0,如图 2-70(7)所示。

故得到 $625 = 25^2$。

| | 百 | 十 | 个 |
|---|---|---|---|
| 商 | | 2 | |
| 实 | 6 | 2 | 5 |
| 法 | | | |
| 借 | | | |

（1）

| | 百 | 十 | 个 |
|---|---|---|---|
| 商 | | 2 | |
| 实 | 6 | 2 | 5 |
| 法 | | 2 | |
| 借 | 1 | | |

（2）

| | 百 | 十 | 个 |
|---|---|---|---|
| 商 | | 2 | |
| 实 | 2 | 2 | 5 |
| 法 | | 2 | |
| 借 | 1 | | |

（3）

| | 百 | 十 | 个 |
|---|---|---|---|
| 商 | | 2 | |
| 实 | 2 | 2 | 5 |
| 法 | | 4 | |
| 借 | 1 | | |

（4）

| | 百 | 十 | 个 |
|---|---|---|---|
| 商 | | 2 | 5 |
| 实 | 2 | 2 | 5 |
| 法 | | 4 | |
| 借 | | | 1 |

（5）

| | 百 | 十 | 个 |
|---|---|---|---|
| 商 | | 2 | 5 |
| 实 | 2 | 2 | 5 |
| 法 | | 4 | 5 |
| 借 | | | 1 |

（6）

| | 百 | 十 | 个 |
|---|---|---|---|
| 商 | | 2 | 5 |
| 实 | 0 | 0 | 0 |
| 法 | | 4 | 5 |
| 借 | | | |

（7）

图 2-70 "增乘开方法"求 625 的算术平方根

用今天的数学语言来解释如下:

令 $(a+b)^2 = 625$,由 $20^2 < 625 < 30^2$,得 $a = 20$。

因为 $(a+b)^2 - a^2 = 625 - a^2$,所以 $(2a+b)b = 225$。

因此,$b = \dfrac{225}{2a+b} < \dfrac{225}{2a} = 5.625$。

令 $b = 5$,则 $2a+b = 45$。

此时恰好有 $(2a+b)b = 225$,故得到 $625 = 25^2$。

同样,如果求一个数的立方根,可根据

$$(a+b)^3 = a^3 + 3a^2b + 3ab^2 + b^3 = a^3 + (3a^2 + 3ab + b^2)b$$

来求得。以此类推,从理论上说,可以求任意高次方根。

增乘开方法具有程序化的特点,只要做好第一步的布算定位,掌握退位步骤,其余的运算都是从商自下而上递乘递加，每低一位而止。贾宪继承了《九章算术》的开方传统，并吸收了《九章算术》以后的诸多改进和方法，把开立方推广到开3次以上的高次方和解3次以上的高次方程，提出了"立成释锁法"和"贾宪三角"，即"开方作法本源"（图2-71），它们都是严谨的、程序化较强的算法，比以往著作中的同类方法更加规范和一般化。这标志着贾宪把中国古代数学的程序化思想推进到了一个新的阶段。

"增乘开方法"经过刘益、秦九韶等人的工作，已发展为中国数学史上非常重要的任意高次方程的数值解法。"增乘开方法"的计算程序大致和19世纪初欧洲数学家霍纳的方法相同，但比他早约770年。

2. 杨辉与杨辉三角

杨辉，字谦光，南宋杰出的数学家。从1261年到1275年，杨辉先后完成数学著作5部，共21卷，即《详解九章算法》12卷（今存约三分之二）、《日用算法》2卷（已佚）、《乘除通变本末》3卷、《田亩比类乘除捷法》2卷和《续古摘奇算法》2卷。后三部著作合称为《杨辉算法》。杨辉在总结前朝数学家的成果时，又极大地创新和发展了数学技术，推动了中国算数领域的进步。

杨辉三角是1261年，杨辉在其著作《详解九章算法》中给出的一个用数字排列起来的三角形阵。宋元时代的数学家求数字高次方程正根的方法叫作"开方"，又叫作"释锁"。根据杨辉自注说，这个图"出自《释锁算书》，贾宪用此术"。由于杨辉在书中引用了贾宪著的"开方作法本源"和"增乘开方法"，因此这个三角形也称"贾宪三角"。

很可能在杨辉之前，已经有一些数学家采用此图来研究开方术，其中以贾宪为最早。因此，我们应该把这个具有世界意义的重大贡献归功于贾宪和杨辉二人。贾宪采用得最早，但贾宪的著作可惜早已失传，全靠杨辉在《详解九章算法》里把这份珍贵的遗产保存了下来，并加以发扬光大，广泛应用。"开法作法本源"图又叫"乘方求廉图"，我们现在采纳华罗庚教授的意见，称它为"杨辉三角"。

图2-71　开方作法本源图

14 世纪初，朱世杰在其《四元玉鉴》中复载此图，并增加了两层，添上了两组平行的斜线，命名为"古法七乘方图"，如图 2‑72 所示。由此可推知，朱世杰已总结出"贾宪三角"中相邻两层的关系。

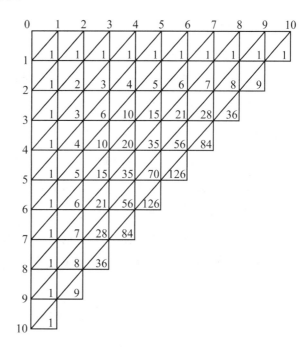

|    | 0 | 1 | 2 | 3 | 4 | 5 | 6 | 7 | 8 | 9 | 10 |
|----|---|---|---|---|---|---|---|---|---|---|----|
| 1  |   | 1 | 1 | 1 | 1 | 1 | 1 | 1 | 1 | 1 | 1 |
| 2  |   | 1 | 2 | 3 | 4 | 5 | 6 | 7 | 8 | 9 |   |
| 3  |   | 1 | 3 | 6 | 10 | 15 | 21 | 28 | 36 |   |   |
| 4  |   | 1 | 4 | 10 | 20 | 35 | 56 | 84 |   |   |   |
| 5  |   | 1 | 5 | 15 | 35 | 70 | 126 |   |   |   |   |
| 6  |   | 1 | 6 | 21 | 56 | 126 |   |   |   |   |   |
| 7  |   | 1 | 7 | 28 | 84 |   |   |   |   |   |   |
| 8  |   | 1 | 8 | 36 |   |   |   |   |   |   |   |
| 9  |   | 1 | 9 |   |   |   |   |   |   |   |   |
| 10 |   | 1 |   |   |   |   |   |   |   |   |   |

图 2‑72　古法七乘方图　　　　　　　图 2‑73　帕斯卡三角形

在欧洲，13 世纪德国数学家约丹努斯在一本未出版的算术书中给出一张二项式系数表，形状与贾宪三角一样，但有 11 层。

1544 年，德国数学家斯蒂菲尔在其《整数算术》中给出一到十七次的二项式系数表，并引入"二项式系数"这一术语。

1654 年，法国数学家帕斯卡在《论算术三角形》一文中，详细论述了算术三角形的性质、二项式系数的性质和应用。帕斯卡还研究了二项式系数在自然数幂和、组合理论及概率计算等方面的应用。由于他在数学史上具有突出贡献，因此算术三角形至今仍以他的名字命名，即帕斯卡三角形（图 2‑73）。

杨辉对前人的研究成果始终坚持尊重的态度，他在《详解九章算法》中明确说明，杨辉三角形式表述的绘画来源于贾宪的《释锁算书》，至此后世也以"贾宪三角"对其盛赞。后世将杨辉与秦九韶、李冶、朱世杰并称宋元数学四大家，主要在于他最早使用杨辉三角进行高次开方运算,后经元朝数学家朱世杰在《四元玉鉴》对其进一步扩充,诞生级数求和公式,使得北宋时期的数学事业一度处于世界领先地位。

### 二、初中数学中的杨辉三角

1. 杨辉三角蕴含的规律

如图2-74,杨辉三角本身包含了许多有趣的性质:

(1) 杨辉三角的第 $n$ 行就是 $(a+b)^n$ 展开式的系数,我们将在后面的内容中详细展开。

(2) 杨辉三角的两条腰是由数字1组成的,其余的数都等于它肩上两个数的和,如第4行中间的数字6,就是它肩上两个数字3、3的和,即 $C_{n-1}^{r-1}+C_{n-1}^r=C_n^r$。

(3) 每一行中,与首末两端的1"等距离"的两个数字相等。杨辉三角是左右对称的,即 $C_n^r=C_n^{n-r}$。这个结论最早是由杨辉所发现的,所以称之为杨辉恒等式。

(4) 每一行数字前半部分逐渐增大,后半部分逐渐减小,且在中间取得最大值。

(5) 如图2-75,将第 $n$ 行的数加起来等于 $2^n$。

| | | |
|---|---|---|
| 1 | 第0行 | 1 |
| 1　1 | 第1行 | $1+1=2$ |
| 1　2　1 | 第2行 | $1+2+1=4$ |
| 1　3　3　1 | 第3行 | $1+3+3+1=8$ |
| 1　4　6　4　1 | 第4行 | $1+4+6+4+1=16$ |
| 1　5　10　10　5　1 | 第5行 | $1+5+10+10+5+1=32$ |
| 1　6　15　20　15　6　1 | 第6行 | $1+6+15+20+15+6+1=64$ |
| …… | | …… |

图2-74　杨辉三角　　　　　图2-75　杨辉三角第 $n$ 行和

此外,杨辉三角所有偶数都呈倒立的正三角形状排列,奇数都呈正立的正三角形形状排列,还揭示了11为底的幂的值以及完全平方数等规律。

杨辉三角的美妙之处在于:它是如此简单,但在数学上却拥有丰富的魅力。这是数学中最令人称奇的事物之一,随便取诸多数学性质中的某个,都能表明它是多么的精彩绝伦。

2. $(a+b)^n$ 的展开式

初中阶段，学生会学习到整式的乘法，其中包括完全平方公式。在高中阶段，学生会学习到二项式定理，实际上就是贾宪的"开方作法本源"。可以计算以下的式子：

$$(a+b)^0=1；$$
$$(a+b)^1=a+b；$$
$$(a+b)^2=a^2+2ab+b^2；$$
$$(a+b)^3=a^3+3a^2b+3ab^2+b^3；$$
$$(a+b)^4=a^4+4a^3b+6a^2b^2+4ab^3+b^4；$$
$$……$$

这里，$(a+b)^3$ 展开后的系数 1、3、3、1 就是杨辉三角中第 3 行的数字。不难算出 $(a+b)^6$ 的系数是 1、6、15、20、15、6、1，即杨辉三角第 6 行的数字。所以，杨辉三角可以看作是二项式的乘方经过分离系数后列出的表。

3. 开方运算

杨辉三角从诞生之初就是源于"增乘开方法"，但后世的算学家几乎不能理解程序性很强的"增乘开方法"，这说明此方法是独创的，且异于中国古算法中的开方法的机械化算法。

在初中阶段，学生也会学习到开方运算，教材采用了开方和乘方互逆的关系进行解答。对于结果为无理数的开方运算，只能借助于计算器。其实，借助杨辉三角，我们也可以进行精度较高的开方运算。

**例 1**　求 $\sqrt{2}$ 的近似值。

分析：等价于我们要找到合适的 $a$、$b$，使得 $(a+b)^2=a^2+2ab+b^2=2$。因为两个变量我们不方便计算，所以如果让 $a$ 尽可能大，$b \ll a$（$b$ 远小于 $a$），就可以忽略 $b^2$ 的影响。

解：易知 $1.4^2=1.96$，$1.5^2=2.25$，$1.4<\sqrt{2}<1.5$。

取 $a=1.4$，$2=1.4^2+2\times1.4b+b^2\approx1.96+2.8b$。

所以，$b\approx\dfrac{2-1.96}{2.8}\approx0.014\ 285\ 7$，故 $\sqrt{2}=a+b\approx1.414\ 285\ 7$。

为了提高精确度，可以再次迭代。

$1.414\ 285\ 7^2 \approx 2.000\ 204$，因此令 $(1.414\ 285\ 7-x)^2 = 1.414\ 285\ 7^2 - 2 \times$ $1.414\ 285\ 7x + x^2 = 2$。

所以，$x \approx \dfrac{1.414\ 285\ 7^2 - 2}{2 \times 1.414\ 285\ 7} \approx 0.000\ 072\ 1$，故 $\sqrt{2} = 1.414\ 285\ 7 - x \approx 1.414\ 213\ 6$。

计算器检验：$\sqrt{2} \approx 1.414\ 213\ 56$。

教材中基本采用的是借助计算器"左右夹逼"的方法，计算的过程较为烦琐。由上可以看到，经过两次迭代，我们就可以把 $\sqrt{2}$ 精确到小数点后 6 位。

**例2**　求 $\sqrt[3]{67}$ 的近似值。

解：易知 $\sqrt[3]{67}$ 在 4 和 5 之间，不妨设 $\sqrt[3]{67} = 4 + x$。

所以 $(4+x)^3 = 67$，依据杨辉三角中第 3 行的数字，可得 $4^3 + 3 \times 4^2 \cdot x + 3 \times 4 \cdot x^2 + x^3 = 67$。

舍去 1 次以上的项，可得 $64 + 48x \approx 67$，即 $x \approx 0.062\ 5$。

因此，$\sqrt[3]{67} = 4 + x \approx 4.062\ 5$。

计算器检验：$\sqrt[3]{67} \approx 4.061\ 5$。

杨辉的《详解九章算法》中有下列开方古算题：积一百三十三万六千三百三十六尺，问为三乘方几何。

其大意是：求解方程 $x^4 = 1\ 336\ 336$。借助"增乘开方法"我们不断缩小 $x$ 的范围，就可以得到 $x = \pm 34$。下面对这一问题进行变形：

**例3**　求解方程 $x^4 = 1\ 338\ 336$。

分析：要找到合适的 $a$、$b$，使得 $(a+b)^4 = a^4 + 4a^3b + 10a^2b^2 + 4ab^3 + b^4 = 1\ 338\ 336$。

解：取 $a = 34$。

$$1\ 338\ 336 = (a+b)^4 = a^4 + 4a^3b + 10a^2b^2 + 4ab^3 + b^4$$
$$\approx a^4 + 4a^3b = 1\ 336\ 336 + 4 \times 34^3 \cdot b。$$

所以 $b \approx \dfrac{2\ 000}{157\ 216} \approx 0.012\ 72$。

因此，$x \approx \pm 34.012\ 72$。

计算器检验:$x \approx \pm 34.012\,71$。

4. 概率问题

杨辉三角与概率有着天然的联系。据传,1654 年一位经验丰富的法国赌徒梅雷以自己的亲身经历向法国数学家帕斯卡请教"赌金分配问题"。问题大概是这样的:

在一场赌博中,某一方先胜 6 局便算赢家。可是,当甲方胜了 4 局,乙方胜了 3 局的情况下,因出现意外,赌局被中断,无法继续,此时,赌金应该如何分配才能最公平?

当时有人提议应当按照 4∶3 的比例把赌金分给双方。梅雷认为这种分法不是那么公平合理。因为,已胜了 4 局的一方只要再胜 2 局就可以拿走全部的赌金,而另一方则需要胜 3 局,并且至少有 2 局必须连胜,这样要困难得多,而他又没有更好的方案,于是求教于帕斯卡。

这个问题引起了帕斯卡的强烈兴趣,在这一年里帕斯卡与费马频繁地通信讨论这一问题,他们用各自不同的方法给出了答案。

我们先来看费马的解法。

费马的解法是,如果继续赌局,最多只要再赌 4 轮便可决出胜负,如果用"甲"表示甲方胜,用"乙"表示乙方胜,那么最后 4 轮的结果不外乎以下 16 种情况:甲甲甲甲、甲甲甲乙、甲甲乙甲、甲乙甲甲、乙甲甲甲、甲甲乙乙、甲乙甲乙、甲乙乙甲、乙甲乙甲、乙甲甲乙、乙乙甲甲、甲乙乙乙、乙乙甲乙、乙乙乙甲、乙甲乙乙、乙乙乙乙。在这 16 种排列中,当甲出现 2 次或 2 次以上时,甲方获胜,这种情况共有 11 种;当乙出现 3 次或 3 次以上时,乙方胜出,这种情况共有 5 种。因此,赌金应当按甲∶乙=11∶5 的比例分配。

帕斯卡解决这个问题时,发现其实可以如下分为 5 类情况:

| 可能的结果 | 发生次数 |
| --- | --- |
| 甲赢 4 局 | 1 |
| 甲赢 3 局和乙赢 1 局 | 4 |
| 甲赢 2 局和乙赢 2 局 | 6 |
| 甲赢 1 局和乙赢 3 局 | 4 |
| 乙赢 4 局 | 1 |

他注意到发生次数 1、4、6、4、1 正是他自己发明的帕斯卡三角形(也即杨辉三角)第 5 行,同样得到赌金应当按甲：乙＝11：5 的比例分配的结果。

5. 斐波那契数列

中世纪意大利数学家斐波那契的《计算之书》中提出了一个很有趣的问题:

一对小兔子(雌雄各一),过一个月就成长为一对大兔子,大兔子又过一个月就要生出一对雌雄各一的小兔子,小兔子过一个月又长成一对大兔子,大兔子每过一个月都要生出一对雌雄各一的小兔子,若照此生下去,且无死亡,一年后应有多少对兔子?

根据第 1 月到第 12 月的情形,可得到下表(表 2 - 5):

表 2 - 5　一年中大、小兔子的对数情况记录表

| 月份序号 | 0 | 1 | 2 | 3 | 4 | 5 | 6 | 7 | 8 | 9 | 10 | 11 | 12 |
|---|---|---|---|---|---|---|---|---|---|---|---|---|---|
| 大兔子/对 | 0 | 1 | 1 | 2 | 3 | 5 | 8 | 13 | 21 | 34 | 55 | 89 | 144 |
| 小兔子/对 | 1 | 0 | 1 | 1 | 2 | 3 | 5 | 8 | 13 | 21 | 34 | 55 | 89 |
| 总数/对 | 1 | 1 | 2 | 3 | 5 | 8 | 13 | 21 | 34 | 55 | 89 | 144 | 233 |

表 2 - 5 中第四行的数字 1,1,2,3,5,8,13,21,34,55,89,144,……就是著名的斐波那契数列。

关于以上的兔子繁殖问题从杨辉三角也可以得到答案。如图 2 - 76,将杨辉三角左对齐,将同一斜行的数加起来,即得到斐波那契数列。所以,斐波那契数列所具有的性质也是杨辉三角中所蕴含的性质。

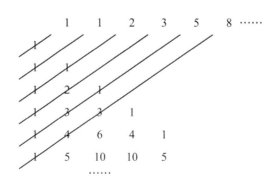

图 2 - 76　杨辉三角与斐波那契数列

### 三、杨辉三角主题探究教学建议

杨辉三角是中国古代数学史上光辉灿烂的一页，涉及初中整式的乘法、开方运算、概率初步等多个领域。教师引领学生探寻杨辉三角的奥秘，不仅能加深学生对杨辉三角的认识，还可以让学生更好地感受数与形之间的关系，接受数学文化的熏陶，让中国古代先进数学文化得以发扬。

1. 让学生经历探究数学规律的过程

在杨辉三角的教学中，教师可以通过展示杨辉三角的前几行，引导学生观察并发现其中的规律，学生可以尝试通过计算、推理等方法来验证自己的猜想。此外，教师还可以设计一些探究性的任务，让学生自己动手绘制更大规模的杨辉三角，并验证他们发现的规律是否仍然成立。这样的过程不仅有助于培养学生的观察能力和推理能力，还能让他们感受到数学规律的普遍性和严谨性。

2. 教师找准知识的增长点和固着点

增长点指的是新知识或新技能的学习点，而固着点则是指对已有知识的巩固和深化。在杨辉三角的探究过程中，教师可以通过介绍二项式定理、组合数学等相关知识，来帮助学生理解杨辉三角背后的数学原理。这些新知识的学习就是知识的增长点。同时，教师还需要注意对已有知识的巩固和深化，如整式的乘法和开方运算等知识点，教师可以通过具体的例子和问题来帮助学生回顾和巩固这些知识点。

3. 认识到杨辉三角的实际运用价值

杨辉三角不仅是一个数学上的有趣现象，还具有广泛的应用价值。教师可以通过介绍一些实际应用的例子来帮助学生认识到这一点。例如，在概率论中，杨辉三角可以用来计算组合概率，通过计算不同组合的出现概率，学生可以更好地理解随机现象和概率分布。

除了这些实际应用外，教师还可以引导学生思考杨辉三角在科学领域中潜在的应用价值。例如，在生物学中，杨辉三角可以被用来计算基因遗传的概率。通过这样的思考，学生可以更加深入地理解杨辉三角的意义和价值，并激发他们对数学和科学领域的兴趣和热爱。

具体教学建议如下：

杨辉三角主题探究教学建议

| 一、提供给学生的材料 |
|---|
| 1. 华罗庚. 杨辉三角的基本性质以及应用<br>2. 刘辉，邓海云. 对杨辉三角形的进一步认识<br>3. 薛立国. 杨辉三角在初中数学教学中的应用和扩展 |
| 二、教师的切入方式 |
| 1. 介绍杨辉三角发展史<br>2. 师生一起探究杨辉三角蕴含的规律<br>3. 介绍杨辉三角在$(a+b)^n$展开式、概率问题、开方运算等领域的应用 |
| 三、学生的探究主题 |
| 学生分小组深入了解杨辉三角的广泛应用，体会杨辉三角的神奇之处，进而感悟中国古代数学家的智慧 |
| 四、学生的探究性作业 |
| 1. 数学写作：神奇的杨辉三角<br>2. 电子小报：我眼中的杨辉三角<br>3. 探究杨辉三角中数字的其他规律 |

# 第七节 出入相补原理的精妙

## 一、出入相补原理史话

1. "出入相补原理"名字的由来

出入相补原理是吴文俊院士命名的，出典于刘徽在注《九章算术》勾股术时说的一段话："勾自乘为朱方，股自乘为青方，令出入相补。各从其类，因就其余不移动也，合成弦方之幂。"学术界公认这是刘徽用出入相补原理对勾股定理所作的一个推导。

吴文俊院士追溯到出入相补原理在公元3世纪就已存在，它出现在三国时期的数学家赵爽(约3世纪)的《周髀算经注》和《日高图注》中，他还确认在6部数学经典著作《周髀算经》《九章算术》《九章算术注》《海岛算经》《日高图注》和《勾股圆方图注》中应用了它。

2. 出入相补原理内涵

出入相补原理是几何学中最基层的一条原理，出入相补原理就是所说的"割补法"，也即"以盈补虚法"。简而言之，当你对一个平面图形进行切割并重新排列，或是将其分割成几部分后，无论这些部分如何移动或重组，它们所占据的总面积保持不变。这意味着，通过"割"（分割）和"补"（重新组合）的操作，图形的整体面积不会发生改变。这一原理同样适用于三维空间中的立体图形，即任何立体图形被切割或分解后，所有碎片的体积总和仍然等于原立体图形的体积。

吴文俊院士指出：出入相补原理是古代中国数学中一条用于推证几何图形的面积或体积的基本原理。其内容有四：

（1）一个几何图形，可以切割成任意多块任何形状的小图形，总面积或体积维持不变，等于所有小图形面积或体积之和。

（2）一个几何图形，可以任意旋转、倒置、移动、复制，面积或体积不变。

（3）多个几何图形，可以任意拼合，总面积或总体积不变。

（4）几何图形与其复制图形拼合，总面积或总体积加倍。

出入相补原理中，"出"意味着面积（或体积）减少，"入"意味着面积（或体积）增加；出入相补是指面积（或体积）之间和、差关系保持恒定。出入相补原理又称割补原理、等积变换原理等。

3. 出入相补原理在中国古代几何学的重要地位

与欧式几何体系不同，我国古代几何并没有发展出一套演绎推理的形式系统，却另有一套更有生命力的系统。它从出入相补原理、容直容横原理、刘徽原理、祖暅原理等几条简明的原理出发，在此基础上推导出各种不同的几何结果。这几条原理之间不是相互独立的，而是有关联的。而在这几条原理中，最基础的原理是出入相补原理，它本身的简单易明和应用之广相互辉映，体现了中国古代数学的独特风格。

在《九章算术注》这部伟大的著作中，出入相补原理思想贯穿其中。它反映了当时人们已具有较高的抽象概括能力，能抽象概括出解决实际问题的一般原理，而这种一般原理又具有简明性和较强的直观性，用它能帮助人们把许多算法联系起来,并得出更多的有效算法。

《九章算术》在"方田"卷、"商功"卷中分别提出了很多面积、体积的计算公式,如圭田(等腰三角形)、邪田(直角梯形)和箕田(等腰梯形)的面积计算公式,但均没有论证。刘徽在对《九章算术》作注释时,借助图形表征了"以盈补虚",利用出入相补原理成功地对它们进行了论证。可以看出,出入相补原理的提出反映了刘徽对中国古代传统数学思想的深化与创新,进一步推动了数学的发展。

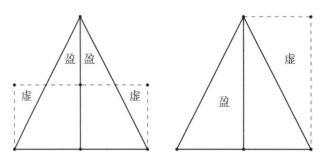

**图 2 - 77 《九章算术》中的"以盈补虚"**

图 2 - 77 为等腰三角形借助出入相补原理,"以盈补虚",转化为长方形面积来计算的两种方法。

出入相补原理体现了数与几何量的统一。在中国古代数学史上,我们古代数学家运用出入相补原理在平面多边形的面积理论、勾股定理证明、解勾股形问题、开平方和开立方、解二次方程等诸多方面取得了巨大成就。

## 二、初中数学中的出入相补原理

### 1.圆面积公式

中国古代从先秦时期开始,一直有"周三径一"的说法,即圆的直径为 1 则周长是 3,就是把 π 取整数 3。

根据刘徽的记载,在刘徽之前,人们求圆的面积时,是用圆内接正十二边形的面积来代替圆面积。如图 2 - 78,应用出入相补原理,将圆内接正十二边形拼补成一个长方形,借助长方形的面积公式来论证《九章算术》的圆面积公式。刘徽指出,这个长方形是以圆内接正十二边形周长的一半作为长,以圆半径作为高的长方形,它的面积是圆内接正十二边形的面积。

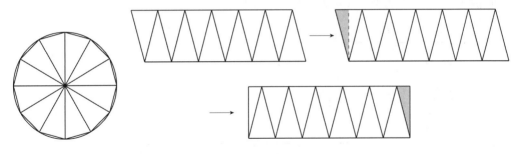

**图 2‐78 圆内接正十二边形拼补成长方形**

现行教材关于圆的面积公式推导,其本质也是采用出入相补原理的思想方法。如图 2‐79,当把圆等分的份数越多,拼成的图形越接近长方形,长是周长的一半,即 $\pi r$,宽是半径 $r$。

$$长方形的面积 = 长 \times 宽$$

$$\downarrow \qquad \downarrow$$

$$圆的面积 = \pi r \times r = \pi r^2$$

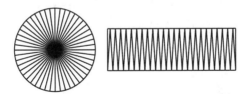

**图 2‐79 圆的面积计算**

#### 2. 乘法公式

虽然出入相补原理本身讨论的是平面几何中图形再分割和重组的问题,但是在解决初等代数问题时,也可以通过构造图形,将抽象的代数表达转化为直观的图形关系,利用出入相补原理,使代数问题的求解过程更为直接和易懂。换句话说,出入相补原理成了一种强有力的工具,它联通了几何与代数,让数学思考和问题解决策略变得更加丰富和灵活,体现了数学学科内部不同分支间深刻的内在联系。

赵爽在注释《周髀算经》里的"勾股圆方图"中说:"勾实之矩以股弦差为广,股弦并为袤,而股实方其里。……股实之矩以勾弦差为广,勾弦并为袤,而勾实方其里。"如图 2‐80,在以 $c$ 为边长的正方形中作一个以 $b$ 为边长的正方形,则余下的

面积等于以 $c-b$ 为宽、$c+b$ 为长的矩形面积。

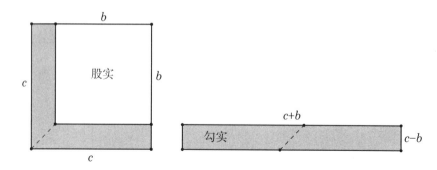

**图 2-80　用出入相补原理证明平方差公式**

无独有偶,同时期的刘徽在注释《九章算术》时也利用同样的图形来证明平方差公式:"勾幂之矩青,卷白表,是其幂以股弦差为广,股弦并为袤,而股幂方其里。股幂之矩青,卷白表,是其幂以勾弦差为广,勾弦并为袤,而勾幂方其里。"刘徽说的"幂"对应赵爽说的"实",指的都是以勾或股为边长的正方形面积。

如图 2-81,人教版和沪教版等教材在"乘法公式"一节,也是采用出入相补原理来说明平方差公式和完全平方公式的。

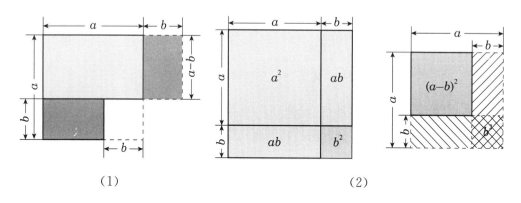

**图 2-81　教材中乘法公式的证明**

3. 开平方

刘徽在《九章算术注》中用出入相补原理的几何概念阐述了开方法的原理,解释了算法的合理性,具有独特的见解,并使人们对开方术有了直观的感性认识,是数形结合的典范。他指出,开方是面积、体积问题的逆运算,开平方是已知正方形面积，求它的边长；开立方是已知正方体体积，求它的棱长。若面积是三位数，边长就是两位数，若面积是五位数，边长就是三位数。

"少广"是《九章算术》中的第 4 卷，主要依据出入相补原理求解关于开平方和开立方的实际问题。

以下是"少广"卷的第 12 题：今有积五万五千二百二十五步。问：为方几何？

其大意是：已知面积 55 225 平方步，作为正方形其边长是多少？其解法如下：

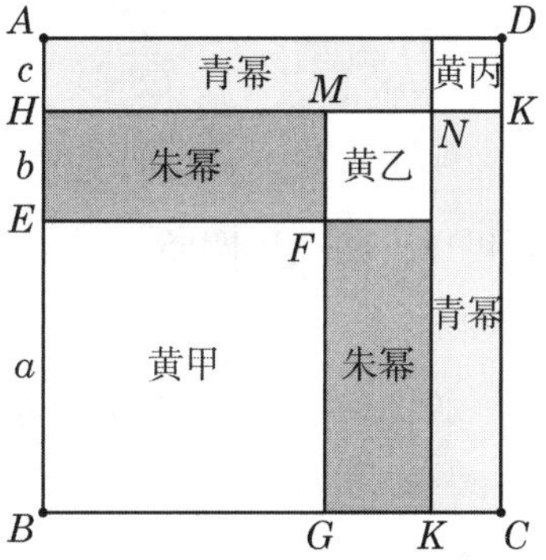

运用出入相补原理可构造图 2－82，令 $S_{\text{正方形}ABCD}=55\ 225$，且黄甲、黄乙、黄丙均为正方形。

因为 $100^2<55\ 225<1\ 000^2$，所以 55 225 的算术平方根是一个三位数。

图 2－82

设 $(100a+10b+c)^2=55\ 225$，即 $BG=100a$，$GK=10b$，$KC=c$。

因为 $(100a)^2<55\ 225$，所以 $a=2$。

因为大多边形 $EFGCDA$（正方形 $ABCD$ 去除黄甲的面积）$>2$ 块朱幂的面积，得

$$55\ 225-200\times200=15\ 225>2\times(100a)\times(10b)。$$

所以，$b=3$。

又由小多边形 $HNKCDA$（2 块青幂＋1 块黄丙的面积）$>2$ 块青幂的面积，得

$$55\ 225-200^2-2\times200\times30-30^2=2\ 325>2\times(200+30)c。$$

所以，$c=5$。

检验：$2\ 325-2\times5\times(200+30)-5^2=0$，即 2 块青幂＋1 块黄丙的面积正好等于 2 325。

因此，$\sqrt{55\ 225}=235$。

开立法也可以类似地开展计算。在中国古代数学中，开方运算被广泛地运用于解方程的问题中。我国古代独有的十进位值制记数法的高度优越性，至迟到 11 世纪中叶，我国就已经把开平方和开立方法推广到开任何高次幂，就是所谓的"增

乘开方法",并且出现了有关的二项式定理系数表,就是所谓的"开方作法本源图",见图 2 - 71。

4. 线段成比例

如图 2 - 83,$O$ 是矩形 $ABCD$ 的对角线 $AC$ 上任意一点,过点 $O$ 分别作两组对边的平行线 $EF$、$GH$,则有 $\dfrac{OG}{OH} = \dfrac{OE}{OF}$。

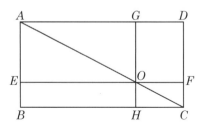

图 2 - 83　矩形中线段比例关系

中国古代没有相似的概念,借助出入相补原理可以得到上述四条线段的比例关系。具体方法如下:

因为四边形 $ABCD$ 为矩形,所以可以通过 $\triangle ABC$ 绕线段 $AC$ 的中点旋转 $180°$,将 $\triangle ABC$ 与 $\triangle CDA$ 重合。同样地,可通过旋转,将 $\triangle AEO$ 与 $\triangle OGA$ 重合,$\triangle COH$ 与 $\triangle OCF$ 重合。由出入相补原理,可以得到 $S_{矩形OEBH} = S_{矩形OFDG}$。

因此,有 $OG \cdot OF = OE \cdot OH$,即 $\dfrac{OG}{OH} = \dfrac{OE}{OF}$。

若借助相似三角形的知识,证明过程如下:

∵　矩形 $ABCD$ 中,$EF /\!/ AD$,$GH /\!/ AB$,

∴　四边形 $AEOG$ 是平行四边形。

∴　$AE = OG$。

∴　$\triangle COH \backsim \triangle CAB$,$\triangle OAE \backsim \triangle CAB$。

∴　$\triangle COH \backsim \triangle OAE$。

∴　$\dfrac{AE}{OH} = \dfrac{OA}{CO}$,即 $\dfrac{OG}{OH} = \dfrac{OA}{CO}$。

同理,$\dfrac{OE}{OF} = \dfrac{OA}{OC}$。

∴　$\dfrac{OG}{OH} = \dfrac{OE}{OF}$。

借助上述结论,中国古人解决了很多实际问题,如测量问题、解勾股形问题和圆容方问题等。

刘徽撰写的《海岛算经》是关于测量的数学著作,其中第一题是测量海岛的高。

其大意可结合图 2-84 表述为：如图，点 $E$、$H$、$G$ 在水平线 $AC$ 上，$DE$ 与 $FG$ 是两个垂直于水平面且等高的测量标杆的高度，称为"表高"，$EG$ 称为"表距"，$GC$ 和 $EH$ 都称为"表目距"，$GC$ 与 $EH$ 的差称为"表目距的差"，则海岛的高 $AB$ 为多少？

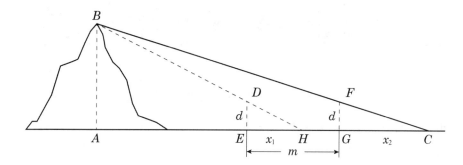

**图 2-84 《海岛算经》测高问题**

用现在的语言表述是：如图 2-84，已知 Rt△$ABC$ 中，$DE \perp AC$，$FG \perp AC$，垂足分别为 $E$、$G$，$DE = FG = d$，$EG = m$，$EH = x_1$，$CG = x_2$，求海岛 $AB$ 的高度。

如果本题用现在的方法，大致如下：

$\because$  $DE /\!/ AB$，$FG /\!/ AB$，

$\therefore$  $\dfrac{DE}{AB} = \dfrac{EH}{AH}$，$\dfrac{FG}{AB} = \dfrac{CG}{AC}$。

$\therefore$  $\dfrac{d}{AB} = \dfrac{x_1}{AE + x_1}$，$\dfrac{d}{AB} = \dfrac{x_2}{AE + x_2 + m}$。

$\therefore$  $AE = \dfrac{AB \cdot x_1}{d} - x_1 = \dfrac{AB \cdot x_2}{d} - x_2 - m$。

$\therefore$  $AB = d + \dfrac{md}{x_2 - x_1}$。

《海岛算经》中刘徽的自注与图已失传，但杨辉用出入相补原理解决了海岛问题。我们可以看看，如何用出入相补原理解决这个问题：

如图 2-85，把原图补充成矩形，得到四块不同区域的面积，分别记为 $S_1$、$S_2$、$S_3$ 和 $S_4$。

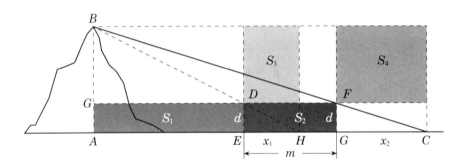

图 2‑85　《海岛算经》测高问题构造图

由出入相补原理,得 $S_1=S_3$,$S_1+S_2=S_4$。

所以,$S_2+S_3=S_4$。

即得 $md+(AB-d)x_1=(AB-d)x_2$。

因此,$AB=d+\dfrac{md}{x_2-x_1}$。

这个问题提供了一种在实际生活中测量不可达地点物体高度的方法。如图 2‑86,赵爽在给《周髀算经》写注的时候,提出了测量太阳高度的想法,和本题的思路是一样的。得到日高公式 $h=d+\dfrac{md}{x_2-x_1}$,即日高＝表高＋$\dfrac{\text{表高}\times\text{表距}}{\text{影差}}$。

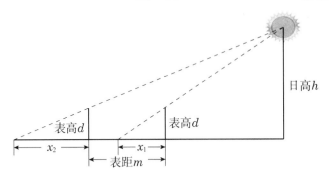

图 2‑86　《周髀算经》测日图

当然,由于地球与太阳之间的巨大距离,使用此方法测量时,即便是微小的测量误差,如表高、表距、影差等的实际距离测量不精确,都可能在最终计算时出现较大的结果误差。

图 2‑87 所表示的是《九章算术》中提及的山高测量方法。已知树高 $a$ 丈,距山 $m$ 里,人在距树 $b$ 里处望山,人目 $E$、树顶 $A$、山顶 $C$ 成一直线。亦可根据出入

相补原理求得山高。

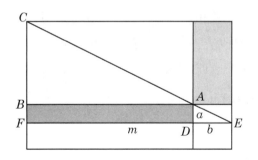

**图 2 - 87 《九章算术》中"因木望山"问题**

解勾股形问题是指直角三角形中勾、股、弦及它们之间的和差共九个数，只需知道其中的两个就可以求得其他几个。《九章算术》"勾股"卷中有不少这方面的问题，并且各题都列出了一般公式。刘徽在《九章算术注》还给出了证明，公式的来历和证明方法都依据了出入相补原理，赵爽在《周髀算经》注中的《勾股圆方图注》的叙述大多与此相同。

《九章算术》中的"引葭赴岸"问题："今有池方一丈，葭生其中央，出水一尺。引葭赴岸，适与岸齐。问：水深、葭长各几何？"

其大意是：有一个边长为 10 尺的正方形池塘，一棵芦苇生长在它的正中央，高出水面部分为 1 尺。如果把该芦苇沿与水池边垂直的方向拉向岸边，那么芦苇的顶部恰好碰到岸边，问：水深和芦苇长各多少？

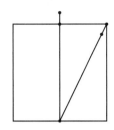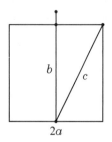

**图 2 - 88 《九章算术》中"引葭赴岸"问题**

如图 2 - 88，设池方为 $2a$，水深为 $b$，葭长为 $c$，书中给出的计算公式为：

$$b=\frac{a^2-(c-b)^2}{2(c-b)}。$$

刘徽利用出入相补原理对此公式进行了证明。他首先构造了一个数学模型：

"此以池方半之,得五尺为勾。水深为股,葭长为弦。"如图 2-89,在弦方 $c^2$ 中作一股方 $b^2$,则所余的曲尺面积,根据勾股定理,应等于勾方 $a^2$,若将曲尺截断后拼成一长条矩形,其长为 $2b+(c-b)$,宽为股弦差 $c-b$,其面积为 $2b(c-b)+(c-b)^2$。依据出入相补原理,变形前后的面积相等。因此,有 $a^2=2b(c-b)+(c-b)^2$,从而得到书中给出的计算公式 $b=\dfrac{a^2-(c-b)^2}{2(c-b)}$,其中 $c-b$ 的值为芦苇高出水面部分。

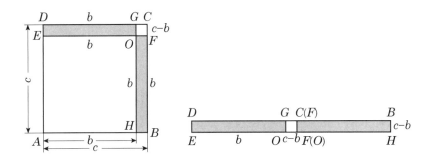

图 2-89　"引葭赴岸"问题模型

《益古演段》是中国古代论述容圆的一部专著。书中第三十三问是一个圆容方问题:今有圆田一段,中心有直池水占之,外计地七千三百步,只云并内池长阔,少田径五十五步,阔不及长三十五步。问:三事(指池长、池阔、圆径)各多少?

其大意是:圆形田地中有一个矩形水池,圆形田地除去矩形水池剩余面积为7 300平方步,矩形水池的长、宽之和比圆直径少 55 步,宽比长少 35 步。求矩形水池的长和宽,以及圆的直径。(如图 2-90,π 取 3)

按照现在的解法,我们可以列一个三元二次方程组解决:

设矩形水池的长为 $a$,宽为 $b$,以及圆的直径为 $d$。

由题意,可得

$$\begin{cases} \dfrac{3}{4}d^2-ab=7\,300, \\ a+b=d-55, \\ a-b=35。 \end{cases}$$

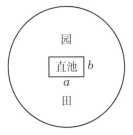

图 2-90　《益古演段》第三十三问

中国古代数学家是运用出入相补原理构造图形解决

的,巧妙地把未知数减少到 1 个,直接化为一元二次方程就解决了问题。下面我们来看看书中的解法:

设圆的直径为 $d$,则外圆的面积 $=\frac{3}{4}d^2$,构造图 2 - 91。

矩形水池面积 $=\frac{3}{4}d^2-7\,300$。

四倍矩形水池面积 $=4\left(\frac{3}{4}d^2-7\,300\right)=3d^2-29\,200$。

矩形水池中,长 $+$ 宽 $=d-55$。

四倍矩形水池面积 $+$ 池较幂 $=(d-55)^2=d^2-110d+3\,025$。

四倍矩形水池面积 $=d^2-110d+3\,025-35^2$

$\qquad\qquad\qquad\qquad = d^2-110d+1\,800$。

因此,$3d^2-29\,200=d^2-110d+1\,800$。

化简,得 $d^2+55d-15\,500=0$。

解得 $d=100(d=-155$ 不合题意,舍去$)$。

图 2 - 91 构造思路大致如下:

先用 4 个矩形水池和 1 个正方形池较幂构造正方形 $MFND$;依据宽比长少 35 步,池较幂的边长为 35。

依据矩形水池的长、宽之和比圆直径少 55 步,$MD$ 的长即为矩形水池的长、宽之和,故图中正方形 $MFND$ 边长为 $d-55$。

再延长 $DM$ 至点 $A$,使得 $AM=55$,故 $AD=d$,以 $AD$ 为边构造正方形 $ABCD$。

根据等量关系,圆形田地比矩形水池多 $7\,300$ 平方步,即 $\frac{3}{4}d^2-ab=7\,300$,两边都乘 4,得到 $3d^2-4ab=29\,200$。

因此,以正方形 $ABCD$ 为基础,再在下方构造 2 个边长为 $d$ 的正方形,其面积为径方(体现了古人化圆为方的思想),从而得到图 2 - 91。

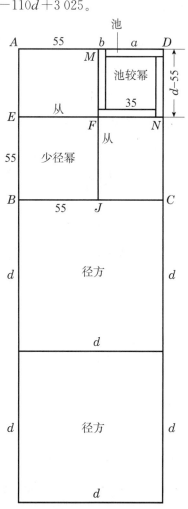

**图 2 - 91 圆容方问题构造图**

再如《益古演段》第三十四问：今有圆田一段，内有直池水占之，外计地六千步，只云从内池四角斜至田楞各一十七步半，其池阔不及长三十五步。问：三事（指池长、池阔、圆径）各若干？解法亦是如此。

《益古演段》中还有圆容圆、方容圆和方容方问题，都是运用出入相补原理解决，这里就不一一列举。

出入相补原理还运用于解一元二次方程和勾股定理的证明中，前文已经详细介绍，这里也不再赘述。总之，出入相补原理在中国古代数学中运用极其广泛，不但在解决复杂的数学问题时，提供了一种直观且有效的方法，而且成了连接几何与代数、理论与实践的桥梁，展现了中国古代数学家智慧的结晶。

### 三、出入相补原理主题探究教学建议

出入相补原理是中国古代数学史中的重要思想方法，涉及的初中数学领域众多，教师可在相应的教学内容中引入，可以在学生学习完解一元二次方程、勾股定理和相似等内容后，进行专题探究。

#### 1. 让学生掌握出入相补原理蕴含的数形结合思想

出入相补原理是中国古代数学中的一个重要概念，它体现了数与形之间的紧密联系和相互转化。在教学中，教师可通过构造图形来解决具体的数学问题，让学生深刻理解和体验这种数形结合的思想。例如，在证明比例线段时，可以引导学生通过画图和观察图形关系，再转化为数学表达式，从而理解出入相补原理在几何与代数之间的桥梁作用。此外，教师还可以设计一些具有挑战性的题目，让学生在解决问题的过程中，自主探索和发现数形结合思想的应用。

#### 2. 让学生在问题解决中体会出入相补原理的价值

出入相补原理不仅是一个数学原理，更是一种解决问题的有效工具。在教学中，教师应该注重培养学生的问题解决能力，让他们在实践中体会出入相补原理的价值。例如，在解决《九章算术》中的邑方问题时，教师可以引导学生利用出入相补原理来构造图形，进而求解，让学生亲身体验到这种原理在解决实际问题中的强大功能。同时，教师还可以鼓励学生将出入相补原理应用到其他领域的问题中，如开平方、解一元二次方程等，从而进一步拓展学生的应用能力。

3. 让学生在中西对比中感悟中国古代数学家的智慧

出入相补原理在中国古代数学具有重要的地位，这完全归功于它本身的优越性及实用性，它体现了中国古代数学家的智慧和创造力。教师可以通过介绍出入相补原理的历史背景、发展脉络及在中国古代数学中的地位和作用，让学生认识到这一原理的重要性和价值。同时，对于《九章算术》《益古演段》等古籍中典型问题的解答，教师可以引导学生比较中西数学在思想、方法、成就等方面的异同点。

具体教学建议如下：

### 出入相补原理主题探究教学建议

| 一、提供给学生的材料 |
| --- |
| 1. 张维忠，邵诺愉. 中国传统思维中的整体性思想：出入相补 <br> 2. 杨辉. 例谈出入相补原理在初中数学教学中的应用 <br> 3. Frank J., Swetz. 相似性还是"出入相补原理"：一则文化上的误解 |
| 二、教师的切入方式 |
| 1. 简要介绍出入相补原理的来源、内容及历史地位 <br> 2. 引导学生借助出入相补原理证明线段成比例问题 <br> 3. 师生一起探究《九章算术》中出入相补原理的应用，如"邑方大小"问题、"引葭赴岸"问题等 |
| 三、学生的探究主题 |
| 分小组深入探究出入相补原理在完全平方公式和平方差公式的证明、开平方术、配方法解一元二次方程、解勾股形问题等领域的应用 |
| 四、学生的探究性作业 |
| 1. 问题解决：运用出入相补原理完成《九章算术》或《益古演段》中的问题 <br> 2. 电子（手写）小报：出入相补原理的应用 <br> 3. 数学写作：漫谈出入相补原理 |

# 第八节　圆周率的探索

## 一、圆周率史话

德国数学史家康托说:"历史上一个国家所算得的圆周率的准确程度,可以作为衡量这个国家当时数学发展水平的指标。"数学是中国人民擅长的学问,中国古代数学长期处于世界上领先的水平,创造出许多具有世界历史意义的成就,其重要表现之一就是圆周率的计算。

圆周率 π 是圆的周长与直径的比值。由于 π 是一个无理数,古代人们无法以当时已知的有理数准确地表示它,只能以有理数越来越精确地逼近它。随着理论的深入,人们不断提出新的更精确的数值,这种逼近是没有止境的。因而,求更精确的圆周率就成为古代数学一个经久不衰的热门课题。

最开始,人们用测量直径和圆周长度的方法来推算 π。古埃及人曾经仔细地把一条麻绳绕在圆周上,围绕一周后作上一个记号,然后把麻绳拉直,再用直尺度量,由此确定圆周率的值。显然,这样算来的圆周率取决于测量者的细心程度以及直尺的准确度,因此,他们量得的 π 值各不相同,一般公认为 3。不过,古代计算家们都很明白,根据他们的测量,圆周率的值明显是大于 3 的。

公元前 2000 年至前 1600 年,古巴比伦就已经明确地记下了圆周率的值 $\pi = 3\frac{1}{8} = 3.125$;古埃及的莱因德数学纸草书表明圆周率 $\pi = \left(\frac{16}{9}\right)^2 = 3.160\,4\cdots$。

我国古算书《周髀算经》中有所谓"径一而周三",亦即 $\pi = 3$(也称古率)。在旧约圣经中亦是 $\pi = 3$。

现代出土的大量中国古代的青铜器大多呈圆形,说明中国人民早在殷商之前就对圆有着充分的认识。中国古代的天圆地方观念更是体现了中国古代人民对圆这一特殊形状的感性认识,"圆满"已成为中华传统文化所追求的理想境界。成书于约公元前 4 世纪的我国重要的墨家著作《墨经》中,就给出了关于圆的精确定义"圆,一中同长也",即圆是到中心距离相等的点的轨迹。这也是世界上最早的关于圆的定义,这一定义标志着人类早在 2 000 多年前就已经把对圆的感性认识上升到一个理性认识的阶段。

凭直接观测或实物度量来计算 π 值的实验方法所得到的结果相当粗略,真正使圆周率计算建立在科学的基础上,首先应归功于阿基米德。阿基米德是古希腊著名的数学家,生活于公元前 287—前 212 年,他是科学地研究这一常数的第一个人。他首先提出了一种能够借助数学过程而不是通过测量把 π 的值精确到任意精度的方法。由此,开创了圆周率计算的几何时期。

约公元前 240 年,阿基米德在他的论文《圆的量度》中论述了三个命题,其中一个命题就是对圆周率的计算。他指出圆的周长介于其内接正多边形的周长和外切正多边形的周长之间,他用逐步增加正多边形的边数的逼近方法,算出圆的内接正 96 边形的周长和外切正 96 边形的周长,得到了接近 π 值的上、下界,他的结果是 $3\frac{10}{71} < \pi < 3\frac{1}{7}$,即 $3.140\,845 < \pi < 3.142\,857$。阿基米德对 π 的这一计算体现出了他高超的数学才能。

263 年前后,我国数学家刘徽在《九章算术注》的"方田"卷圆田术中写出了他对圆周率的研究和计算,他的思路也是运用几何学原理和采用逐步逼近的方法,然而更具独创性。他指出古率"周三径一",其实只是圆内接六边形的周长与圆直径之比,远不是圆周长与直径之比。他的计算方法是:如图 2-92,作圆内接正多边形,并根据每个半弓形所形成的直角三角形的性质,运用勾股定理计算内接正多边形每边的边

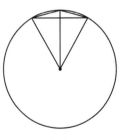

图 2-92

长,进而算出内接正多边形的面积。他得出了比较精确的圆周率,计算得出 π≈3.14,通常称为"徽率"。

约 130 年,我国东汉科学家张衡推得圆周率 $\pi \approx \sqrt{10}$。

约 5 世纪,印度数学家曾取圆周率 π≈3.142。

刘徽之后,在推算圆周率上做出卓越贡献的,是我国南朝的数学家祖冲之,他生活于 429 年至 500 年。祖冲之首先研究了《九章算术》,并从刘徽对《九章算术》的注中学到了"割圆术"这种求圆周率的科学方法,他认为刘徽求得的结果还不够精密,于是重新推算出 $3.141\,592\,6 < \pi < 3.141\,592\,7$。

在祖冲之的一系列计算中,他还保留了两个美观而又便于记忆的分数,一个是被称为"约率"的$\frac{22}{7}$;另一个是被称为"密率"的$\frac{355}{113}$,它是分子、分母在 1 000 以内表示圆周率的最佳分数。世界上最早提出约率的是希腊科学家阿基米德,而密率的创造,是数学史上的卓越成就。祖冲之创造性地选用这样两个简单又美观的分数来表示 π,实在不是一件简单的事。

约 1424 年,阿拉伯天文学家和数学家阿尔卡西计算圆周率至小数点后 17 位。

1573 年,德国数学家 O.L.赫尔德求得 $π≈\frac{355}{113}$。

1596 年,荷兰数学家鲁道夫花费了毕生精力,把圆周率算到了小数点后 35 位。他去世后,按照他的遗嘱,这个数字被刻在他的墓碑上。直到今天,德国人还常常称这个数为"鲁道夫数"。

17 世纪,牛顿发明了微积分,他用来计算曲线的同时还潜心研究了 π 的数值,传言他曾说过,这个数值确实让他着迷,难以自拔,他对 π 值进行了无数次计算。当他发明了微积分后,终于创造出一种新的计算 π 值的方法。不久,科学家们运用微积分方法就将 π 值的计算迅速向前推进。

1736 年,瑞士数学家欧拉提倡以希腊字母 π(读作"/pai/")来表示圆周率,π 是圆周的希腊文(英文为 periphery)的字头。欧拉的建议后来逐渐为大家接受,直到现在,π 已成为圆周率的专用符号。

1946 年随着第一台电子计算机问世后,π 值的计算不断迈入新的阶段,记录不时被刷新。2021 年 8 月 17 日,有报道称,瑞士研究人员使用一台超级计算机,历时 108 天,将 π 计算到小数点后 62.8 万亿位,创下该常数最精确值的纪录。

由以上圆周率的历史可见,比祖冲之更精确的 π 值,直到近千年后才被阿尔卡西所计算得到;西方数学家直到 1600 年左右才取得超过祖冲之的更精确值。祖冲之率先将圆周率计算到小数点后 7 位,这一祖国数学史遗产中的珍宝,将永远载入世界数学史册,激励国人在新世纪为把中国建设成数学大国而努力。

美国麻省理工学院首先倡议将 3 月 14 日定为国家圆周率日(National Pi Day)。2019 年,联合国教科文组织第 40 届大会上正式宣布,将每年的 3 月 14 日定为国际数学日。每年的这一天,全球各地的数学爱好者会以"圆周率"为名,举行丰富多彩的活动，庆祝数学的美丽与重要性。

利用对 π 的位数的计算检验计算机的可靠性、精确性、运算速度以及容量已经成为工程师有力的手段。在信息传播领域，由于 π 拥有无限数位，且其数位数字排列具有随机性，因此 π 在密码学中也发挥着独特的作用。

圆周率 π 自从诞生之日起，便与人类一起同行。它所包含的数字的无穷性为其增添了神秘色彩，它的精确表达公式展现出其清晰深刻的一面，它的广泛应用又拉近了其与人类的距离。π 就像一个精灵，自由地跳动在理想和现实两个世界中。

### 二、初中数学中的圆周率

1. 圆的内接正六边形和外切正六边形画法

圆的内接正六边形画法（图 2 - 93）：

（1）以任意长为半径画 ⊙O；

（2）过点 O 作直径 AB；

（3）分别以 A 和 B 为圆心、AO 长为半径作弧，分别交 ⊙O 于点 C、D、E 和 F；

（4）顺次连接点 A、C、E、B、F、D、A，得到 ⊙O 的内接正六边形 ACEBFD。

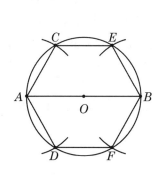

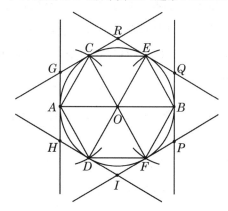

**图 2 - 93　圆的内接正六边形画法**　　**图 2 - 94　圆的外切正六边形画法**

圆的外切正六边形画法（图 2 - 94）：

（1）先画 ⊙O 的内接正六边形 ACEBFD；

（2）分别作半径 OC、OE、OF、OD；

（3）分别过点 A、C、E、B、F、D 作半径 OA、OC、OE、OB、OF、OD 的切线，六条切线分别相交于点 G、R、Q、P、I、H；

（4）顺次连接点 $G$、$R$、$Q$、$P$、$I$、$H$、$G$，得到⊙$O$ 的外切正六边形 $GRQPIH$。

2. 阿基米德"割圆术"

如图 2-95，阿基米德发现，可以用圆的内接正多边形和外切正多边形来计算 π，因为一个圆的周长，总是大于其内接正多边形的周长，并小于其外切正多边形的周长。当正多边形的边数不断增加时，多边形与圆的边界之间的空隙变得越来越小。尽管它们永远不能完全与圆重合，但是多边形的周长却可以按照人们的愿望越来越接近于圆的周长。

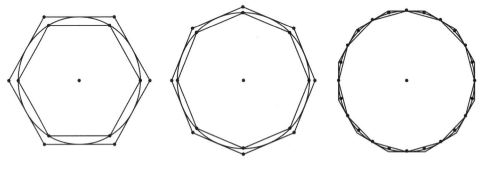

**图 2-95　圆与正多边形**

阿基米德被称为用"割圆术"计算圆周率的开山鼻祖。所谓"割圆术"，就是先作出圆的边数较少的内接正多边形或外切正多边形（有时两者都作），通过计算其边长进而求出周长或面积（有时两者都求），再将正多边形的边数增加一倍，重复上述计算。

当时阿基米德是取 $\dfrac{265}{153}<\sqrt{3}<\dfrac{1\,351}{780}$ 来计算的，但没有说明求法，有学者推测其

是借助不等式 $a\pm\dfrac{b}{2a\pm1}<\sqrt{a^2\pm b}<a\pm\dfrac{b}{2a}(a>b,a>1)$ 得到的。阿基米德求圆

周率的具体方法如下：

先求 π 的上限。

如图 2-96，先作⊙$O$ 外切正六边形，$AC$ 为其一

边的 $\dfrac{1}{2}$，记 $OA=R$，$AC=\dfrac{1}{2}a'_6$。

作 $\angle AOC$ 的角平分线 $OD$，则 $DT$ 为⊙$O$ 外切正

十二边形的一边，记 $AD=\dfrac{1}{2}a'_{12}$。

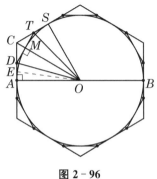

**图 2-96**

易证 $OC \perp DT$,由角平分线性质定理,知 $DA = DM$。

又 $\angle AOC = 30°$,在 $\text{Rt}\triangle AOC$ 中,$\cot 30° = \dfrac{AO}{AC} = \sqrt{3}$,$\dfrac{1}{\sin 30°} = \dfrac{OC}{AC} = 2$。

在 $\text{Rt}\triangle AOC$ 和 $\text{Rt}\triangle CDM$ 中,$\sin\angle OCA = \dfrac{DM}{CD} = \dfrac{AD}{CD} = \dfrac{AO}{OC}$。

∴ $\dfrac{CD}{AD} = \dfrac{OC}{AO}$,$\dfrac{CD+AD}{AD} = \dfrac{OC+AO}{AO}$。

∴ $\dfrac{AC}{AD} = \dfrac{OC+AO}{AO}$ 变形为 $\dfrac{AO}{AD} = \dfrac{OC+AO}{AC}$。

∴ $\dfrac{R}{\frac{1}{2}a'_{12}} = \dfrac{AO}{AD} = \dfrac{OC+AO}{AC} = \dfrac{OC}{AC} + \dfrac{AO}{AC} = 2+\sqrt{3} > \dfrac{571}{153}$。

∵ $C_{圆} = 2\pi R = 2\pi \cdot OA < C_{外切正十二边形} = 24AD$。

∴ $\pi < \dfrac{12AD}{OA} = \dfrac{12}{2+\sqrt{3}} < \dfrac{12}{\frac{571}{153}} \approx 3.215\,41$。

同时可得,$\text{Rt}\triangle AOD$ 中,$OD^2 = OA^2 + AD^2$,$\dfrac{OD^2}{AD^2} = 1 + \dfrac{AO^2}{AD^2} = 1 + (2+\sqrt{3})^2 = 8 + 4\sqrt{3}$。

∴ $\dfrac{OD}{AD} = \sqrt{8+4\sqrt{3}} > \dfrac{4\,729}{1\,224}$。

重复上述过程,作 $\angle AOD$ 的角平分线 $OE$,交 $AC$ 于点 $E$,则 $AE$ 为 $\odot O$ 外切正二十四边形的一边的一半,记 $AE = \dfrac{1}{2}a'_{24}$。

因此,$\dfrac{R}{\frac{1}{2}a'_{24}} = \dfrac{AO}{AE} = \dfrac{OD+AO}{AD} = \dfrac{OD}{AD} + \dfrac{AO}{AD} = 2+\sqrt{3} + \sqrt{8+4\sqrt{3}} > \dfrac{9\,297}{1\,224} = \dfrac{1\,033}{136}$。

$\pi < \dfrac{24AE}{OA} = \dfrac{24}{2+\sqrt{3} + \sqrt{8+4\sqrt{3}}} = \dfrac{24}{\frac{1\,033}{136}} \approx 3.159\,73$。

重复上述过程,当阿基米德计算到正九十六边形时,得到 $\pi < 3\dfrac{1}{7}$。

需要说明的是,阿基米德和刘徽计算圆周率时没有无理数的概念,所以计算的结果都是分数,且部分结果采用了近似化简,但为了便于阅读,这里保留了 $\sqrt{3}$ 和小数,下面也是一样。

再来看求 $\pi$ 的下限,如图 $2-97$,先作 $\odot O$ 内接正六边形,$BC$ 为一边;作 $\angle BAC$ 的角平分线 $AD$,$D$ 为弧 $BC$ 的中点,即为 $\odot O$ 内接正十二边形的顶点,连接 $BD$。

记 $BC=a_6$,$BD=a_{12}$,$AB=2R$。

又 $\angle BAC=30°$,在 Rt$\triangle ABC$ 中,$\cot 30°=$ $\dfrac{AC}{BC}=\sqrt{3}$,$\dfrac{1}{\sin 30°}=\dfrac{AB}{BC}=2$。

图 $2-97$

易证 Rt$\triangle ABD \backsim$ Rt$\triangle BMD \backsim$ Rt$\triangle AMC$。

$\therefore$ $\dfrac{AD}{BD}=\dfrac{AC}{CM}$,$\dfrac{AD}{BD}=\dfrac{BD}{MD}=\dfrac{AB}{BM}$。

$\therefore$ $\dfrac{AC}{CM}=\dfrac{AB}{BM}=\dfrac{AD}{BD}$。

$\therefore$ $\dfrac{AD}{BD}=\dfrac{AC+AB}{CM+BM}=\dfrac{AC+AB}{BC}$。

$\therefore$ $\dfrac{AD}{BD}=\dfrac{AC+AB}{BC}=\dfrac{AC}{BC}+\dfrac{AB}{BC}=2+\sqrt{3}<\dfrac{2\,911}{780}$。

Rt$\triangle ABD$ 中,$AB^2=AD^2+BD^2$,

$\therefore$ $\left(\dfrac{AB}{BD}\right)^2=\dfrac{AD^2+BD^2}{BD^2}=1+\left(\dfrac{AD}{BD}\right)^2=1+(2+\sqrt{3})^2=8+4\sqrt{3}$。

$\therefore$ $\dfrac{AB}{BD}=\sqrt{8+4\sqrt{3}}<\dfrac{12\,055}{3\,120}=\dfrac{2\,411}{624}$。

$\because$ $C_{圆}=2\pi R=\pi \cdot AB>C_{内接正十二边形}=12BD$,

$\therefore$ $\pi>\dfrac{12BD}{AB}=\dfrac{12}{\sqrt{8+4\sqrt{3}}}>\dfrac{12}{\dfrac{2\,411}{624}}=\dfrac{7\,488}{2\,411}\approx 3.105\,765\,2$。

重复上述过程,作 $\angle BAD$ 的角平分线 $AE$,交 $\odot O$ 于点 $E$,连接 $BE$,则 $BE$ 为 $\odot O$ 内接正二十四边形的一边。

同理,可得

$$\dfrac{AE}{BE}=\dfrac{AD+AB}{BD}=\dfrac{AD}{BD}+\dfrac{AB}{BD}=2+\sqrt{3}+\sqrt{8+4\sqrt{3}}<\dfrac{23\,699}{3\,120}=\dfrac{1\,823}{240}。$$

$$\left(\frac{AB}{BE}\right)^2=\frac{AE^2+BE^2}{BE^2}=1+\left(\frac{AE}{BE}\right)^2=1+\left(2+\sqrt{3}+\sqrt{8+4\sqrt{3}}\right)^2 。$$

$$\therefore \quad \frac{AB}{BE}=\sqrt{1+\left(2+\sqrt{3}+\sqrt{8+4\sqrt{3}}\right)^2}<\frac{47\,807}{6\,240} 。$$

$$\therefore \quad \pi>\frac{24BE}{AB}>\frac{24}{\dfrac{47\,807}{6\,240}}\approx3.132\,595\,6 。$$

重复上述过程，当阿基米德计算到正九十六边形时，得到 $\pi>3\dfrac{10}{71}$。

按照上述方法，得到部分运算结果，见表 2-6：

表 2-6　根据阿基米德"割圆术"得到的数值

| 圆外切正多边形边数 $n$ | 圆内接正多边形边数 $n$ | $\dfrac{R}{\frac{1}{2}a_n'}$ 的下限 | $\pi$ 的上限 $\left(\pi<\dfrac{na_n'}{2R}\right)$ | $\dfrac{R}{\frac{1}{2}a_n}$ 的上限 | $\pi$ 的下限 $\left(\pi>\dfrac{na_n}{2R}\right)$ |
|---|---|---|---|---|---|
| 12 | 12 | $\dfrac{571}{153}$ | 3.215 411 6 | $\dfrac{2\,411}{624}$ | 3.105 765 2 |
| 24 | 24 | $\dfrac{1\,033}{136}$ | 3.159 728 9 | $\dfrac{47\,807}{6\,240}$ | 3.132 595 6 |
| 48 | 48 | $\dfrac{9\,337}{612}$ | 3.146 192 6 | $\dfrac{9\,541}{624}$ | 3.139 293 6 |

阿基米德，这位古代最伟大的数学家是一位天文学家的儿子，出生于当时希腊的殖民城市叙拉古。阿基米德才智超人，他的发明创造超出同时代的科学技术水平，令我们至今都感到吃惊。有人将阿基米德和牛顿、高斯并列为世界三大著名数学家。他对圆周率的研究和所得到的结果，就可以作为他数学才华超人的明证之一。

3. 刘徽"割圆术"

刘徽把他自己开创的求圆面积公式的方法称为割圆术。他设圆的半径为 1 尺，从圆内接正六边形算起，逐步推求圆内接正十二边形、正二十四边形、正四十八边形，直到算出正九十六边形的每边之长，进而求得正一百九十二边形的面积，从面积公式计算出圆周率的近似值 $\dfrac{157}{50}$（即 $\pi\approx3.14$），继而算到正三千零七十二边形

的面积后,得到 $\pi\approx\dfrac{3\,927}{1\,250}=3.141\,6$。具体方法如下:

如图 $2-98$,先作 $\odot O$ 内接正六边形和内接正十二边形。四边形 $OADB$ 的面积加上余径三角形的面积 $S_{\triangle ADE}+S_{\triangle DBF}=S_{\triangle ADC}+S_{\triangle DBC}=\dfrac{1}{6}(S_{内接正十二边形}-$

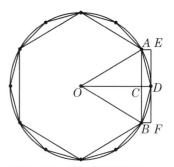

$S_{内接正六边形})$,即多边形 $OAEFB$ 的面积,这个面积超出扇形 $AOB$ 的面积,因此,对于圆面积 $S_{圆}$ 有 $S_{圆}<$ $S_{内接正十二边形}+(S_{内接正十二边形}-S_{内接正六边形})$。但圆面积又大于 $S_{内接正十二边形}$,故有

**图 2-98 刘徽的"割圆术"**

$$S_{内接正十二边形}<S_{圆}<S_{内接正十二边形}+(S_{内接正十二边形}-S_{内接正六边形})。$$

将这个不等式推广到一般形式为:

$$S_{2n}<S_{圆}<S_{2n}+(S_{2n}-S_n)。$$

其中,$S_n$ 表示 $\odot O$ 内接正 $n$ 边形的面积。

这个不等式称为"刘徽不等式",又称为"割圆不等式"。其具体演算过程为:

如图 $2-98$,令 $OB=R=1$,$\triangle AOB$ 是等边三角形,$AB\perp OD$,$S_{圆}=\pi$。

由垂径定理,知 $AC=BC=\dfrac{1}{2}$。

在 Rt$\triangle AOC$ 中,

$$OC=\sqrt{1-\left(\dfrac{1}{2}\right)^2}=\dfrac{\sqrt{3}}{2},CD=1-\dfrac{\sqrt{3}}{2}=\dfrac{2-\sqrt{3}}{2};$$

$$S_{\triangle AOB}=\dfrac{1}{2}\cdot AB\cdot OC=\dfrac{\sqrt{3}}{4},S_6=6S_{\triangle AOB}=\dfrac{3\sqrt{3}}{2};$$

$$S_{\triangle AOD}=\dfrac{1}{2}\cdot OD\cdot AC=\dfrac{1}{4},S_{12}=12S_{\triangle AOD}=3。$$

由"刘徽不等式",可得

$$3<S_{圆}=\pi<3+\left(3-\dfrac{3\sqrt{3}}{2}\right)\approx3.401\,92。$$

依法计算,当刘徽计算到正一百九十二边形时,可得

$$3.141\,024=3.14+\dfrac{64}{62\,500}<\pi<3.14+\dfrac{64}{62\,500}+\dfrac{105}{62\,500}=3.142\,704。$$

刘徽在得到圆周率约等于 3.14 之后发现，这个数值仍然偏小，于是继续割圆到正一千五百三十六边形，求出正三千零七十二边形的面积，得到令自己满意的圆周率 $\frac{3\,927}{1\,250} \approx 3.141\,6$。

按照上述方法，得到部分运算结果，见表 2-7：

表 2-7　刘徽"割圆术"得到的部分数值

| 圆内接正多边形边数 n | 每边的长 a | 周长 $p_n$ | 面积 $S_n$ | 面积差 $S_{2n}-S_n$ | $S_{2n}+(S_{2n}-S_n)$ |
|---|---|---|---|---|---|
| 6 | 1 | 6 | 2.598 076 | 0.401 924 | 3.401 924 |
| 12 | 0.517 638 | 6.211 656 | 3 | 0.105 828 | 3.211 656 |
| 24 | 0.261 052 | 6.265 248 | 3.105 828 | 0.026 796 | 3.159 420 |
| 48 | 0.130 806 | 6.278 688 | 3.132 624 | 0.006 720 | 3.146 064 |
| 96 | 0.065 438 | 6.282 048 | 3.139 344 | 0.001 680 | 3.142 704 |
| 192 | 0.032 723 | 6.282 905 | 3.141 024 | | |

对比阿基米德和刘徽计算圆周率的过程，可以看出，他们的方法各具特色，这足见他们计算圆周率匠心独具，而且都取得了良好效果。

从时间上看，阿基米德的工作要早于刘徽，阿基米德在公元前 3 世纪，而刘徽在公元 3 世纪，两者时间相差 500 多年。

从方法上看，阿基米德是利用内接正多边形与外切正多边形"内外夹逼"来计算圆周长从而获得圆周率的。而刘徽则是着眼于面积且避开外切正多边形，他引入了"余径"（如图 2-98 中的 $CD$）和"差幂"（$S_{2n}-S_n$，如图 98 中的 $6S_{\triangle ABD}$）的概念，直接观察内接正多边形分割前后相邻计算值的偏差，无形地构造了破缺的外切正多边形面积，这样就不需要额外增加计算量。"差幂"具有鲜明的几何意义，能收到事半功倍的效果。

在具体计算过程中，阿基米德先用分数逼近 $\sqrt{3}$，重复使用合比定理、角平分线定理、勾股定理以及三角形相似定理，而刘徽则仅用了勾股定理。

　　从思想上看,阿基米德避开了极限概念,而刘徽却大胆地应用了以直代曲、无限逼近的思想方法。刘徽在用"割圆术"计算圆周率得到 π≈3.14 时,曾一再声明"圆率犹为微少",需要的话可以继续做下去,得出和圆周率 π 更接近的值。也就是说,刘徽有着明确的圆周率概念,并且有着早期的极限思想,即圆的周长和直径的比值是一个确定的常数。这个常数等于无限使用"割圆术"时得到的极限,即所谓的"割之弥细,所失弥少。割之又割,以至于不可割,则与圆合体而无所失矣"。而阿基米德得出的是圆的周长和直径的比值的一个上界和下界,从他的这个上界和下界得不出圆的周长和直径的比值是一个确定常数的结论。

　　从精确度看,阿基米德成果的误差约为 0.000 75～0.001 3,而刘徽成果的误差约为 0.001 6。可见,两者所得的 π 近似值的精度,刘徽见胜。

　　4. 祖冲之求圆周率

**图 2 - 99　祖冲之**

　　祖冲之(图 2 - 99)在圆周率方面的工作,是在刘徽的基础上开展的,他算出了过剩近似值和不足近似值,同时指出真值在过剩、不足两近似值之间,相当于算得了 3.141 592 6＜π＜3.141 592 7。关于祖冲之如何算得如此精密结果,有学者推测祖冲之的方法为"周知圆求法",这一算法写于《缀术》一书,但令人遗憾的是《缀术》久已失传,1 500 多年来人们只能猜测祖冲之计算 π 的方法。

　　在祖冲之那个时代,人们普遍使用的计算工具叫算筹,如果计算数字的位数越多,所需要摆放的面积就越大。这项推演工作是十分艰巨的,经过反复演算,祖冲之从圆内接正一万二千二百八十八边形,算到圆内接正二万四千五百七十六边形,得出的数据仅相差 0.000 000 1。在没有计算机和算盘的帮助下,祖冲之用算筹来计算乘方和开方,把圆周率的小数位算到了第七位,这需要极其巨大的毅力和艰苦卓绝的付出,最终得出圆周率 π 在 3.141 592 6 与 3.141 592 7 之间这一更为精确的结论。祖冲之是世界上第一个将圆周率精确到小数点后第 7 位的人,人们为了纪念祖冲之的重大贡献,将圆周率称为"祖率"。

　　祖冲之的成就不仅仅局限于数学领域,他还通晓音律,精通天文学,制造过各种奇巧的机械,包括指南车和千里船。他撰写的《大明历》是当时最科学、最进步的历法,为后世的天文研究提供了正确的方法。

华罗庚先生在 1964 年曾说:"祖冲之虽已去世一千四百多年,但他的广泛吸收古人成就而不为其所拘泥、艰苦劳动、勇于创造和敢于坚持真理的精神,仍旧是我们应当学习的榜样。"1967 年 11 月 9 日,紫金山天文台将 1964 年发现的小行星 1888(1964VO1)命名为祖冲之小行星;1967 年,国际天文学联合会将月球上的一座环形山命名为"祖冲之环形山"。

### 三、圆周率主题探究教学建议

本主题的探究内容因为涉及用"割圆术"求圆周率,学生应该具备初中几何的全部知识,所以建议安排在九年级下学期进行主题探究。

1. 在文化品味中,感召学生钻研精神

圆周率作为数学史上的一颗璀璨明珠,其背后蕴含着无数数学家的辛勤努力和智慧。教师通过对圆周率发展史的介绍,让学生品味多彩的数学文化,感受到数学家坚韧不拔的钻研精神与一丝不苟的严谨态度,从而激发他们对数学学习的热情和兴趣。通过了解祖冲之及其计算圆周率的艰辛历程,学生可以体会到数学家们对真理的追求和执着。这种精神可以激励学生在学习中不断追求卓越,不断超越自我。

2. 在算法探究中,激发学生创新意识

"割圆术"作为一种古老的算法,虽然在现代数学中已经被更为精确的方法所取代,但其背后的思想和方法仍然具有重要的启示意义。教师可以引导学生综合运用所学的几何知识,通过探究"割圆术"的原理和应用来培养他们的创新意识和解决问题的能力。"割圆术"对初中学生而言学习难度较大,教师可以组织学生进行小组合作探究,让他们在共同学习和交流的过程中相互启发、相互促进。

3. 在历史对比中,培养学生文化自信

通过对比不同历史时期、不同文化背景下圆周率的计算方法和发展历程,教师可以让学生感受到中华文明的博大精深和数学文化的独特魅力。这份文化自信可以增强学生的民族自豪感和归属感,并激励他们为传承和弘扬中华优秀传统文化而努力。在历史对比的过程中,教师还可以引导学生思考不同文化背景下的数学思想和方法的异同点,让学生可以更加深入地理解数学文化的多样性和包容性,并培养他们的跨文化交流和合作能力。

具体教学建议如下:

**圆周率主题探究教学建议**

| |
|---|
| 一、提供给学生的材料 |
| 1. 课堂内外(小学智慧数学).π 的故事<br>2. 汪晓勤,赵红琴.阿基米德与圆周率<br>3. 陈季林.关于圆周率 π——从阿基米德到刘徽、祖冲之<br>4. 王洪鹏.目尽毫厘 心穷筹策——圆周率之父祖冲之 |
| 二、教师的切入方式 |
| 1. 介绍圆周率发展史<br>2. 师生一起探究阿基米德和刘徽的"割圆术"<br>3. 了解祖冲之及其计算圆周率的艰辛历程 |
| 三、学生的探究主题 |
| 探究阿基米德和刘徽的"割圆术"的不同之处,深入了解数学家祖冲之及其故事,感受数学家们的求真精神 |
| 四、学生的探究性作业 |
| 1. 制定一个 π 日的活动方案<br>2. 数学写作:跨越时空与祖冲之对话<br>3. 微视频:详解"割圆术" |

**参 考 文 献**

[1] 白尚恕.平分术剖析[J].北京师范大学学报(自然科学版),1990(1):91-95.

[2] 边孟颖,郑茹,傅海伦.中国数学史中的正负数及其运算法则[J].中学数学

杂志,2014(2):62-63.

[3] 蔡璐,韩祥临.APOS理论视角下数学史融入数学概念教学的探析——以"平方差公式"为例[J].数学教学通讯,2022(32):3-5+9.

[4] 陈碧文."杨辉三角中的一些秘密"教学设计[J].中国数学教育,2015(8):48-52.

[5] 陈洪鹏.勾股定理研究[D].大连:辽宁师范大学,2011.

[6] 陈开先.中国筹算和《九章算术》中的程序思维[J].自然辩证法研究,2006,22(9):81-85+99.

[7] 陈世亨.几何学中的珍宝——勾股定理[J].初中生世界,2015(46):16-17.

[8] 陈毅敏,羽狐.从七巧板开始的拼图游戏[J].课堂内外(小学智慧数学),2021(12):4-11.

[9] 陈勇.例析中国古代数学名著中的一元一次方程问题[J].语数外学习(初中版),2020(12):21-22.

[10] 楚楚.数学中的剪纸艺术——剪拼图形试题赏析[J].读写算(中考版),2007(Z2):53-55.

[11] 崔萌.数学家杨辉[J].数学爱好者(高二新课标人教版),2008(1):51.

[12] 崔伟启,黄丹妮.数学游戏与数学教学——以七巧板为例[J].数学教学通讯,2015(1):14-15.

[13] 狄迈,余庆纯,汪晓勤.基于数学史的圆周率探究活动的设计与实施[J].中小学课堂教学研究,2021(8):6-10.

[14] 段耀勇,苏国强,海红,等."增乘开方法"与"立成释锁"的关系研究[J].内蒙古师范大学学报(自然科学汉文版),2004(2):213-217.

[15] 范文礼.π值的计算历史发展时期[J].学周刊,2013(22):206-207.

[16] 方少杰.数学传统文化传承的五个关注点——以《认识七巧板》一课为例[J].新课程导学,2021(22):17-18.

[17] 冯艳青."出入相补原理"的思想方法启示[J].常州师专学报(综合版),2001,19(4):69-71.

[18] 付倩.中国传统"数"文化在园林建筑设计中的表达[D].北京:北京林业大学,2011.

[19] 傅海伦,石玉华,陈焕法.从"贾宪三角"谈起[J].高等数学研究,2003(2):53-56+63.

[20] 傅海伦,张筱玮,姜玉武."方程"解之构造及其算法程序的机械化[J].山东师范大学学报(自然科学版),2002(2):5-8.

[21] 郭书春.《九章算术》正负术"无人"辨[J].自然科学史研究,2010,29(4):506-510.

[22] 郭书春.刘徽在数学上的伟大贡献——纪念刘徽注《九章算术》1720周年[J].数学的实践与认识,1983(3):5.

[23] 韩蕾."杨辉三角"的探究性教学设计与实践[J].中国数学教育,2014(24):37-39+44.

[24] 侯明辉,刘顿.勾股定理的几种常见证法[J].语数外学习(初中版八年级),2009(4):32-33.

[25] 胡晓娟,汪晓勤.古代数学文献中的勾股问题[J].数学教学,2012(12):21-24+38.

[26] 黄伯思,戈汕,等.重刊 燕几图 蝶几谱 附 匡几图[M].上海:上海科学技术出版社,1984.

[27] 黄俊峰,袁方程.自主探究教学的一个案例——自主探究"杨辉三角"与二项式系数[J].中小学数学(高中版),2011(Z1):13-15.

[28] 纪志刚.从记数法到复数域:数系理论的历史发展[J].上海交通大学学报(哲学社会科学版),2003(6):42-47.

[29] 孔国平.出入相补原理在《益古演段》中的应用[J].中等数学,1985(6):39-42.

[30] 雷红艳,喻悦.巧处理"阅读与思考"环节 真落实文化育人功能——以"勾股定理"教学为例[J].中学数学,2022(22):73-75.

[31] 李帆.HPM视角下数系的发展与教学实践研究[D].新乡:河南科技学

院,2021.

　　[32] 李玲,顾海萍."平方差公式":以多种方式融入数学史[J].教育研究与评论(中学教育教学),2014(11):43-47.

　　[33] 李赛.HPM 视角下一元一次方程的教学研究[D].合肥:合肥师范学院,2021.

　　[34] 李霞."数学文化"背景下中考数学应用试题的评价与思考——以 2017—2020 年福建省中考数学试卷为例[J].福建基础教育研究,2020(10):67-71.

　　[35] 李莹,韩嘉业,沈中宇.HPM 视角下的贾宪三角探究[J].中小学课堂教学研究,2019(11):14-19.

　　[36] 李祯俊.在数学教学中关注感性与理性的共同发展——"刘徽与圆周率"拓展课教学设计[J].上海中学数学,2013(6):7-8.

　　[37] 梁玲智.挖掘习题内涵渗透数学文化——"杨辉三角"的教学实践[J].数学教学通讯,2021(22):43-44.

　　[38] 林清龙.文化渗透,水到渠成——以杨辉三角为背景的数学文化教学浅探[J].数学学习与研究,2019(3):144-145.

　　[39] 凌嘉宇.数系扩张的学习进阶研究——以初中有理数概念为例[D].上海:上海师范大学,2023.

　　[40] 刘迪.圆周率 π 的发展简史[J].数学爱好者,2006(1):50-51.

　　[41] 刘芳芳.出入相补原理的历史及教学应用[D].太原:山西师范大学,2014.

　　[42] 刘海燕.HPM 视角下一元二次方程解法教学研究[D].贵阳:贵州师范大学,2020.

　　[43] 刘铭,张红.HPM 视角下的一元二次方程求根公式教学设计[J].中学数学,2015(21):13-15.

　　[44] 刘天亮,张利民.杨辉三角形的若干性质[J].数学的实践与认识,2007,37(1):116-120.

　　[45] 刘婷玉.数学史拓展课程的开发与实践研究——以初中数系扩充为例[D].上海:上海师范大学,2022.

[46] 陆雅静.2009.出入相补原理在数学教学中运用的案例研究——以平方根教学为例[C]//第三届数学史与数学教育国际研讨会论文集.北京:第三届数学史与数学教育国际研讨会:24-28.

[47] 倪艳.神奇的七巧板[J].数学小灵通(1—2年级版),2021(3):40-41.

[48] 潘冰如,倪蕾.福建土楼建筑的文化内涵与保护开发研究[J].美与时代(城市版),2017(12):28-29.

[49] 彭刚.出入相补原理及其应用[J].四川教育学院学报,2009,25(4):108-109+112.

[50] 曲晓芹.人类智慧之光——勾股定理[J].中小学数学(初中版),2008(Z2):92-95.

[51] 孙宏安.祖冲之与圆周率计算[J].数学通报,1996(8):2.

[52] 孙小礼.祖率:古代数学的一座丰碑——纪念祖冲之逝世1500年[J].北京大学学报(哲学社会科学版),2000,37(6):137-141.

[53] 覃淋."勾股定理"的历史[J].中学生数学,2019(8):25-29.

[54] 覃淋.东方数学史中的正负数[J].中学生数学,2018(12):17-19.

[55] 唐肖准.趣谈中国古代数学中的方程问题[J].数学教学通讯,2016(9):61-64.

[56] 陶醉.HPM视角下无理数教学的案例研究[D].南昌:江西科技师范大学,2020.

[57] 汪晓明.南宋数学家杨辉的数学成就[J].语数外学习(高中版中旬),2020(9):65-66.

[58] 汪晓勤,赵红琴.阿基米德与圆周率[J].数学教学,2004(1):40-41+39.

[59] 汪晓勤.HPM:数学史与数学教育[M].北京:科学出版社,2017.

[60] 汪晓勤.中华优秀传统数学文化融入初中数学教学的若干路径[J].教育研究与评论(中学教育教学),2022(6):34-39.

[61] 汪晓勤.祖冲之圆周率在西方的历史境遇——纪念祖冲之逝世1500周年[J].自然杂志,2000,22(5):300-304.

［62］王培，王彭德.民间剪纸艺术中的数学文化［J］.大理大学学报，2016，1(6)：13－18.

［63］王雅琪，瞿鑫婷.HPM视角下圆的面积公式教学［J］.中小学课堂教学研究，2019(6)：9－14.

［64］王振东.祖冲之与圆周率日——建议设立祖冲之纪念日［J］.自然杂志，2010,32(2)：116－117.

［65］韦倩.山水画中的黄金分割比［J］.美与时代(中)，2017(4)：19－20.

［66］魏晓妮.历史上对圆周率的探索［D］.太原：山西师范大学，2013.

［67］吴文俊.中国数学史大系(第2卷)［M］.北京：北京师范大学出版社，1998.

［68］吴文俊.中国数学史大系(第3卷)［M］.北京：北京师范大学出版社，1998.

［69］吴现荣，姚绍柳等.文化视角下平方差公式的教学［J］.数学通报，2018,57(3)：36－40.

［70］吴效显，赵赞.杨辉三角形的推广［J］.山东师范大学学报(自然科学版)，1994(2)：122－123.

［71］吴撷芳.我国古代求最大公约数的方法——出自《九章算术》［J］.中学生数学，2010(4)：22－23.

［72］徐传胜，井玉娥.分数符号的历史演进［J］.中学生数理化(八年级数学)(配合人教社教材)，2015(11)：28－30.

［73］徐丁点.π的故事［J］.知识就是力量，2020(9)：26－27.

［74］徐亚飞.动手"做"数学——以"轴对称与轴对称图形"的教学设计为例［J］.数学教学通讯，2022(23)：32－33.

［75］薛立国.杨辉三角在初中数学教学中的应用和扩展［J］.知音励志，2016(6)：115－116.

［76］杨秀琴.勾股定理的经典证法［J］.初中生世界，2014(46)：42－43.

［77］姚芳，王熙熙，张博.《九章算术》中正负术算理之研究［J］.数学的实践与认识，2021,51(15)：276－284.

［78］于骏."数学史融入"的数学教学探析——以七巧板拼图教学为例［J］.现

代基础教育研究,2020,37(1):188-195.

[79]岳增成,陈梓欣,林永伟.中华优秀传统数学文化进课堂:价值,标准与路径——以"出入相补原理"为例[J].小学教学(数学版),2022(4):4-7.

[80]张丽琴.刻苦勤奋成绩斐然的大家——祖冲之[J].小学生必读(高年级版),2022(4):38-39.

[81]张维忠,邵诺愉.中国传统思维中的整体性思想:出入相补[J].中学数学月刊,2023(10):1-5.

[82]周红艳.关于勾股定理与毕达哥拉斯定理发现的比较研究[D].武汉:华中科技大学,2009.

[83]邹大海.从先秦文献和《算数书》看出入相补原理的早期应用[J].中国文化研究,2004(4):52-60.

# 第三章 | 守正与创新，中华优秀传统数学文化与核心素养培育

*夫算者，天地之经纬，群生之元首。*

——孙子

《义务教育数学课程标准（2022 年版）》要求聚焦中国学生核心素养，关注数学文化，将中华优秀传统文化有机融入课程，增强课程思想性。

具体来看，新课标在前言部分，要求发挥课程教材培根铸魂、启智增慧的作用，体现中国和中华民族风格，体现党和国家对教育的基本要求，体现国家和民族基本价值观；在指导思想部分，要求聚焦中国学生发展核心素养，培养学生适应未来发展的正确价值观、必备品格和关键能力，引导学生明确人生发展方向，落实立德树人的根本任务；在修订原则部分，要求将社会主义先进文化、革命文化、中华优秀传统文化、国家安全、生命安全与健康等重大主题教育有机融入课程，增强课程思想性；在课程理念上，要求继承和弘扬中华优秀传统文化；在综合与实践中，要求结合中华优秀传统文化，提高学生学习数学的兴趣，形成应用意识和创新意识。

中华优秀传统数学文化光辉灿烂、意蕴丰富，它的传承与发展，需要我们精选资源、深度挖掘、巧妙融合，注重文化背景与数学知识的关联。本章着重探讨中华优秀传统数学文化蕴含的核心素养，以及融入中华优秀传统数学文化发展学生核心素养的路径和策略，以期提高学生对中华优秀传统数学文化的亲切感、认同感和理解力，进而培育学生的关键能力和必备品质。

## 第一节 核心素养的内涵

2014 年教育部研制印发《关于全面深化课程改革落实立德树人根本任务的意见》。为了把立德树人的要求落到实处，教育部组织专家形成课题组，于 2016 年提出中国学生发展核心素养。核心素养是党的教育方针的具体化，是连接宏观教育

理念、培养目标与具体教育教学实践的中间环节。学生发展核心素养,主要指学生应具备的、能够适应终身发展和社会发展需要的必备品格和关键能力。

　　数学课程要培养学生的核心素养,初中阶段核心素养主要表现为:抽象能力、运算能力、几何直观、空间观念、推理能力、数据观念、模型观念、应用意识、创新意识。具体内涵如下表:

表3-1　初中阶段数学核心素养

| 表现 | 内涵 |
|---|---|
| 抽象能力 | 抽象能力主要是指通过对现实世界中数量关系与空间形式的抽象,得到数学的研究对象,形成数学概念、性质、法则和方法的能力。能够从实际情境或跨学科的问题中抽象出核心变量、变量的规律及变量之间的关系,并能够用数学符号予以表达;能够从具体的问题解决中概括出一般结论,形成数学的方法与策略。感悟数学抽象对于数学产生与发展的作用,感悟用数学的眼光观察现实世界的意义,形成数学想象力,提高学习数学的兴趣。 |
| 运算能力 | 运算能力主要是指根据法则和运算律进行正确运算的能力。能够明晰运算的对象和意义,理解算法与算理之间的关系;能够理解运算的问题,选择合理简洁的运算策略解决问题;能够通过运算促进数学推理能力的发展。运算能力有助于形成规范化思考问题的品质,养成一丝不苟、严谨求实的科学态度。 |
| 几何直观 | 几何直观主要是指运用图表描述和分析问题的意识与习惯。能够感知各种几何图形及其组成元素,依据图形的特征进行分类;根据语言描述画出相应的图形,分析图形的性质;建立形与数的联系,构建数学问题的直观模型;利用图表分析实际情境与数学问题,探索解决问题的思路。几何直观有助于把握问题的本质,明晰思维的路径。 |
| 空间观念 | 空间观念主要是指对空间物体或图形的形状、大小及位置关系的认识。能够根据物体特征抽象出几何图形,根据几何图形想象出所描述的实际物体,想象并表达物体的空间方位和相互之间的位置关系;感知并描述图形的运动和变化规律。空间观念有助于理解现实生活中空间物体的形态与结构,是形成空间想象力的经验基础。 |
| 推理能力 | 推理能力主要是指从一些事实和命题出发,依据规则推出其他命题或结论的能力。理解逻辑推理在形成数学概念、法则、定理和解决问题中的重要性,初步掌握推理的基本形式和规则;对于一些简单问题,能通过特殊结果推断一般结论,理解命题的结构与联系,探索并表述论证过程;感悟数学的严谨性,初步形成逻辑表达与交流的习惯。推理能力有助于逐步养成重论据、合乎逻辑的思维习惯,形成实事求是的科学态度与理性精神。 |

（续表）

| 表现 | 内涵 |
|------|------|
| 数据观念 | 数据观念主要是指对数据的意义和随机性有比较清晰的认识。知道数据蕴含着信息,需要根据问题的背景和所要研究的问题确定数据收集、整理和分析的方法;知道可以用定量的方法描述随机现象的变化趋势及随机事件发生的可能性大小。形成数据观念有助于理解和表达生活中随机现象发生的规律,感知大数据时代数据分析的重要性,养成重证据、讲道理的科学态度。 |
| 模型观念 | 模型观念主要是指对运用数学模型解决实际问题有清晰的认识。知道数学建模是数学与现实联系的基本途径;初步感知数学建模的基本过程,从现实生活或具体情境中抽象出数学问题,用数学符号建立方程、不等式、函数等表示数学问题中的数量关系和变化规律,求出结果并讨论结果的意义。模型观念有助于开展跨学科主题学习,感悟数学应用的普遍性。 |
| 应用意识 | 应用意识主要是指有意识地利用数学的概念、原理和方法解释现实世界中的现象与规律,解决现实世界中的问题能够感悟现实生活中蕴含着大量的与数量和图形有关的问题,可以用数学的方法予以解决;初步了解数学作为一种通用的科学语言在其他学科中的应用,通过跨学科主题学习建立不同学科之间的联系。应用意识有助于用学过的知识和方法解决简单的实际问题,养成理论联系实际的习惯,发展实践能力。 |
| 创新意识 | 创新意识主要是指主动尝试从日常生活、自然现象或科学情境中发现和提出有意义的数学问题。初步学会通过具体的实例,运用归纳和类比发现数学关系与规律,提出数学命题与猜想,并加以验证;勇于探索一些开放性的、非常规的实际问题与数学问题。创新意识有助于形成独立思考、敢于质疑的科学态度与理性精神。 |

　　核心素养的提出是为了适应当今社会发展对人才的新要求,一方面是为了落实国家关于立德树人根本任务,另一方面也是为了培养学生具备终身发展和适应社会需要的能力和素养。

　　数学作为中学学习中重要的基础性学科,以往的教育教学中,教师更多注重大量的讲授和学生大量的习题训练。但从长期来看,这并不符合时代发展的需要,也不利于学生的长远发展。在初中课堂中融入中华优秀传统数学文化,让学生在学与用的过程中感知到中国古代数学的魅力,有利于培育学生的核心素养,也有助于学科本身的长期发展。

# 第二节　中华优秀传统数学文化蕴含的核心素养

中国学生发展核心素养的提出坚持科学性,注重时代性,强化民族性。其中,民族性着重强调中华优秀传统文化的传承与发展,把核心素养研究植根于中华民族的文化历史土壤,系统落实社会主义核心价值观的基本要求,突出强调社会责任和国家认同,充分体现民族特点,确保立足中国国情,具有中国特色,中华优秀传统数学文化融入初中数学课堂对于学生核心素养培养具有深远的意义。

中华优秀传统数学文化中蕴含了丰富的学生发展核心素养,在初中阶段体现得尤为明显(图3-1)。

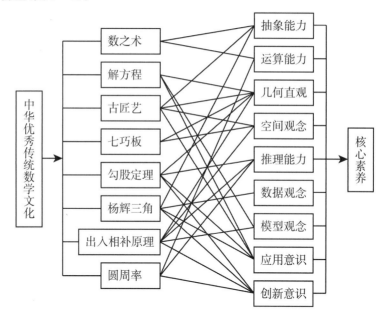

**图3-1　中华优秀传统数学文化中的核心素养**

## 一、数之术中蕴含的核心素养

中国古代负数的使用、《九章算术》中正负数的加减运算法则、分数的四则运算都有利于培养学生的数学抽象,也对学生的数学运算能力和思维方式产生积极影响。具体表现如下:

负数的概念是中国古代数学的一大成就,被广泛应用于天文、地理和商业等领域,它体现了中国古人对数学中相反量的思考,可以帮助学生理解在实际问题中出现的相反性概念。通过学习中国古人在负数的应用中所揭示的思维模式和解决问题的方法,学生可以培养数学抽象的能力,将负数的概念应用于更广泛的数学领域。

《九章算术》中,正负数的运算法则已经有了较为完整的记载,是对相反数概念的进一步深化和应用,中国古代数学家归纳的"正负术"完全符合教材中有理数的运算法则,且表述简洁。学生在学习"正负术"时,要学会将实际问题抽象化,运用符号和运算法则来解决问题。

分数是数学学习中的重要内容之一,也是实际生活中常见的数学概念。在《九章算术》中,对分数的四则运算已经有详细的记录和运算方法。学习和应用《九章算术》中的分数四则运算法则,可以培养学生的数学运算能力,其中包括对数学计算基本规则的准确掌握,计算过程的步骤性思维、运算规则和方法的灵活运用等。通过典型问题的解答,学生可以更好地理解和应用分数知识,提升数学运算的准确性和效率(图 3-2)。

Part 3. 《九章算术》里的减法运算

原文:"又有四分之三,减其三分之一,问,余几何? 答曰:十二分之五。减分数曰:母互乘子,以少减多,余为实。母相乘为法。"

翻译:3/4-1/3=? 答案是 5/12。

分数减法的运算法则是:两个分数分子、分母交叉相乘的积,从多的里面减去少的,把余数作为差的分子,两个分数分母相乘的积作为差的分母。

实际上按照这样的说法来计算,与我们今天的分数减法运算法则基本相同。

作者的话:综上来看,分数的减法历史也应该是十分悠久了。

完稿时间:2023 年 3 月 18 日
撰稿人:龚可欣

**图 3-2 学生《九章算术》减分术探究作业(部分)**

## 二、解方程蕴含的核心素养

将中国古代的盈不足术、直除法解方程组和出入相补原理构造矩形解一元二次方程等方法融入初中数学教学,有利于培养学生的几何直观、模型观念、应用意识。

　　《九章算术》中的"盈不足"卷记载了许多盈亏问题。这类问题现在一般是采用一元一次方程或二元一次方程组来解决。而中国古代数学家在实践中找到了解决这类问题的通法——盈不足术。在学习一元一次方程时,学生通过学习和应用盈不足术解方程,感知数学建模的基本过程,对运用数学模型解决实际问题有清晰的认识(图3-3)。

神奇的盈不足术

学校：_____　班级：_____　姓名：_____

一、《九章算术》中盈不足术

　　例1、今有共买物,人出八,盈三;人出七,不足四。问人数、物价各几何?

用我们现在的话就是说:"有一些人共同买一个物品,每人出8元,还盈余3元,每人出7元,则还差4元。请问共有多少人?这个物品的价格是多少?"

| 每人每次出的钱数 | | |
|---|---|---|
| 盈、不足 | | |
| 交叉相乘得"实" | | |
| 盈、不足相加得"法" | | |
| "实"除以"法"得每个人应出的钱数 | | |
| 出的钱数之差得"余" | | |
| "实"除以"余"得物价 | | |
| "法"除以"余"得人数 | | |

二、盈不足术的合理性

　　例2、有一些人共同买一个物品,每人出 $a_1$ 元,还盈余 $b_1$ 元,每人出 $a_2$ 元,则还差 $b_2$ 元。请问共有多少人?这个物品的价格是多少?

三、盈不足术的应用

　　问题1:有一所寄宿制学校,开学安排宿舍时,如果每间宿舍安排住4人,将会空出5间宿舍;如果每间宿舍安排3人,就有100人没有床位,那么在学校住宿的学生有多少人?

例3、盈不足术解方程 $\frac{x}{16} = \frac{4x+5}{8} + 2$。　例4、盈不足术解方程组 $\begin{cases} 2x+4y=9, \\ 3x-5y=8. \end{cases}$

四、课后作业(尝试运用盈不足术解决)

练习1、解方程 $\frac{9}{16}x = \frac{3}{4}x + 4$。　练习2、解方程组 $\begin{cases} 5x-3y=12, \\ 3x+4y=-8. \end{cases}$

练习3、中国古代人民很早就在生产生活中发现了许多有趣的数学问题,其中《孙子算经》中有个问题,原文:今有三人共车,二车空;二人共车,九人步,问人与车各几何?译文为:今有若干人乘车,每3人共乘一车,最终剩余2辆车;若每2人共乘一车,最终剩余9个人无车可乘,问共有多少人,多少辆车?

练习4、自主探究(2选1小组合作完成)

（1）以盈不足术为主题制作一份电子小报,题目自拟。

（2）以"神奇的盈不足术"为题,进行数学写作(300字以上)。

图3-3　盈不足术探究学案

　　此外,中国古代数学名著中蕴含了丰富的方程素材,如"鸡兔同笼"问题、"妇人荡杯"问题和"引葭赴岸"问题等。这些问题是中国古人运用数学的思想和方法解决实践生产中遇到问题的实例,将这些问题转化为白话文后,供学生研习,可以增强学生的数学应用意识,让学生真正感悟到数学源于生活,而又应用于生活。

　　直除法是解方程组的一种有效方法,通过逐步消去未知变量,减少方程的个数,进而转化为更简单的方程或方程组。这个过程需要学生深刻理解消元的思想。引导学生体会借助矩阵解决实际问题的方法,有利于发展学生的模型观念。

　　借助出入相补原理构造矩形解一元二次方程,是一种数形结合的方法。学生通过建立形与数的联系,构建一元二次方程的直观模型;通过观察几何图形(如矩形)的特点，发现方程中的一些数值之间存在着相互补充的关系，从而引出求解方程的方法。在这个过程中，学生需要将矩形面积与方程中的未知数联系起来，从而培养几何直观和模型观念。

### 三、古匠艺蕴含的核心素养

中国的建筑园林、文化遗址、民间艺术等具有独特的美学风格和文化内涵，是中华优秀传统文化的重要组成部分，也是中学数学教育可以借鉴的宝贵资源。通过将这些文化元素融入教学，可以培养学生的抽象能力、几何直观、空间观念和应用意识。

让学生用数学的眼光观察中国的建筑园林、文化遗址、民间艺术等，将其抽象成数学图形，是培养初中生数学思维能力的一种很好的手段(图 3-4)。中国古代建筑园林、文化遗址中，常常运用对称的方法设计出美丽的图案。中国传统的民间艺术，诸如剪纸、刺绣等，都包含着丰富的几何形状，学生可以从中学习利用平移、旋转、翻折等变换操作进行图形设计，学习图案的构造方法，提高他们的抽象能力。

铜川学校-七（3）中队-郭艺

中国优秀传统数学文化---古典美之四合院

对称是指一种同形同量的形态，如果用直线把画面空间分为相等的两部分，它们之间不仅质量相同且距离相等。从力学的角度来看，对称的结构形式，在建筑物的重力感，力的传递与支撑的关系中表达出建筑结构的作用。对称性与空间艺术形式合理地融合，使建筑结构本身既富有美学表现力，又顺应力学规律，完成建筑适用、安全、经济和美观的目的。

这种关于中轴线的建筑空间意识，也体现在北京一般的四合院民居住宅中。

**图 3-4 学生对称美探究作业**

让学生用数学语言表达中国建筑园林、文化遗址、民间艺术中的元素形状、位置、方向、大小和运动等,通过观察和研究这些元素,学生可以深入了解它们在几何学中的表现形式,寻找它们在数学中的共同点和规律,培养自身的几何直观和空间观念。让学生运用所学的知识,设计自己的家庭园艺和民间艺术作品,提高学生的应用意识和能力。

借助中国建筑园林、文化遗址、民间艺术中的数学元素,可以帮助学生将数学知识应用到实际生活和学科中,理解数学的实际应用价值,同时可以提高学生的跨学科综合素养,培养他们的数学思维能力和文化自信,推动数学教育与中华民族优秀传统文化的融合。

### 四、七巧板蕴含的核心素养

教师把七巧板融入初中数学教学,带领学生制作七巧板,分析七巧板各组块的几何性质,探究七巧板和分数的关系,探索其中蕴含的无理数、相交线和平行线、等腰直角三角形、特殊的平行四边形的数学知识,有利于培养学生的几何直观和空间观念。

通过亲手制作七巧板,学生可以理解各个拼块的形状、大小和角度,这对于培养他们的空间观念非常有益。如图 3－5,学生可以亲身体验到几何形状的变化和组合,从而培养他们对于几何形状的感知和认知。七巧板拼图可以锻炼学生的手工技能,同时也让他们更直观地理解几何形状之间的关系。

图 3－5　学生拼七巧板

学生可以通过观察和分析七巧板中边、角、面积的比例关系,理解和应用几何知识。通过解决七巧板相关问题,学生可以深入理解几何形状之间的联系,培养他们的几何直观。

学生可以通过七巧板探索分数的概念和运算。例如,将七巧板的单位区域与分数进行对应,让学生发现区域的分数关系,从而更好地理解和应用分数的概念。

同时，在七巧板的制作和组合过程中，学生也可以发现无理数的存在和特性。

七巧板中的各种几何形状，如三角形、四边形等，为学生提供了研究几何知识的实例。通过探究七巧板的组合和性质，学生能够更深入地理解并应用相交线和平行线、等腰直角三角形、特殊的平行四边形等几何知识。

将七巧板融入初中数学教学，学生能够更直观地理解和应用几何概念，提升他们的几何直观和空间观念，培养他们的几何思维和创造力。

### 五、勾股定理蕴含的核心素养

勾股定理是初中数学最重要的定理之一，是证明方法最多的数学定理之一。毕达哥拉斯、欧几里得、赵爽和刘徽等数学家都为它的证明提供了精彩的证法。中国古代数学家借助对图形的切割、拼接，产出了许多经典的勾股定理证明方法。将这些内容融入初中数学教学，有利于培养学生的几何直观、推理能力、应用意识和创新意识。

据猜测，毕达哥拉斯是通过构造一个正方形的两种不同拼法，根据两种拼法面积相等，从而证明勾股定理。这种通过图形建立数形联系的方法，可以锻炼学生的几何直观，以及推理和分析问题的能力。

欧几里得以直角三角形三边为基础，向外作正方形，借助辅助线证明全等三角形，进而证明勾股定理。这种方法逻辑严密，论证的过程严谨，对于学生掌握推理的基本形式和规则、提高推理能力非常有益。

中国古代数学家通过对图形的切割和拼接，提供了一些独特的证明方法。不论是"赵爽弦图"还是"青朱出入图"，这些方法通过图形的变换和重组，激发学生的几何直观和创新意识，培养他们将问题转化为可视化模型并运用几何性质进行推理和证明的能力。学生也可从中感受到中国古代数学家的智慧（图3-6）。

**图3-6 学生勾股定理课后数学写作**

勾股定理的运用问题通常涉及实际生活中的几何关系,特别是测量问题。《九章算术》"勾股"卷包含了大量的勾股定理运用问题,学生首先需要理解实际情境并将其转化为数学问题,再通过应用勾股定理解决这些问题。这样的过程培养了学生观察、分析和解决问题的能力,增强了他们的应用意识和实际运用能力。

### 六、杨辉三角蕴含的核心素养

杨辉三角包含了许多有趣的性质,让学生探究这些性质,有利于培养学生的抽象能力(图3-7);杨辉三角与概率问题有着密切的联系,学生掌握这些关系利于数据观念的培养;借助杨辉三角探究二项式的展开,进行开方运算和解决最短路径等实际问题,均有利于培养学生的应用意识和创新意识。

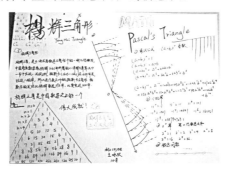

**图3-7 学生杨辉三角形手抄报**

杨辉三角是一个递归结构,每个数字由其肩上的两个数字相加而来。教师引导学生发现并拓展杨辉三角的规律,然后将其应用于解决问题。通过这个过程,学生不仅能够理解杨辉三角的构造方式,还可以培养他们的抽象思维能力。

将概率问题与杨辉三角结合起来探究,可以帮助学生理解数据的概念和统计规律。通过观察杨辉三角中各个数字的特点和出现的频率,学生能够获得数据的统计特征,并将其应用于解决概率问题。这样的学习过程培养了学生的数据观念和数据分析能力。

杨辉三角可以应用于诸多领域。例如,借助杨辉三角可以展开二项式、进行开方运算、解决最短路径问题等。将这些应用问题与杨辉三角结合起来,在课堂上进行探究和讨论,可以培养学生的应用意识和创新意识。学生通过应用杨辉三角解决实际问题,需要思考如何将问题转化为杨辉三角的规律,并利用其中的性质进行推理和解决,这样的学习过程培养了学生的问题解决能力和创新思维。

### 七、出入相补原理蕴含的核心素养

出入相补原理蕴含着一些重要的思想方法，如化归、数形结合、构造数学模型等。同时，学习出入相补原理可以促进学生几何直观、推理能力、模型观念和创新意识的学科核心素养发展。

出入相补原理是解决初中平面几何面积问题的重要方法，这种方法是中国古代乃至现代数学推导平面图形面积的传统方法。学生学习它可以促进几何直观发展。

数与形是数学中两个最古老，也是最基本的研究对象，它们在一定条件下可以相互转化。例如，刘徽利用出入相补原理证明了勾股定理，实现了"数—形—数"的转化，从而把问题中的数量关系转化为图形的大小位置关系，或把图形中的大小与位置关系转化为数量关系，使问题变得简单、具体、直观、容易解决。又如，把开方看作面积、体积问题的逆运算，直观地解释了这些代数问题背后的几何意义。这种数形转化的思想方法在出入相补原理的应用中有着广泛的体现。

出入相补原理常常需要学生将数学概念与几何图形相结合，通过图形直观地理解问题。学生在学习和应用出入相补原理时，需要将抽象的概念与具体的几何形状相联系，通过观察和分析几何图形来推理和解决问题。这种数形结合的思维方法培养了学生的几何直观和推理能力，让他们能够更好地理解和应用数学。

应用出入相补原理解决问题时，常常需要学生构造辅助矩形，将实际问题转化为数学问题（图 3-8）。通过学习和应用出入相补原理，学生需要学会将问题抽象为数学模型，并利用模型进行推理和解决问题。这种构造数学模型的思维方法培养了学生的模型意识，提升了他们的数学问题解决能力。

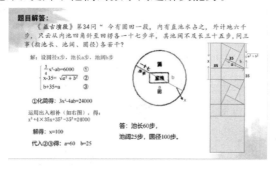

**图 3-8　学生讲解《益古演段》第 34 问**

　　学生在学习和应用这一原理时,会通过探究和实践,产生新的思维和解决问题的方式。这样的学习过程培养了学生的创新意识,鼓励他们勇于尝试新的思路和方法,并在解决问题的过程中充分展示他们的创造力。

　　学生运用出入相补原理解决问题的过程,也能够培养他们发现问题、分析问题和解决问题的能力,为他们未来的学习和生活奠定坚实的基础。

### 八、圆周率蕴含的核心素养

　　阿基米德用圆的内接和外切正多边形来计算圆周率,刘徽直接用内接多边形考察分割前后相邻计算值的偏差来计算圆周率。在具体计算过程中,阿基米德先用分数逼近 $\sqrt{3}$ ,再反复使用合比定理、角平分线定理、勾股定理以及三角形相似定理,而刘徽则仅用勾股定理。学习圆周率的计算历史,有利于培养学生的运算能力、推理能力和创新意识。

　　阿基米德和刘徽的计算方法都需要运用数学知识进行复杂的运算,涉及大量的分数和二次根式的运算,学生在学习和应用这些计算方法时需要具备一定的运算能力。这样的学习过程有助于提升学生的运算能力,使他们能够熟练地运用不同的数学方法来解决复杂的问题。

　　阿基米德和刘徽的计算方法都依赖于一系列的推理。阿基米德使用多种几何定理和关系,通过推理逐步逼近得到圆周率的近似值。刘徽则基于勾股定理,通过分析相邻计算值的差异来逼近圆周率。学生在学习和应用这些方法时,需要通过推理来理解和解决问题。这样的学习过程培养了学生的推理能力,让他们能够理解和运用不同的推理方法来解决复杂的数学问题。

　　阿基米德和刘徽的计算方法都展示了数学家们独特的思考和创新思维。阿基米德通过不断迭代,使用多种几何定理和关系,创造性地逼近圆周率。刘徽则发现了用"差幂"计算圆周率的简捷方法。通过学习他们的计算方法,学生能够领悟到数学思维的发展过程,发展创新意识。

　　学生通过对圆周率的进一步认识,在计算过程中提高了运算能力,在计算方法上提高了推理能力。通过对比不同的计算方法,学生体会到数学家们勇于创新的精神,也感受到中国古代数学家的智慧(图3-9)。

图 3-9　学生制作微视频《祖冲之与圆周率的故事》

# 第三节　融入中华优秀传统数学文化发展学生核心素养的路径

中华优秀传统数学文化进初中课堂，要以学生为中心，以历史时间为轴，以问题和应用为线索，通过翻阅历史、渗透文化、体会价值等多个环节，使学生深入了解中华优秀传统数学文化，还要从数学课堂延伸到课外，引导学生在主动探究的过程中发展数学核心素养，如图 3-10 所示。

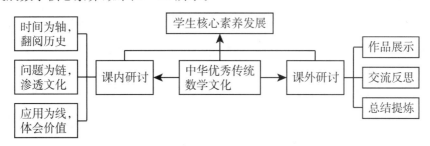

图 3-10　融入中华优秀传统数学文化发展学生核心素养的路径

## 一、课内探索

在课内探索中，教师可以时间为轴，翻阅历史，让学生了解中华优秀传统数学文化的源流和发展历程。教师可以设计相关的教学活动，让学生通过研究文献、讨论和演示等方式了解古代数学家的贡献和思想，以及他们在数学领域的重要成就。通过这样的学习过程，学生可以感受到中华数学文化的深厚底蕴，培养对数学文化的兴趣。

例如，在解方程的教学中，教师可以时间为轴，介绍四大文明运用方程解决实际问题的历史,其中在关于中国古代解方程的历史中,让学生了解到中国数学在方程方面的研究已经遥遥领先于世界其他国家。同时,解释"方程"一词的来历,以及与现在的"方程"在意义上的区别,介绍未知数为什么叫作元。让学生知其然,并知其所以然,在多元文化中体会方程的思想。

在课内探索中,问题可以成为连接和渗透文化的纽带。教师可以通过提出具有挑战性的问题,引导学生思考和探索中华优秀传统数学文化的内涵和应用。学生可以通过讨论和独立研究来发现问题的答案,同时拓展他们的数学思维,提升解决问题的能力。这种探索过程能够引起学生的思辨和创新意识,让他们更深入地理解中华优秀传统数学文化所蕴含的智慧和思想。

例如,在出入相补原理的教学中,教师从圆的面积公式出发,引导学生理解出入相补原理,再借助乘法公式、开平方、解一元二次方程、证明勾股定理和测量问题等一系列问题,让学生体会到出入相补原理的博大精深。在解决测量问题时,构造辅助矩形是关键,学生掌握这个方法后,会发现许多问题都可以运用这种方法进行解决。这种不同于教材中运用三角形相似的方法,拓展了学生的思维,培养了学生的创新意识。

在课内探索中,将应用作为线索,让学生体会中华优秀传统数学文化的价值和意义。教师可以引导学生将传统数学文化与实际生活联系起来,了解其中的实际应用。通过实际问题的探索和数学方法的应用,学生可以体会到中华优秀传统数学文化在解决实际问题中的重要性。

例如,在杨辉三角的教学中,学生通过观察可以发现杨辉三角的性质,但是通过进一步学习,学生会发现杨辉三角可以应用于乘法公式、开方和概率问题等。学生通过应用杨辉三角解决实际问题,发现就连小时候玩的弹珠游戏也蕴含了杨辉三角。通过这样的学习过程,学生体会到杨辉三角的普适性和实用性,也培养了学生的应用意识。

**二、课外探究**

在课外探究中,学生通过小组合作进行作品展示、交流反思和总结提炼。教师可以组织学生进行团队合作,探究课堂中学习的数学文化,通过电子小报、演示活动或数学写作等形式,展示他们的学习成果。学生可以分享自己的见解,聆听他人的体验,激发思考和创意,在交流反思中进一步理解中华优秀传统数学文化。

例如,在对古匠艺的探索中,教师可在课堂上通过讲解,介绍平移、旋转、轴对称、比和比例等数学概念及其在中国古典建筑园林、文化遗址和民间艺术中的应用,并组织学生互动讨论。课后,可以充分发挥学生的想象力,找到身边图形中的平移、旋转和轴对称。学生通过小组合作,以照片、小报或数学写作等多种形式,呈现生活中的对称美,认识到数学源于生活而又应用于生活,体会到数学的学科价值。

通过在初中数学教学中引入中华优秀传统数学文化,并将教学延伸到课外的探究性学习和综合实践活动中,教师能够引导学生全面发展核心素养。这种教学方式不仅拓宽了学生对数学的认识,还增强了他们的合作和交流能力,培养了他们的创新意识和解决问题的能力。学生通过课内外的探索过程,不仅加深了对教材中知识的理解,发展了核心素养,同时体会到中华优秀传统数学文化的博大精深,培育了文化自信。

# 第四节　融入中华优秀传统数学文化发展学生核心素养的策略

在初中数学教学中融入中华优秀传统数学文化,发展学生核心素养,必须创新教学方法,根据学情灵活运用多种策略,才能真正做到传统文化与现代教学的有效结合。

## 一、利用丰富的中算史料,培养学生的问题意识

中国的数学史源远流长,其中蕴藏了丰富的数学故事和思想。教师可以通过引入一些经典的数学历史问题,来引导学生主动发现问题、提出问题,并尝试解决问题。这种以史为鉴的教学方法,不仅有助于提高学生的数学素养,还能培养他们的独立思考能力和问题解决能力。

例如,一元一次方程的应用问题。我们可以把《算学启蒙》中的"良马驽马"问题、《算法统宗》中的"群羊逐草"问题和《九章算术》中的"众人买琏"问题等引入课堂。教师可以把这些问题情景化,让学生尝试运用所学知识解决。这些古典问题反映了古人的生活,也体现了中国古人运用数学知识解决实际问题的智慧。

又如,勾股定理的教学,"赵爽弦图"和"青朱出入图"中都蕴含了勾股定理的证明和数形结合的思想,把这些材料提供给学生,有利于培养学生的几何直观,进而

发展学生的核心素养。

## 二、融合项目化学习理念,提高学生的应用能力

项目化学习是一种以学生为中心的教学方式,它要求学生通过实际操作、合作探究来解决真实的问题。在中华优秀传统数学文化融入初中课堂教学中,教师可以安排一些结合实际问题的项目任务。学生在完成任务的过程中,需要完成收集数据、分析问题、制订方案、实施方案等步骤,这样不仅能让他们更深入地理解和掌握数学知识,还能锻炼他们的数学思维和应用能力。

例如,在对古匠艺的探索中,教师可以安排学生以小组为单位,寻找身边的对称美;以照片、小报和艺术作品等形式汇报交流,让学生挖掘建筑园林、文化遗址或民间艺术背后的数学知识,进而体会数学的应用价值。

又如,在七巧板的教学中,教师一方面可以把七巧板和我们学习的数学知识联系起来;另一方面,由于七巧板源于中国古代的家具摆放,我们可以安排学生对家里的布局进行重新设计,运用学习的七巧板知识,得到不一样的家庭装修效果。

## 三、开展主题性探究活动,锻炼学生的数学思维

在确定了探究主题后,需要设计一系列富有挑战性的探究任务。这些任务应该能够引导学生深入思考,运用所学的数学知识解决实际问题。例如,在探究出入相补原理时,可以设计不同难度层次的任务,从简单的面积求解到构造矩形求解测量问题,让学生在解决问题的过程中不断提升自己的数学思维能力。

在主题性探究活动中,应充分发挥学生的主体作用,鼓励他们进行自主学习和合作学习。教师可以提供必要的指导和支持,但不应过多干预学生的探究过程。通过小组合作、讨论交流等方式,学生可以相互学习、相互启发,共同解决问题。这种学习方式不仅能够提高学生的数学素养,还能够培养他们的团队合作精神和沟通能力。

在探究活动中,应注重将中华优秀传统数学文化与现代数学相结合。例如,在探究盈不足术时,可以引导学生了解这些成就对现代数学发展的影响;在解决数学问题时,可以拓展学生思维,引导学生对比古今不同解法,让学生体会中国传统数学以算法为中心的特点,辩证认识中国传统数学的历史地位及现代价值。

以上三种策略并非孤立的,而是应该相互融合、相互促进。例如,在进行项目

化学习时，教师可以适时地引入数学史上的相关问题；在开展主题性探究活动的过程中，教师也可以融合项目化学习理念，引导学生去思考一些更深层次的问题。

总的来说，提倡采用任务驱动的教学方法，根据学情灵活运用多种策略，才能真正实现在初中数学教学中融入中华优秀传统数学文化和发展学生核心素养的目标。

# 第五节　结　　语

中华优秀传统数学文化作为源远流长的宝贵财富，不仅是我国古代科学繁荣的重要组成部分，也是培养学生核心素养的一把"金钥匙"。在初中数学教学中融入中华优秀传统数学文化，不仅让老树开出新花，更为学生的成长发展带来了新的活力和动力。

通过研学中算史料和经典数学问题，学生可以深入了解数学发展的历史脉络，激发对数学问题的思考和探索。这种思辨能力的培养，让学生在解决实际问题时更加敏锐和灵活，为培养学生的核心素养奠定了基础。

通过引导学生进行探究性学习和综合实践活动，教师可以培养学生的观察力、分析力和创造力。这种培养方式既提高了学生的数学思维水平，又增强了他们的创新意识和解决问题的能力。

在课外探究中，学生通过小组合作、作品展示和交流反思，不仅深度参与了中华优秀传统数学文化的探究，还培养了学生的团队合作能力和交流能力。这种综合素养的培养，使学生不仅具备了扎实的数学知识，还具备了综合能力、创新能力和社会交往能力。

通过守正与创新，将中华优秀传统数学文化融入初中数学教学，不仅为学生提供了更加宽广的数学视野，更为学生的核心素养发展注入了新的活力。我们应当秉持传统智慧，发扬创新精神，不断探索适应时代需求的教育方式。相信在这样的教育环境中，学生能够得到更全面、更深入的发展，成为具备创造力和竞争力的未来之星。

# 第四章 | 智慧与体验,中华优秀传统数学文化与数学命题

引而伸之,触类而长之,天下之能事毕矣,故之谓知道也。

——赵爽

中华优秀传统数学文化虽然在各版本的教材中都有所体现,但大多以阅读资料的形式展现,仅方程和勾股定理配有少量的习题。中华优秀传统数学文化不应该局限于课堂本身,更要作为数学教学内容的延伸。

中华优秀传统数学文化的生命力,就是不断创新与融合到实践。近年来,以数学文化作为试题背景已成为中考命题的新亮点、新趋势。各地中考坚持"立德树人""文化育人"的基本理念,命制了一批背景丰富的数学文化试题。

本章希望探讨与中华优秀传统数学文化相关的数学命题,通过这些习题的研制和运用,让学生在问题解决中体验中华民族古人的数学智慧。

## 第一节　中华优秀传统数学文化命题内容

《中华优秀传统文化进中小学课程教材指南》指出:选择有关学科领域典籍、人物故事、基本常识、成就、文化遗存等,引导学生体会其中蕴含的思想方法,感悟中华民族智慧与创造,培养学生勇于探索、自强不息的精神,坚定文化自信,增强民族自豪感。

### 一、中国古代数学典籍概览

中国古代的数学家曾经写下了不少著名的数学著作。许多具有世界意义的成就正是因为有了这些古算书而得以流传下来。这些数学名著是了解古代数学成就的宝库,这些数学经典著作中有很多问题可以与现在的初中教学相结合,碰撞出闪亮的火花,培养学生思维的发散性,激发学生的爱国情怀和文化自信。

1. 秦汉至唐朝一千多年间,十部著名数学著作"算经十书"

"算经十书"是中国传统数学的经典代表,指的是:《周髀算经》《九章算术》《海

岛算经》《孙子算经》《张丘建算经》《五曹算经》《五经算术》《缉古算经》《夏侯阳算经》《缀术》(《缀术》在北宋时期已失传，后来以《数术记遗》代之)。正式得名于1777年，唐代国子监内设算学馆，置有博士、助教，指导学生学习数学，规定这十部书作为课本。"算经十书"分别总结了当时的数学成就，对中国数学的发展起到了巨大的推动作用，构成了具有中华民族自身特色的传统数学体系。

表4-1 "算经十书"成书年代

| 成书时期 | 语料 | 具体编撰年代 |
| --- | --- | --- |
| 公元前1世纪初期—<br>公元前1世纪中期 | 《周髀算经》 | 公元前100年前后 |
| | 《九章算术》 | 100年左右 |
| 263年 | 《海岛算经》 | 263年 |
| 5世纪初期—<br>5世纪中期 | 《孙子算经》 | 400年前后 |
| | 《张丘建算经》 | 466—485年 |
| 6世纪末期—<br>7世纪初期 | 《五曹算经》 | 560年左右 |
| | 《五经算术》 | 560年左右 |
| | 《数术记遗》 | 560年左右 |
| | 《缉古算经》 | 625年左右 |
| 8世纪中期 | 《夏侯阳算经》 | 762—779年 |

(1)《周髀算经》(图4-1)

《周髀算经》约成书于公元前100年，全书共2卷，不仅是数学著作，更确切地说，它是讲述当时的一派天文学学说——"盖天说"的天文著作，内容是一些天文历法及有关的数学问题。书中记载了用勾股定理来进行的天文计算，还有比较复杂的分数计算。当然不能说这两项算法都是到公元前1世纪才为人们

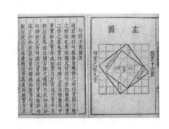

图4-1 《周髀算经》插图

所掌握，它仅仅说明在目前已经知道的资料中，《周牌算经》是记载比较早的。

(2)《九章算术》(图4-2)

《九章算术》最晚成书年代应该是在100年前后。它是十部算书中最重要的一部。它以问题集的形式编写，共收录246个问题，分为九卷。书中记载了当时世界

图 4-2 《九章算术》插图

上最先进的分数四则运算和比例算法,还记载有解决各种面积和体积问题的算法以及利用勾股定理进行测量的各种问题。它对以后中国古代数学发展所产生的影响,正如古希腊欧几里得《几何原本》对西方数学所产生的影响一样,是非常深刻的。在中国,它在一千几百年间被直接用作数学教育的教科书。它的影响力远播海外,朝鲜和日本也曾拿它当作教科书。

(3)《海岛算经》(图 4-3)

《海岛算经》是中国最早的一部测量数学著作,由刘徽于三国魏景元四年(263 年)所撰,本为《九章算术注》之第十卷,题为《重差》。后来唐代选定十部算经时,这一部分才被人从《九章算术》中专门抽出来,成为独立的一篇,由于第一题是观测海岛的高与远,因此命名为《海岛算经》。所有问题都是利用两次或多次测望所得的数据来推算可望而不可即的目标的高、深、广和远。这些测量数学,正是中国古代非常先进的地图学的数学基础。

图 4-3 《海岛算经》插图

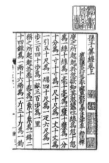

图 4-4 《孙子算经》插图

(4)《孙子算经》(图 4-4)

《孙子算经》编纂年代大约在 400 年,作者和具体编撰年代均不详,现传本 3 卷。《孙子算经》是一部供数学初学者使用的入门读物,以其浅显易懂而广为人知。卷下选取了几个比较难解的算术问题,并给出了巧妙的解法,如第 17 题"妇人荡杯"、第 26 题"物不知数"、第 31 题"鸡兔同笼"等经典问题。这些问题又经后来的数学书辗转援引,得到了广泛的流传。"物不知数"一题是我国古算书中目前已知的关于一次同余式组的最早记载,《孙子算经》给出了一个巧妙的解法,并易于推广到一般情况,这是《孙子算经》最为后人津津乐道之处。

(5)《张丘建算经》(图 4-5)

《张丘建算经》成书于 466—485 年间,张丘建撰,共 3 卷。它继承且发展了《九章算术》,从《九章算术》中摘取并改编了许多算题,如它把"盈不足"卷中原来用"盈不足"求解的问题，均依问题本身的性质提出新的解题方法；把"勾股"卷中有关勾股测量的问题进行变通，使得测量更加简便。最小公倍数的应用、等差数列各元素互求以及"百鸡问题"等是其主要成就。"百鸡问题"开创了不定方程研究的先例，13 世纪意大利斐波那契《算经》、15 世纪阿拉伯阿尔·卡西《算术之钥》等著作中均出现有相同的问题。

图 4-5 《张丘建算经》插图

图 4-6 《五曹算经》插图

（6）《五曹算经》（图 4-6）

《五曹算经》共 5 卷，成书年代应该是在公元 560 年前后。西魏、北周时，甄鸾搜集了当时与州县行政有关的算术问题编制而成。它是为各类官员编写的，全书共有 67 个算术问题，就其数学内容来讲是很粗浅的，而作为考察当时社会制度的史料则有很大价值。全书分田曹、兵曹、集曹、仓曹、金曹五个项目，除田曹卷之外，其余内容均是正比例的应用和整数的四则运算，旨在实用而不在学术，创新较少。

（7）《五经算术》（图 4-7）

《五经算术》亦是甄鸾所撰。内容主要是应用数学知识或计算技巧，对我国古代经典著作《尚书》《诗经》《周易》《论语》《礼记》中的有关数字计算作了注释。这部书是关于经文的一种古注，在数学方面的价值并不大。

图 4-7 《五经算术》插图

（8）《缉古算经》（图 4-8）

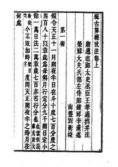

图 4-8 《缉古算经》插图

《缉古算经》由唐代王孝通撰并注，成书于唐武德八年（625 年）左右，原为 4 卷，宋之后合为一卷。内容涵盖了推求月球赤纬度数、土木工程和水利工程的施工计算问题，这些问题反映了当时开凿运河、修筑长城和大规模市建设等土木和水利工程施工计算的实际需要。书中最早提出了利用三次方程解决大规模土方工程计算的问题,创造性地把勾股问题引向三次方程,并与代数方法结合起来,扩大了勾股算术的范围,发展了勾股问题的解题方法。

（9）《夏侯阳算经》（图4-9）

《夏侯阳算经》原本是南北朝或之前的著作,现传本一般认为是唐代宗年间韩延所作的《韩延算术》。因书中有"夏侯阳曰",宋人把它误认为《夏侯阳算经》。本书是一部最早记载筹算乘除计算法的数学专著,书中概括

**图4-9　《夏侯阳算经》插图**

地叙述了乘除速算法则、分数法则等,另外推广了十进小数的应用。钱宝琮在《中国数学史》中提出,现传本的《夏侯阳算经》是一部中唐时代的实用算术书,是唐代宗在位时期(762—779年)完成的。

（10）《数术记遗》（图4-10）

《数术记遗》本来并不是十部算经之一,宋朝人在刊刻"十部算经"的时候,由于原来唐代时期刊刻的"十部算经"之一的祖冲之《缀术》早已失传,便把偶然发现的《数术记遗》刻了进去,成了现传本"算经十书"之一。

**图4-10　《数术记遗》插图**

《数术记遗》数学内容较为浅显,讨论了三等数——上数、中数和下数,列举了14种不同的记数法,其中的珠算思想很有卓见。书中多用文字叙述,注释中有几例算题,涉及地面测量、不定分析等,继承和发展了《九章算术》《张丘建算经》等书的数学思想。

**图4-11　《数书九章》插图**

2.1247年,秦九韶《数书九章》（图4-11）

《数书九章》又被称作《数术大略》《数学九章》,其作者是我国南宋著名的数学家秦九韶(1202—1261年)。《数书九章》全书18卷,9章9类:大衍类、天时类、田域类、测望类、赋役类、钱谷类、营建类、军旅类、市易类,每类9题,共81题。该书内容丰富至极,上至天文、星象、历律,下至河

道、水利、建筑、运输，包括各种几何图形和体积，钱谷、赋役、市场、利息的计算和互易。《数书九章》在一次同余式组解法和高次方程数值解法等方面取得了具有世界意义的光辉成就，我国数学史家梁宗巨对其这样评价："《数学九章》是一部划时代的巨著，内容丰富，精湛绝伦。"秦九韶也被美国著名科学史家乔治·萨顿誉为"他那个民族，他那个时代，并且确实也是所有时代最伟大的数学家之一"。

3. 1248—1259 年，李冶的《测圆海镜》和《益古演段》(图 4 - 12、图 4 - 13)

《测圆海镜》(1248 年)是我国现存最早的一部以"天元术"为主要内容的著作。所谓"天元术"，是金元时期发展并日臻成熟的设未知数列方程的方法，与现在代数学教科书的同类方法异曲同工，是一种半符号代数学。全书共有 170 题，研究对象却只有一个——圆城图式(图 4 - 12)。该图以一个直角三角形及其内切圆为基础，通过若干互相平行或垂直的直线，构成 16 个直角三角形。各题都以"天元术"解之，分为三步：首先"立天元一"，这相当于设未知数 $x$，然后寻找两个等值的且至少有一个含天元的多项式(或分式)，最后把两个多项式(或分式)连为方程，通过相消，化成标准形式：

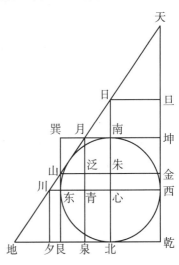

图 4 - 12  《测圆海镜》圆城图式

$$a_n x^n + a_{n-1} x^{n-1} + \cdots + a_1 x + a_0 = 0。$$

图 4 - 13  《益古演段》插图

《益古演段》(1259 年)全书共 64 问，基本上都是已知平面图形的面积，求圆的半径、正方形的边长和周长等。书中先用"天元术"建立方程(多数是二次方程)，再用"条段法"旁证。该书图文并茂，深入浅出，利于教学和自学。《益古演段》在理论上也有创新，主要表现在化多元为一元问题以及设辅助未知数的方法。书中的问题与《测圆海镜》不同，所求量有时不止一个，而是两个、三个甚至四个。通常这种情况应用方程术求解，《益古演段》却不然，李冶在推导中，利用出入相补原理和各种等量关系来减少未知数的个数，最后只剩"天元一"，解得后，其他量可据等量关系求得。

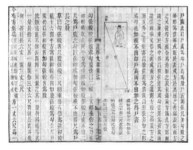

**图 4-14 《详解九章算法》插图**

4. 1261 年，杨辉的《详解九章算法》(图 4-14)

为方便人们学习《九章算术》，在贾宪《黄帝九章算法细草》的基础上，杨辉编著了《详解九章算法》12 卷。他的这部著作，按"因法推类"原则，以"算法为纲""从类相从"，将《九章算术》中所有题目重新分为乘除(整数乘除、分数四则运算)、分率(乘除应用题)、合分(合方法应用题)、互换(比例题)、衰分、叠积、盈不足、方程、勾股(比较繁难的应用题)九类。书中我们不仅能够看到杨辉对《九章算术》的剖析和解读，还能看到其大胆提出自己独到的见解和解题方法，对复杂问题辅助引例和构图，这一系列的举措均展现了杨辉高超的数学才能。

著名的"杨辉三角"就是在《详解九章算法》一书中提出的，"杨辉三角"结构对称优美，蕴含丰富的规律和结论，吸引着古今中外无数数学爱好者去认识、研究它。

5. 1299—1303 年，朱世杰的《算学启蒙》和《四元玉鉴》(图 4-15、图 4-16)

《算学启蒙》(1299 年)是一部通俗数学名著。全书共计 3 卷 20 门 259 问，内容包括乘除、面积、体积、垛积、盈不足、差分、方程，开篇有乘除口诀等预备知识，最后一门是"开方释锁"即用"天元术"列方程并求其正根的问题。全书由浅入深，确是算学启蒙之书。

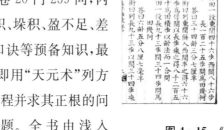

**图 4-15 《算学启蒙》插图**

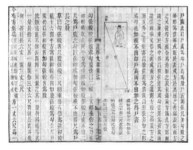

**图 4-16 《四元玉鉴》插图**

《算学启蒙》继承了《九章算术》以来中国古代数学的传统，集宋、元数学之大成，全面地介绍了中国宋元数学。书中问题又都与当时的社会实际生活有关，对元代经济、社会史的研究有一定的参考价值。

《四元玉鉴》(1303 年)是我国宋元数学的又一个标志性

著作。分卷首、上卷、中卷、下卷，24 门，收录 288 问，介绍了多元高次方程组的解法——“四元术”。朱世杰将“天元术”由一个未知数推广至二元、三元以及四个不同的未知数并以“天”“地”“人”“物”为载体来表示四个不同的未知数，这便是“四元术”。此书代表着宋元数学的最高水平，乔治·萨顿称赞它“是中国数学著作中最重要的一部，同时也是中世纪的杰出数学著作之一”。

6. 1592 年，程大位《算法统宗》(图 4－17)

《算法统宗》是明代数学家程大位所著，它是一部以珠算为主要计算工具的应用数学著作。全书共收集了 595 个问题，评述了珠算规则，完善了珠算口诀，确立了算盘用法，完成了由筹算到珠算的彻底转变。梁宗巨在《世界数学史简编》中指出：“明代在西方数学输入之前，最大的成就可以说是珠算的发明，最重要的数学书要算程大位的《算法统宗》。”

增刪算法統宗敘
算學書籍散佚略盡今所有者惟程大位汝思所集統宗
一書學者猶可得知九章名目 先徵君公曾著九數存
古十卷專爲發明九章其書被友人借看將稿本遺失考
統宗一書刻自明萬秝癸巳歲久板多漶漫者不加修整
將不可讀而九章幾乎息矣丁丑夏五林泉多暇因取其
書重加校勘刪其繁蕪補其缺遺正其譌謬增其註解蕩
汰去砂礫精金乃見名之曰增刪統宗錄副選材以付剞
劂氏庶以廣其傳焉宣城柳下居士梅㲄成循齋甫識

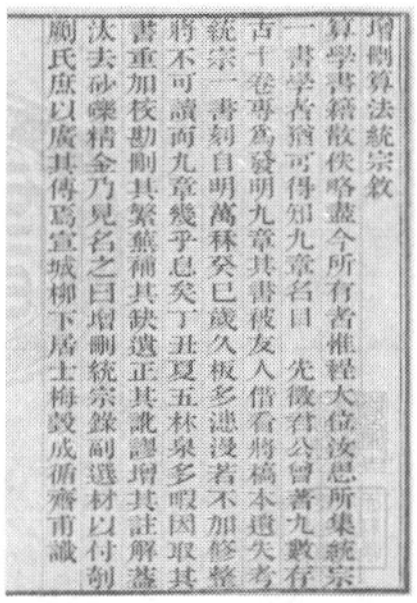

**图 4－17 《算法统宗》插图**

《算法统宗》共 17 卷，卷 1、卷 2 介绍数学名词、大数、小数和度量衡单位以及珠算盘式图、珠算各种算法口诀等，并举例说明具体用法；卷 3 至卷 12 按“九章”次序列举各种应用题及解法；卷 13 到卷 16 为“难题”解法汇编；卷 17“杂法”，为不能归入前面各类的算法，并列有 14 个纵横图。

1760 年，清代数学家梅瑴成删除了《算法统宗》中一些荒诞不经的内容，并改正了原书的一些错误，也吸收了一些西洋算法，编纂了《增删算法统宗》。

## 二、中华优秀传统数学文化命题取材

在分析现有研究的基础上，从题目编拟的需要出发，我们将与中华优秀传统数学文化相关的命题取材分为两类(图 4－18)。一方面，我们可以在题干中介绍中国

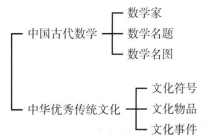

**图 4－18 中华传统数学文化题取材分类**

古代数学家,引用古代数学典籍的经典问题,选取其中的数学名题和数学图形,翻译为白话文直接供学生解答;另一方面,我们可以取材中华优秀传统文化,融入课本所学的数学知识,设计出符合学生学情的习题,供学生学习。

**例 1** (取材数学家)我国古代著名数学家祖冲之把圆周率精确到小数点后7位,对于中国乃至世界是一个重大的贡献。老师对圆周率的小数点后 100 位数字进行了如下统计:

| 数字 | 0 | 1 | 2 | 3 | 4 | 5 | 6 | 7 | 8 | 9 |
|------|---|---|----|----|----|---|---|---|----|----|
| 频数 | 8 | 8 | 12 | 11 | 10 | 8 | 9 | 8 | 12 | 14 |

则圆周率的小数点后 100 位数字的众数为_____。

评述:本题以数学家祖冲之计算圆周率的史料为背景,考查学生对众数的理解,本题既考查了众数这个知识点,又让学生了解到数学家祖冲之的丰功伟绩,可谓一举两得。

**例 2** (取材数学名题)我国古代数学名著《九章算术》中记载,"粟米之法:粟率五十,粝米三十","今有米在十斗桶中,不知其数。满中添粟而春之,得米七斗。问:故米几何?"

其大意是:50 斗谷子能出 30 斗米(粝米),即出米率为 $\frac{3}{5}$。今有米在容量为 10 斗的桶中,但不知道数量是多少。再向桶中加满谷子,再春成米,共得米 7 斗。问:原来有米多少斗? 如果设原来有米 $x$ 斗,向桶中加谷子 $y$ 斗,那么可列方程组为

（　　　）

A. $\begin{cases} x+y=10, \\ x+\dfrac{3}{5}y=7; \end{cases}$　B. $\begin{cases} x+y=10, \\ \dfrac{3}{5}x+y=7; \end{cases}$　C. $\begin{cases} x+y=10, \\ x+\dfrac{5}{3}y=7; \end{cases}$　D. $\begin{cases} x+y=10, \\ \dfrac{5}{3}x+y=7. \end{cases}$

评述:粟米之法是《九章算术》中的名题,本题把它翻译为白话文,便于学生理解。题目属于二元一次方程组问题,融入比例知识,要求学生正确找出等量关系并列出方程组。

**例3** （取材数学名图）"赵爽弦图"是由四个全等的直角三角形与中间的一个小正方形拼成的一个大正方形（图4-19）。小亮随机地向大正方形内部区域投飞镖。若直角三角形两条直角边的长分别是2和1，则飞镖投到小正方形（阴影）区域的概率是_____。

评述：本题取材于中国数学史中著名的"赵爽弦图"，借用这一文化背景是为了考查勾股定理以及概率的知识，很有新意。

图4-19　赵爽弦图

**例4** （取材文化符号）甲骨文是我国的一种古代文字，是汉字的早期形式，如图4-20所示的甲骨文中，不是轴对称图形的是　　　　　　　　　（　　）

A.

B.

C.

D.

图4-20　甲骨文中的对称性

评述：甲骨文是迄今为止中国发现的年代最早的成熟文字系统，是汉字的源头和中华优秀传统文化的根脉。本题把我国的甲骨文和轴对称知识联系起来，难度不大，但是较为新颖，学生在解题的过程中，同时了解到甲骨文的特点。

**例5** （取材文化物品）沐沐用七巧板拼了一条对角线长为2的正方形（图4-21），再用这副七巧板拼成一个长方形（图4-22），则长方形的对角线长为_____。

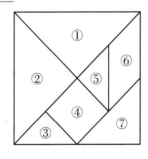

图4-21　七巧板

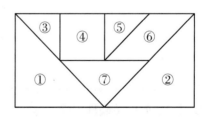

图4-22　七巧板拼成一个长方形

评述:七巧板是一种儿童益智类玩具,由我国古代劳动人民发明并流传至今。通过观察可以发现,长方形的长等于正方形的对角线长,即为2,长方形的宽等于正方形对角线的一半,即为1,运用勾股定理即可解答。学生在解题过程中一方面了解到七巧板的构造,也考查了学生的观察识图能力和知识迁移能力。

**图4-23　百子回归图**

**例6**　（取材文化物品和文化事件）百子回归图是由$1,2,3,\cdots,100$无重复排列而成的正方形数表。它是一部数化的澳门简史,如图4-23所示:中央四位"19991220"标示澳门回归日期,最后一行中间两位"2350"标示澳门面积……同时它也是十阶幻方,其每行10个数之和、每列10个数之和、每条对角线10个数之和均相等,则这个和为_____。

评述:本题是一道填空题,主要通过十阶幻方的百子回归图,考查学生的推理和归纳能力。其背后蕴含了澳门简史,这样的问题联结了历史与现实,沟通了数学与人文。

# 第二节　中华优秀传统数学文化命题方法

陈莎莎、汪晓勤基于数学史的试题进行统计分析,得到根据已知情境或已知问题提出新问题的具体策略有四种:条件操作(改变已知条件)、目标操作(改变要求目标)、对称互换(将已知条件和要求目标互换)、新旧链接(对现有问题进行扩充,让新问题的解决依赖于现有问题的解决)。在此基础上,将基于数学史的数学问题的提问策略分成七种:再现式、情境式、条件式、结论式、对称式、链接式、自由式。

查阅"中国知网"近十年来关于中华优秀传统数学文化的试题,梳理后我们发现,对于中华优秀传统数学文化问题的编制,主要包含以下三种类型:古为今用、古题今解和古法复原。

古为今用是指以中国古代的数学知识或文化为题目背景,考查现阶段课本所学知识,和原来的问题关联性不强。

**例 7** （古为今用）中国古代数学家赵爽在为《周髀算经》作注解时，用 4 个全等的直角三角形拼成正方形（图 4 - 24），并用它证明了勾股定理，这个图被称为"弦图"。若"弦图"中小正方形面积与每个直角三角形面积均为 1，$\alpha$ 为直角三角形中的一个锐角，则 $\tan \alpha =$ 　　　（　　）

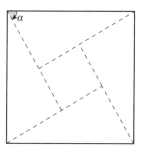

A. 2；

B. $\dfrac{3}{2}$；

C. $\dfrac{1}{2}$；

D. $\dfrac{\sqrt{5}}{5}$。

图 4 - 24　赵爽弦图

评述："赵爽弦图"充分体现了几何的直观和数形结合的完美。本题要求学生根据弦图的割、补的图形特点，寻求直角边之间的关系。先根据题意得出大正方形的面积为 5，然后设出小直角三角形的两条直角边，根据勾股定理和三角形面积建立关于两直角边关系的二元方程，再灵活使用完全平方公式简化计算，求得直角三角形的两条直角边的长，即可求得 $\tan \alpha$ 的值。借助"赵爽弦图"主要考查的是勾股定理、方程、三角函数等知识点。

古题今解是指摘录中国古代经典数学专著问题或名题，翻译为白话文，让学生用课本所学的知识方法进行解答，解法和原题解法类似。

**例 8** （古题今解）《九章算术》是中国古代数学专著，在数学上有其独到的成就，不仅最早提到了分数问题，也首先记录了"盈不足"等问题。例如，有一道阐述"盈不足"的问题，原文如下：今有共买鸡，人出九，盈十一；人出六，不足十六。问：人数、鸡价各几何？

其大意为：现有若干人合伙出钱买鸡，如果每人出 9 文钱，就会多 11 文钱；如果每人出 6 文钱，又会缺 16 文钱。问：合伙买鸡的人数、鸡的价格各是多少？

请解答上述问题。

评述：本题难度不大，是极为普通的一道题，但由于加入了数学文化的元素，使原问题焕然一新。本题考查了列二元一次方程组解应用题，解题关键是要读懂题目的意思，根据题目给出的条件，找出合适的等量关系，解法如下：

解：设合伙买鸡者有 $x$ 人，鸡的价格为 $y$ 文钱。由题意，得方程组

$$\begin{cases} y=9x-11, \\ y=6x+16。 \end{cases}$$

解得 $\begin{cases} x=9, \\ y=70。 \end{cases}$

所以,合伙买鸡的人数是 9,鸡的价格是 70 文钱。

其实,中国古代数学家通过长期的实践归纳出了"盈不足"问题的算法,可以直接得出答案:

人数为 $\dfrac{11+16}{9-6}=9$;鸡的价格为 $\dfrac{11\times6+16\times9}{9-6}=70$ 文钱。

此题为典型的古题今解,运用现在学习的二元一次方程组解决中国古代的"盈不足"问题。

古法复原是指要求学生采用中国古代数学家的方法解决历史原题,这类问题一般会给学生设置多个解题步骤,降低解决问题的难度。

**例9**　(古法复原)吴文俊院士非常重视我国古代数学家贾宪提出的"从长方形对角线上任意一点作它的两条分别平行于两邻边的直线,则所容两长方形的面积相等(图 4-25)"这一推论。他从这一推论出发,利用"出入相补原理"还原了《海岛算经》的九题古证。(上述材料来自《古证复原的原理》《吴文俊与中国数学》和《古代数学泰斗刘徽》)

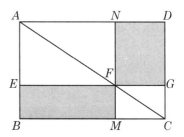

**图 4-25　长方形中的出入相补**

请根据图 4-25 完成该推论的证明过程。

证明:

$S_{矩形NFGD}=S_{\triangle ADC}-(S_{\triangle ANF}+S_{\triangle FGC})$,

$S_{矩形EBMF}=S_{\triangle ABC}-(\underline{\qquad}+\underline{\qquad})$。

易知,$S_{\triangle ADC}=S_{\triangle ABC}$,$\underline{\qquad}=\underline{\qquad}$,$\underline{\qquad}=\underline{\qquad}$,

可得:$S_{矩形NFGD}=S_{矩形EBMF}$。

评述:本题目要求证明出入相补原理,是关于四边形面积相等的问题,考查的是四边形面积的计算和图形分割知识。由题可知，具体证明思路是：利用割补法，将其分割为几个小三角形的组合，然后分别证明对应小三角形面积相等。解法如下：

解：由矩形的对角线将其分割为对应相等的两个小三角形，可知证明过程为：

$S_{矩形NFGD} = S_{\triangle ADC} - (S_{\triangle ANF} + S_{\triangle FGC})$，

$S_{矩形EBMF} = S_{\triangle ABC} - (S_{\triangle AEF} + S_{\triangle FMC})$。

易知，$S_{\triangle ADC} = S_{\triangle ABC}$，$S_{\triangle ANF} = S_{\triangle AEF}$，$S_{\triangle FCG} = S_{\triangle FMC}$。

可得：$S_{矩形NFGD} = S_{矩形EBMF}$。

证明的总体思路是分割图形，构建图形的面积关系，因此在完善证明过程中依据该策略来建立问题的证明条件，该类问题对学生的数学思维要求较高。

## 第三节　中华优秀传统数学文化试题认知水平的划分

徐伟民将数学任务的类型，根据学生解题时的认知需求，从低到高分为四种认知需求：记忆、缺乏意义联结的程序、有意义联结的程序和做数学。记忆和缺乏意义的联结属于低认知任务的问题，解题时只要通过记忆背诵和规则演练就可以成功解题，不需要真正的理解；有意义的联结和做数学属于高认知水平，学生必须真正理解，并采用适当的策略和表征才能够解决。低认知需求的问题，着重于基本事实与计算技巧的熟练；高认知水平的问题，强调生活问题的解决、推理与运用。不同类型的数学任务，数学学习能力和进度的发展也会不同。

吴立宝对中澳数学教材的习题进行比较研究，对习题的难度主要通过知识点个数、背景、运算、数学任务进行统计研究，将数学任务分为记忆性、无联系程序性、有联系程序性、做数学四种认知水平，从低到高水平依次增加。

借鉴徐伟民和吴立宝对数学文化试题认知水平的划分，以问题与中华优秀传统数学文化的联系和对学生的数学能力要求为划分依据，反复研究中华优秀传统数学文化试题，最终总结出适用于试题的数学认知水平，具体划分维度如表 4 - 2 所示。

表 4-2　中国优秀传统数学文化试题认知水平划分

| 低水平认知问题 | | 高水平认知问题 | |
|---|---|---|---|
| 记忆性问题 | 无联系性程序性问题 | 有联系性程序性问题 | 做数学的问题 |
| 以中华优秀传统文化为背景,通过记忆基本的数学概念即可解答 | 融入中华优秀传统数学文化元素,但与解答过程关联性不强,通过规则演练即可解决问题 | 融入中华优秀传统数学文化,且与解答过程联系紧密,解答过程需灵活运用所学数学知识 | 要求学生深入理解中华优秀传统数学文化的思想和方法,能从复杂的情境中抽象出数学问题并用恰当的策略解题 |

**例 10**　(记忆性问题)下列语句描述的事件中,是随机事件的为　　( )

A. 水能载舟,亦能覆舟;　　　　B. 只手遮天,偷天换日;

C. 瓜熟蒂落,水到渠成;　　　　D. 心想事成,万事如意。

评述:把成语看成一个事件,该事件必然是随机事件、必然事件和不可能事件之一,本题学生只要记住这三种事件的概念即可解答,属于记忆性问题。这类试题将语文与数学交融,体现了数学的文化特征与文化价值。

**例 11**　(记忆性问题)以下为福建土楼的平面形态简图。从图形的运动角度,与其他三个不同的是　　　　　　　　( )

 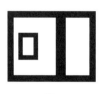  

A.　　　　　　B.　　　　　　C.　　　　　　D.

评述:本题以福建土楼的平面形态简图为背景,学生从平移、旋转和翻折三种图形的运动角度去观察,只要记住这三种运动的定义,即可找出与其他三个不同的图案,属于记忆性问题。这类试题体现了数学在生活中的应用价值。

**例 12**　(无联系性程序性问题)我国古代杰出的数学家刘徽将勾股形(古人称直角三角形为勾股形)分割成一个正方形和两组全等的直角三角形,得到一个恒等式,后人借助这种分割方法所得到的图形证明勾股定理。如图 4-26 所示的矩形由两个这样的图形拼成,若 $a=3,b=4$,则该矩形的面积为　　( )

A. 20;   B. 24;

C. $\dfrac{99}{4}$;   D. $\dfrac{53}{2}$。

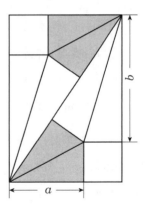

评述:本题以数学家刘徽对勾股定理的证明为背景,让学生从另一角度欣赏了图形的割补技巧,感受我国数学文化的博大精深,感悟古代数学家的智慧和才能。问题解决的关键是计算出小正方形的边长,图 4-26 的矩形由对角线分割成的两个直角三角形构成,每个直角三角形的边长均满足勾股定理:$(x+3)^2+(x+4)^2=(3+4)^2$,其中 $x$ 为小正方形的边长,由此解出 $x$,得到矩形的面积为$(x+3)(x+4)$。

**图 4-26  矩形中的勾股形**

由解答过程我们看到,本题的核心是解一元二次方程,并未涉及分割勾股形证明勾股定理的过程,所以本题为无联系性程序性问题。

**例 13**  (无联系性程序性问题)阅读:能够成为直角三角形三条边长的三个正整数 $a$、$b$、$c$ 称为勾股数。世界上第一次给出勾股数通解公式的是我国古代数学著作《九章算术》,其勾股数公式为:

$$\begin{cases} a=\dfrac{1}{2}(m^2-n^2), \\ b=mn, \\ c=\dfrac{1}{2}(m^2+n^2)。 \end{cases}$$

其中,$m>n>0$,$m$、$n$ 为互素的奇数。

应用:当 $n=1$ 时,求有一边长为 5 且三边长为勾股数的直角三角形的另外两条边长。

评述:本题以《九章算术》给出的勾股数通解公式为背景,让学生更多地了解我国的数学成果,培养学生的民族自豪感。求解 $n=1$ 时一组包含 5 的勾股数,可以用 $m$、$n$ 构建边长的表达式,然后从中选取符合题意的情形。

当 $n=1$ 时,$a=\dfrac{1}{2}(m^2-1)$,$b=m$,$c=\dfrac{1}{2}(m^2+1)$,因勾股数中包含5,可能存在以下三种情形:

① $a=5$ 时,解得 $m=\pm\sqrt{11}$ ,因 $m$ 、$n$ 为互素的奇数,含去;

② $b=5$ 时,解得 $m=5$ ,代入通式,解得 $a=12$ ,$c=13$ ,符合题意;

③ $c=5$ 时,解得 $m=\pm3$ ,由 $m>0$ ,可得 $m=3$ ,代入通式,解得 $a=4$ ,$b=3$ 。

综上可知,当勾股数中包含 5 时,这组勾股数可能是 5、12、13 或者 3、4、5。

换个角度来看,即使没有题干给的相关信息,我们也可求一组包含 5 的勾股数,即求一边长为 5 的直角三角形的其他边长的可能整数解(根据勾股定理,分斜边为 5 和一条直角边为 5 两种情况,分类讨论)。本题的解答过程与勾股数通解公式关联性不强,是无联系性程序性问题。

**例 14** (有联系性程序性问题)七巧板的历史也许可以追溯到我国先秦时期,古算书《周髀算经》中有关于正方形的分割术,这为七巧板(图 4-27)的形成和发展提供了数学基础和思想启示。七巧板在 19 世纪就已广泛流传于海外,被称为"唐图"(意为"来自中国的拼图")。图 4-28 是由边长为 4 的正方形分割制作的七巧板拼摆成的"叶问蹲"图,图中抬起的"腿"(即阴影部分)的面积为(　　)

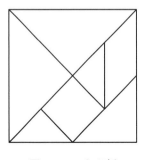 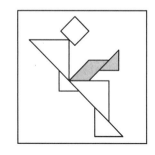

图 4-27　七巧板　　　　　图 4-28　"叶问蹲"图

A. 3;　　　　　B. $\dfrac{7}{2}$ ;　　　　　C. 2;　　　　　D. $\dfrac{5}{2}$ 。

评析:试题背景中介绍了七巧板的起源,体现了七巧板在数学发展历程中的起源,展示了七巧板的数学文化底蕴。试题主要以七巧板所拼成的"叶问蹲"图为试题背景,主要考查七巧板中的正方形、等腰直角三角形、平行四边形等数学图形的性质,问题的解决需要学生掌握七巧板各部分图形的构成和面积关系,熟悉七巧板中图形的分类是解题的关键,属于有联系性程序性问题。

**例 15** （有联系性程序性问题)我国古代数学的许多创新和发展都位居世界前列,如南宋数学家杨辉所著的《详解九章算术》一书中,用如图 4 - 29 所示的三角形解释二项和 $(a+b)^n$ 的展开式的各项系数,此三角形称为"杨辉三角"。

$$(a+b)^0 \qquad 1$$
$$(a+b)^1 \qquad 1 \quad 1$$
$$(a+b)^2 \qquad 1 \quad 2 \quad 1$$
$$(a+b)^3 \qquad 1 \quad 3 \quad 3 \quad 1$$
$$(a+b)^4 \qquad 1 \quad 4 \quad 6 \quad 4 \quad 1$$
$$(a+b)^5 \qquad 1 \quad 5 \quad 10 \quad 10 \quad 5 \quad 1$$
$$\cdots\cdots \qquad \cdots\cdots$$

**图 4 - 29　杨辉三角与 $(a+b)^n$ 展开式**

根据图中的"杨辉三角"可得 $(a+b)^{20}$ 的展开式中第三项的系数为　　　(　)

A. 2017；　　　　B. 2016；　　　　C. 191；　　　　D. 190。

评述:本题主要考查内容为整式的乘法,属于数与式的范畴。试题以南宋数学家杨辉所著的《详解九章算法》一书中"杨辉三角"的内容为问题背景,需要学生通过观察、分析、归纳发现前几个二项和的指数与各展开项系数间的规律,即杨辉三角蕴含的规律,所以是有联系性程序性问题。本题让学生体会到中国古代数学家在数学研究上的丰硕成果,发现数学的规律美,培养学生的观察、思考与归纳能力。

**例 16** （做数学的问题)利用出入相补原理解方程: $x^2+2x-35=0$。

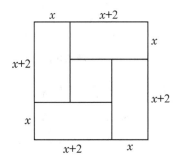

**图 4 - 30　出入相补原理解一元二次方程**

评述:课本上解一元二次方程采用的是代数方法,学生已形成固定思维。其实在中国古代,数学家创造性地运用"数形结合"的思想,得到出入相补原理,并运用它解决了诸多数学问题。本题需构造一个边长为 $x+x+2$ 的正方形,则其面积为 $(x+x+2)^2$。由图 4 - 30 可知,大正方形是由四个长为 $x+2$、宽为 $x$ 的矩形及一个边长为 2 的小正方形组成的,所以大正方形的面积又可以表示为 $4(x+2)x+2^2=4\times35+4=144$,所以 $(x+x+2)^2=144$,所以 $x_1=5,x_2=-7$。

其实,运用出入相补原理解决问题有一定的规律可循,构造的正方形也大同小异,但需要学生深入理解出入相补原理蕴含的思想和方法,并把需要解决的问题图形化,真正能够"做数学"。

**例 17** (做数学的问题)如图 $4-31$,弹珠跌落游戏经常可以在一些商场看到。弹珠沿着箭头方向自由落体,当弹珠触及第一行的物体后向第二行下落,假设弹珠每次接触物体后落入两侧的概率是一样的,如此反复进入最底层的七个区域中。弹珠最终落到位置的区域决定了奖品的质量,其中第一、七区域是特等奖,第二、六区域是一等奖,第三、五区域是二等奖,第四区域是三等奖。

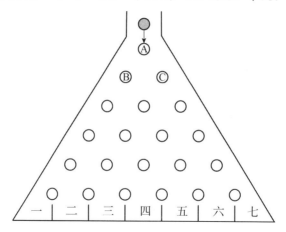

**图 4-31 弹珠跌落游戏**

你能结合所学的知识,说明奖品这样设置的原因吗?

评述:弹珠跌落游戏包含丰富的概率知识。直观上看,奖品的设置应该和弹珠落入区域的概率有关,弹珠进入两侧区域的概率要远低于弹珠进入中间区域的概率。

由概率知识得:弹珠落入 A 处两侧的概率均为 $\frac{1}{2}$;落入 B 处左侧的概率为 $\frac{1}{4}$,落入 B 处和 C 处中间的概率为 $\frac{1}{4}+\frac{1}{4}=\frac{2}{4}$,落入 C 处右侧的概率为 $\frac{1}{4}$。

由此可见,弹珠进入每一区域的可能性完全取决于上一行中与之相邻两区域的概率,弹珠进入各区域概率就可以用数字表示出来,这样就形成了一个三角形数列,如图 4-32 所示。

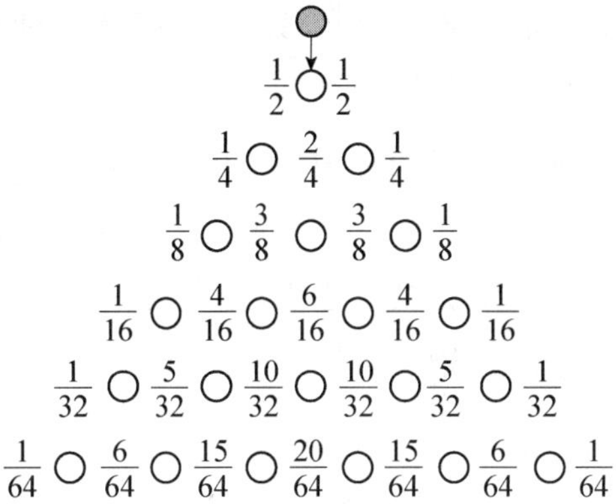

**图 4-32　杨辉三角在弹珠跌落游戏中应用**

通过图 4-32 可以知道,弹珠最终进入位于最两侧的一、七区域的概率要比其他区域小很多,也就是属于最"幸运"者,所以设置为特等奖。而越往中间区域弹珠进入的概率越高,所以奖品的等第从两侧到中间递减。同时,仔细观察每个用分数表示的概率,把这些分数的分子取出来组成数列,就是一个杨辉三角。由此可见,游戏设计者有意无意间运用了杨辉三角的相关知识。

本题的解决,不仅要求学生具备相应的概率知识,还需要发现其中蕴含的杨辉三角。问题的结果解释了弹珠游戏奖项设置的"秘密",让学生认识到数学的思维时刻影响着我们的生活。

# 第四节　中华优秀传统数学文化试题运用策略

除了在考试命题时设计中华优秀传统数学文化问题,在日常的教学中,我们建议教师亦可通过中华优秀传统数学文化问题,渗透史料、思想和文化,激发学生的学习热情。

## 一、渗透史料,设置引入情境

在课堂教学中,教师可通过引入古代数学家的著作、数学史料以及相关历史背景,来帮助学生更好地理解和感受中华传统数学文化的历史和发展过程。同时,结合问题情境的设置,可以激起学生的探究兴趣,促进他们主动思考和解决问题。

在运用这一策略时,我们可以选择一些具有代表性的古代数学问题或概念,然后通过相关史料介绍它们是如何在历史背景下引发和解决的。

我们还可以设计一些问题情境,让学生在已有的历史信息基础上进行思考和探究。在设计问题情境时,我们还可以引导学生思考与现实问题的联系。通过将古代数学问题与实际生活中的应用相结合,增强学生对中华优秀传统数学文化的兴趣和认知,并促使他们发现数学的普适性和实用性。

例如,在"一元一次方程的应用"教学中,我们可以由下题引入:

**例 18** 《孙子算经》中有这样一道题,原文如下:"今有百鹿入城,家取一鹿不尽;又三家共一鹿,适尽。问:城中家几何?"其大意为:今有 100 头鹿进城,每家取一头鹿,没有取完,剩下的鹿每 3 家共取一头,恰好取完。问:城中有多少户人家?

该题以中国著名的数学史书《孙子算经》为背景。《孙子算经》是我国重要的数学史书资料,涉及委积、买卖、兵役、测量、营建、赋税等许多与生产实践密切相关的数学问题,书名中的"算"不仅仅是算式,而是升华到更高的、抽象的"算理"。该题选自《孙子算经》中的经典问题,考查了一元一次方程的应用,学生可利用题目给定的条件找到等量关系,列出一元一次方程是该题求解的关键。教师可设置"百鹿入城"的情境,拉近数学史和学生的距离。

### 二、渗透思想,设置问题探究

教师通过引导学生深入思考中华优秀传统数学文化中的核心思想和数学原理,设计问题探究活动,可以培养学生的逻辑思维、分析问题和解决问题的能力,同时也有助于学生对中华优秀传统数学文化的理解和传承。

在运用这一策略时,我们可以选择中华优秀传统数学文化中的一些核心思想和数学原理,如出入相补原理、极限思想等,通过问题探究的方式引导学生深入思考。这些问题可以是开放性的、具有挑战性的。

通过问题探究的方式,学生将不仅仅是简单记忆和习得知识,而是自主思考,深入理解中华优秀传统数学文化的核心思想,并将其运用到实际问题解决中。这样不仅可以提高学生的数学能力,还能加深他们对中华传统文化的认识和理解。

例如,在"正多边形与圆"的教学中,教师可先介绍刘徽的"割圆术":

魏晋时期的数学家刘徽首创"割圆术"，为计算圆周率建立了严密的理论和完善的算法。"割圆术"是以圆内接正多边形的面积来无限逼近圆面积，即"割之弥细，所失弥少，割之又割，以至于不可割，则与圆周合体而无所失矣"。"割圆术"通过无限分割的方式，体现了有限到无限、以直代曲的极限思想。

接着，设置下面的问题让学生开展探究。

**例 19** 刘徽是中国古代卓越的数学家之一，他在《九章算术》中提出了"割圆术"，即用内接或外切正多边形逐步逼近圆来近似计算圆的面积。如图 4-33，设 ⊙O 的半径为 1，若用外切正六边形 $ABCDEF$ 来近似估计 ⊙O 的面积 $S$，则 $S=$ _____ （结果保留根号）。

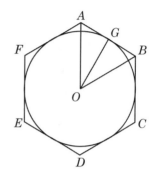

**图 4-33 圆的外切正六边形**

本题就以"割圆术"的最简单情形（正六边形）为背景，考查多边形的内角和、锐角三角函数、勾股定理、三角形面积等几何知识。如图 4-31，由六边形 $ABCDEF$ 为正六边形，得 $\triangle ABO$ 为等边三角形。又 ⊙O 的半径为 1，故 $OG=1$，$BG=AG=\dfrac{\sqrt{3}}{3}$，因此 $AB=\dfrac{2\sqrt{3}}{3}$，所以 $S=6S_{\triangle ABO}=6\times\dfrac{1}{2}\times\dfrac{2\sqrt{3}}{3}\times1=2\sqrt{3}$。

学生在问题解决中，感悟到用正多边形逐步逼近圆来近似计算圆的面积的思想方法，感悟中国古人的智慧。

### 三、渗透文化，设计作业展示

教师单一的讲授，往往会使学生对中华优秀传统数学文化的认识停留在表面。我们可以布置开放性的作业，让学生自主探究，并在课堂上集中展示，帮助学生更加深入地理解和体验中华数学文化的独特之处，提高他们对中华传统文化的认知和感受。

在运用这一策略时，我们可以选择一些富有中华文化特色的数学作业，并融入传统文化元素。例如，在圆周率的主题探究中，教师可让学生制定 π 日的主题活动方案，并组织学生交流展示。

图 4-34 是学生制作的 π 日的主题活动方案。令人惊喜的是，学生竟然把刘

徽的"割圆术"与小笼包联系起来了,创造性思维跃然纸上。

### 纪念π日的活动方案

1.活动主题:纪念圆周率π
2.活动形式:品尝节日特色美食
3.活动内容:制作并品尝中国传统美食小笼包
4.小笼包与π的联系:
　　魏晋时期刘徽创造的割圆术,在 n=12时,所绘制出的图形非常像小笼包的俯视图。在 3 月 14π日制作并品尝中国传统美食小笼包,对于π非常具有纪念意义。

5.活动步骤: 1) 动手制作小笼包并品尝;
　　　　　　 2) 了解π的发展历史、用途并绘制思维导图;
　　　　　　 3) 制作小视频介绍割圆术等求π的近似值的方法分享给家人。
6.活动目的: 能让人们更深入地了解圆周率的历史发展,知道圆周率在各个领域的广泛及重要作用

——陆天浩,陆文喆

**图 4‑34　学生纪念 π 日的活动方案**

另一个例子是在几何问题中融入中国古建筑文化。可以设计一个关于古代建筑中几何融合设计的问题(图 4‑35),让学生分析和计算建筑中的几何布局,及其背后的数学原理。这样的问题既能让学生应用几何知识,又能让他们体验到中国古建筑文化的精髓和独特之处。

### 中国建筑文化与数学几何融合设计研究

摘要:本文旨在探讨中国建筑文化与数学几何的融合设计,分析这种融合在建筑设计等领域中的应用,并深入挖掘其美学价值和文化内涵。
关键词:中国建筑文化;数学几何;融合设计;艺术与设计
一、绪论
　　随着全球化的推进,各种文化元素相互交融已为趋势。中国建筑文化起源于黄河流域的原始部落,随着农耕文明的发展而逐渐形成。经历了夏、商、周等朝代的演变,至秦、汉时期形成了独特的建筑风格和体系,并在唐、宋、元、明、清等朝代不断完善和丰富。
　　其独特的风格和美学理念在世界建筑史上独树一帜。而数学几何,作为数学的一个分支,在建筑设计中起到了至关重要的作用。在中国建筑文化中,数学几何的应用尤为广泛。它们相互融合,共同塑造了中国的建筑艺术。

**图 4‑35　学生论文《中国建筑文化与数学几何融合设计研究》**

融合中华优秀传统文化的数学作业,可以帮助学生将抽象的数学概念、知识与具体的中华优秀传统文化联系起来,使数学问题更加有趣、生动,激发学生的学习兴趣和动力。同时,提高学生对中华优秀传统数学文化的认知和理解,增强他们对中华优秀传统文化的尊重和珍视。

在对设计问题进行展示时,我们要注重问题的情境设置和文化元素的渗透,让学生对问题所涉及的文化背景有所了解,并引导他们思考数学与文化之间的关系。此外,可以将学生的作品展示出来,促进他们之间的交流和学习,激发更多的创造力和想象力。

# 第五节 结 语

数学命题中渗透传统文化,帮助学生开阔了眼界、增长了知识、启迪了心智。同时让学生领悟中华文化的博大精深,体会我国数学家和数学著作的魅力,促进学生思维能力、文化素养和个人品质的提升。

## 一、提高数学学习兴趣,掌握数学课程知识

数学作为一门抽象的学科,常常给学生带来一定的学习压力。然而,当数学命题中渗透了传统文化元素时,可以极大地提高学生的学习兴趣。例如,通过介绍古代数学家的故事、数学著作的背景知识,或者将数学问题与传统文化现象相结合,可以使数学变得更加生动、有趣。这种结合不仅让学生更容易接受数学知识,还能让他们在享受学习过程的同时,深入理解并掌握数学课程知识。

## 二、培养高阶思维能力,理解数学思想方法

高阶思维能力包括分析、综合、评价、创造等方面的能力,是数学学习中不可或缺的能力。通过在数学命题中引入传统文化元素,可以引导学生从多个角度思考问题,培养他们的分析能力和综合能力。同时,传统文化的融入还可以帮助学生更好地理解数学的思想方法。

## 三、展现多元数学文化,达到"立德树人"目的

中华优秀传统数学文化源远流长,包含着丰富的数学思想和方法。在数学命题中展现这种多元数学文化,可以让学生更全面地了解数学的历史和现状,体会数学的魅力和价值。同时,这种展现还可以帮助学生树立正确的价值观和人生观。通过了解中国古代数学家的故事和贡献,学生可以学习他们的精神品质和道德风范,从而达到"立德树人"的目的。

数学是一门严谨的科学,更是具有悠久历史的人类文化,我们有理由相信,随

着核心素养教学观的不断推广和被认同,中华优秀传统数学文化必将在数学命题中得到进一步加强。

## 参 考 文 献

[1] 陈琦.数学文化在中考试题中的渗透及其教学启示[J].宁波教育学院学报,2022,24(6):103－106.

[2] 陈莎莎,汪晓勤.2007～2016 十年间基于数学史的高考数学试题分析[J].教育研究与评论(中学教育教学),2017(5):26－33.

[3] 段耀勇,周畅.李冶《益古演段》自序注释[J].内蒙古师范大学学报(自然科学汉文版),2012,41(4):433－435＋440.

[4] 高飞.中考数学文化题赏析与探讨[J].中学教学参考,2019(17):36－37.

[5] 顾为云.中考数学文化题的赏析与探讨[J].数学教学通讯,2018(29):69－70.

[6] 蒋磊.《算经十书》称数法研究[D].南京:南京师范大学,2007.

[7] 孔国平.《测圆海镜》的构造性[J].自然科学史研究,1994(1):10－17.

[8] 刘国祥.基于数学文化的"一题一课"设计与教学[J].数学通讯,2021(20):20－23.

[9] 莫绍揆.对李冶《测圆海镜》的新认识[J].自然科学史研究,1995(1):22－36.

[10] 史嘉.浅谈数学文化试题的意义、分类及借鉴[J].数学通讯,2015(16):57－61.

[11] 苏春梅.西南民族地区中考数学试题融入数学文化的比较研究[D].桂林:广西师范大学,2023.

[12] 汤梦婕.新课改以来数学文化在中考试题中的体现研究[D].贵阳:贵州师范大学,2017.

[13] 邢成云.第 24 讲:数学文化与历史名题[J].中学数学教学参考,2020(8):51－53.

[14] 余小芬,闵蓉,刘成龙.2018 年中考数学文化型试题背景赏析[J].数学教学通讯,2019(14):79－81.

<table>
<tr><td>第五章</td><td>融合与传承，中华优秀传统数学文化<br>融入初中数学课堂的实践案例</td></tr>
</table>

金针度去从君用，未把鸳鸯绣与人。

——徐光启

本章依据《中华优秀传统文化进中小学课程教材指南》的建议，结合初中学生的认知水平以及教材内容的安排，选择第一章所介绍的八个典型主题，深入上海和西藏的多所学校和课堂，与师生们共同开展了一系列主题探究活动及社团活动。部分案例多地多校进行授课，如勾股定理一课，前后有沪藏两地 5 位教师在 3 所学校开展了教学实践。这些活动不仅丰富了学生的数学学习体验，也让他们在亲身参与中感受到了中华优秀传统数学文化的魅力。

我们组织青年骨干教师，将这些实践活动中的经验、感悟与收获，精心撰写成八篇具有借鉴和复制价值的论文。这些论文不仅记录了活动的具体过程和效果，凸显了学生的学习成果，也提炼了将中华优秀传统数学文化融入初中数学课堂的策略和方法。我们希望通过这些典型案例的分享，为广大一线教师提供教学创新的新思路、新方法。

通过这一章的介绍，我们希望读者能够真切感受到中华优秀传统数学文化融入初中数学教学的力量；同时也期待广大数学教师能够积极参与其中，互相借鉴、交流经验，共同推动中华优秀传统数学文化的传承与发展。

## 第一节　寻历史之源　品文化之魅
——以"分数的运算法则"教学为例

### 一、引言

数学文化是指数学的思想、精神、语言、方法、观点以及它们的形成和发展，还包括数学在人类生活、科学技术、社会发展中的贡献和意义，以及与数学相关的人文活动。基于数学史的数学文化可分成知识源流、学科联系、社会角色、审美娱乐与多元文化五个维度,感悟数学的科学价值、应用价值、文化价值和审美价值。

"分数的运算法则"选材于沪教版六年级第一学期数学教材(2023 年版)第 2 章"分数"的阅读材料《中国古代的分数运算》,是在学生已经系统地学习了分数的有关概念,分数的加、减、乘、除的运算等内容的基础上展开研究的,并且学生已能灵活运用法则进行分数的运算,运算能力和解决实际问题的能力已基本具备。

查阅人教版、北师大版、苏教版以及沪教版初中数学教材①,发现虽然知识内容的分布有差异,但是编排结构都非常相似(表 5-1),各个版本的教材也都出现相同的问题。以沪教版教材为例,在教学实践中发现,学生在小学学习同分母分数的加减法和六年级学习异分母分数加减法时,都只是记忆性地借助同(异)分母分数的法则运算,大部分学生不理解算理,没有真正掌握知识的本质。

表 5-1 4 种版本教材中分数的内容与编排

| 教材版本 | 人教版 | 北师大版 | 苏教版 | 沪教版 |
|---|---|---|---|---|
| 知识内容分布 | 分数的加法和减法(五下第六单元)分数的乘法和除法(六上第一、三单元) | 分数的加减法(五下第一单元)分数的乘法和除法(五下第二、三单元)分数的混合运算(六上第二单元) | 分数的加法和减法(五下第五单元)分数的乘法和除法(六上第二、三单元)分数四则混合运算(六上第五单元) | 分数的加、减、乘、除以及四则混合运算(六上第二单元) |
| 编排结构 | 按分数的加减法→分数的乘法→分数的除法的逻辑顺序 | | | |

数学史为探寻数学知识过程提供了良好的素材。基于历史相似性,结合分数运算法则等数学史料,引导学生通过古今对比,经历"术"的发生发展过程,对比分析方法之间的不同,理解古人的计算方法,感悟算理中蕴含的数学思想方法,加深学生对于算理的理解,进而真正掌握算法。

鉴于此,基于 HPM 视角,设计"分数的运算法则"教学目标为:

---

① 除沪教版教材,本书中提及的各版本教材均是根据《义务教育数学课程标准(2011 年版)》编写的教材。而书中提及的沪教版教材则是根据《上海市中小学数学课程标准(试行稿)》编写的教材。

（1）了解约分术（约分）、合分术（加法）、减分术（减法）、乘分术（乘法）、经分术（除法）的算法；

（2）通过古今方法对比，让学生掌握算理，理解并优化算法，体验数学的简洁美，促进学生深度学习，提高数学核心素养；

（3）了解《九章算术》和刘徽相关数学史，感受数学家们追求真理的过程，让学生知晓中国古代数学的伟大成就和丰硕成果，有利于激起学生的民族自豪感和爱国热情。

**二、数学史料分析与运用**

在历史上，分数几乎和自然数一样古老。分数起源于分，在原始社会，人们集体劳动要平均分配果实和猎物，逐渐就有了分数的概念。以后在土地计算、土木建筑、水利工程等测量过程中，当得不到一个整数的结果时，便产生了分数。

1. 史料一：分数的发展史

最早的分数记载于 3 000 多年前古埃及的《莱茵德纸草书》上，古埃及人在纸草书上用一种特殊的记号来表示分子为 1 的分数。古埃及的象形数字与分数记号相结合，就产生了 $\frac{1}{8}$ 和 $\frac{1}{20}$ 等分数。

有学者认为中国古代分数记载最早可以追溯到商代。在晚周的一些铜器上已出现了分数的记数。在我国春秋时代的《左传》中，就用分数规定了诸侯城池的大小。

随着记数、计算的逐渐发展也产生了算筹——中国的算筹数码。用算筹来表示分数的方法与现代非常相似，都是分母在下，分子在上，不过中间没有分数线。可以说古代中国是最早给出分数定义以及建立分数体系的国家，而这比欧洲其他国家早一千年。

又过了五六百年的时间，印度才出现了有关分数理论的论述。印度人记录分数的形式与我国古代的算筹分数是一样的，只不过使用的是阿拉伯数字。再往后，阿拉伯人发明了分数线，分数的表示方法就成为现在这样了。

2. 史料二：《九章算术》中有关分数的记载

《九章算术》在数学上还有其独到的成就，最早提到分数问题。它有比较完整的分数计算方法，包括四则运算、通分、约分、化带分数为假分数等。在分数加减运算部分,书中已明确提出先通分,使两分数的分母相同,然后进行加减。加法的步骤是"母互乘子,并以为实,母相乘为法,实如法而一"。这里"实"是分子,"法"是分母,"实如法而一"也就是用"法"去除"实",进行除法运算。《九章算术》中还提及需注意的两点:其一是运算结果如出现"不满法者,以法命之",就是分子小于分母时便以分数形式保留;其二是"其母同者,直相从之",就是分母相同的分数进行加减,运算时不必通分,使分子直接加减即可。

《九章算术》中还有求最大公约数和约分的方法。求最大公约数的方法称为"更相减损"法,其具体步骤是"可半者半之,不可半者,副置分母子之数,以少减多,更相减损,求其等也。以等数约之"。这里所说的"等数"就是我们现在的最大公约数。可半者是指分子、分母都是偶数,可以折半的先把它们折半,即可先约去 2。不都是偶数了,则另外摆(即副置)分子、分母算筹进行计算,从大数中减去小数,辗转相减,减到余数和减数相等,即得等数。

考虑到所教学生的基本学情,HPM 视角下"分数的运算法则"教学采用了数学史融入数学教学,具体如下:

(1) 介绍分数的由来、《九章算术》以及刘徽的微视频,引导学生了解分数演进的相关数学史;

(2) 追本溯源,介绍古埃及人分饼的方法,融入人文元素,初步感知分数在古代实际生活中的意义;

(3) 结合阅读材料中《中国古代的分数运算》的内容,采用"问—答—术"的思路带领学生探究约分术(约分)、合分术(加法)、减分术(减法)、乘分术(乘法)、经分术(除法),与现在的方法进行对比、分析、归纳,借助现在的数学符合表示出来,思考其合理性和在当时的先进性。

### 三、教学设计与实施

基于 HPM 视角下,本节"分数的运算法则"课例教学主要分为"课前思考—智慧重现—历史演进—分析归纳—巩固提升—课堂小结"6 个环节。

1. 课前思考

"十人九饼":如何将九个饼平均分给十个人?

**生 1:**如图(1)[图 5-1(1)],先将 5 个饼各平均分成 2 块,每人取 1 块,再把剩下的 4 个饼，每个平分成 5 块，每人取 2 块，即 $\frac{1}{2}+\frac{2}{5}=\frac{9}{10}$。

**生 2：**如图 (2)［图 5-1(2)］，九个饼每块平均分成 10 块，每人取 9 块。

……

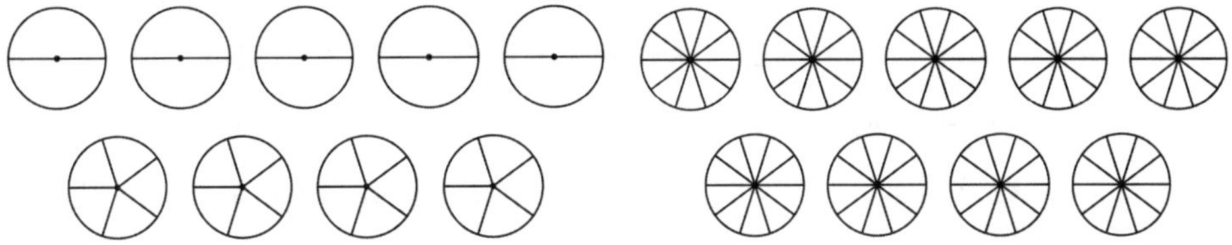

（1）　　　　　　　　　　　　　　　　　　　（2）

**图 5-1　学生解答"十人九饼"问题**

本环节基于学生已有的认知水平，借助古代有关分数的经典题目创设情境问题，引发学生思考，激发学生参与探究的热情。

2. 智慧重现

本教学环节中，借鉴古埃及人的智慧重现古代十人九饼问题的解决方法，与现代学生们想到的方法作对比，初步感知分数在古代实际生活中的意义，让学生感悟古人的智慧，知古通今，挖掘其中更深层次的教育价值。另外，古埃及人方法的数学史料的引入活跃了课堂氛围，增加了数学的趣味性。

**师：**其实，在数学的历史长河中，人们碰到过很多需要用分数解决的实际问题。"十人九饼"问题古埃及人就已经给出了解决答案，接下来我们通过一个视频一起来了解一下古埃及人是如何解决这个问题的。

播放视频：将 5 个饼各平均分成 2 份，正好 10 块，每人取 1 块；把剩下 4 个饼各平均分成 3 份，共 12 小块，每人取 1 块；将剩下的两小块，再平均分成 5 份，每人再取 1 块。

**师：**同学们，这样分完之后，每个人拿到的饼的数量和块数有什么关系呢？

**生：**不仅数量一样，块数也都相同。

**师：**不错！大家还有什么其他发现吗？

**生：**我们提供的方法与古埃及人的方法在本质上是一样的，古埃及人真的很聪慧！同时可见分数不论在古代还是现代都有其重要的作用，值得我们好好学习。

3. 历史演进

本环节主要介绍分数的发展史。从知识源流维度上拓宽了学生知识的视野，让学生感知到数学的历史演变,促进学生理解数学、感悟数学家的数学思想,从中领略到数学之美。

**师:**分数的引入是数系的第一次大扩展,它使人们能够更精确地描述客观事物的数量关系。数扩展到分数后,由于实际需要又产生了分数的四则运算规则。分数的四则运算有其非常重要的性质,不仅可以直接解决许多实际问题,而且其他很多运算都要归结到分数运算,是其他数学方法不可少的工具。这也是中国第一部重要数学著作《九章算术》在卷一中先讲分数的原因。我国作为世界上最早建立分数四则运算的国家,在战国时期就已经进行过分数四则运算。在秦汉时期便已成熟。《周髀算经》中已经能够在解决实际问题时熟练地进行分数运算了。可见当时我国分数计算水平已经达到很高的水平,远远超过当时世界上其他各国。

4. 分析归纳

结合阅读材料中《中国古代的分数运算》的内容,采用"问—答—术"的思路带领学生更好地感受文化的经久发展。通过古今对比,理解算理,优化算法,体验精彩纷呈的多元文化。

（1）合分术

《九章算术》中合分术曰:母互乘子,并以为实,母相乘为法,实如法而一。这里的实、法分别指的是分数的分子和分母。将它们用现在的数学符号表示出来,就是:$\dfrac{a}{b}+\dfrac{c}{d}=\dfrac{ad+bc}{bd}$。

**师:**今有三分之一,五分之二,问:合之得几何?

**生:**$\dfrac{1}{3}+\dfrac{2}{5}=\dfrac{1\times 5+2\times 3}{3\times 5}=\dfrac{5+6}{15}=\dfrac{11}{15}$。

**师:**请大家与之前学过的分数加法作比较,有什么发现? 请举例说明。

**生1:**合分术简单一些,因为我可以直接将分母相乘作为公分母,简单明了。

**生2:**我不太认同,当分母互素时,合分术和我们现在的方法是一样的。但是,当分母不互素时,合分术就要繁琐些了。例如,我们现今的方法:$\dfrac{5}{12}+\dfrac{3}{10}=\dfrac{5\times 5}{60}+\dfrac{3\times 6}{60}=\dfrac{43}{60}$。合分术:$\dfrac{5}{12}+\dfrac{3}{10}=\dfrac{5\times 10}{120}+\dfrac{3\times 12}{120}=\dfrac{86}{120}=\dfrac{43}{60}$。

**师:**通过合分术,我们见识了古人的智慧,这是我们要学习的。遇到分母较为复杂时，随着分数的发展，现在也有了最小公倍数作为公分母的方法，所以没有古人的探索，也就没有目前我们数学上的简便算法，这是数学的简洁美。

（2）减分术

《算数书》上减法法则为"母相乘为法，子互乘母各自为实，以少除多，余即益也"。《九章算术》中减分术曰：母互乘子，以少减多，余为实，母相乘为法，实如法而一。

师：又有四分之三，减其三分之一，问：余几何？大家可以类比合分术来解决吗？

生：$\dfrac{3}{4}-\dfrac{1}{3}=\dfrac{3\times3-4\times1}{4\times3}=\dfrac{5}{12}$。

师：你能用数学式子来表示吗？

生：可表示为 $\dfrac{a}{b}-\dfrac{c}{d}=\dfrac{ad-bc}{bd}$。

（3）乘分术

《九章算术》中乘分术曰：母相乘为法，子相乘为实，实如法而一。这里的"实"是指分子，"法"是指分母。

师：今有田广七分步之四，从五分步之三。问：为田几何？

生：$\dfrac{4}{7}\times\dfrac{3}{5}=\dfrac{4\times3}{7\times5}=\dfrac{12}{35}$。

师：请大家与之前学过的分数乘法作比较，有什么发现？

生：如 $\dfrac{11}{13}\times\dfrac{12}{11}=\dfrac{132}{143}$，$\dfrac{132}{143}=\dfrac{12}{13}$；现今算法 $\dfrac{\overset{1}{11}}{13}\times\dfrac{12}{\underset{1}{11}}=\dfrac{12}{13}$。所以，我认为先约分的话，会更加简便些。

师：在《九章算术》中还有一个方法叫"更相减损术"。约分法则是"可半者半之，副置分母、子之数以少减多，更相减损，求其等也，以等数约之"，这就是说：分子、分母都是偶数的时候应该用 2 除；如果不是偶数，那么用辗转相减的方法从较大数减去较小的数，最后得到一个余数和减数相等，这就是所求的最大公约数。这种辗转相减求最大公约数的方法和欧几里得的辗转相除法，理论上是一致的。通过这个方法，古人完成了最简分数的化简。

（4）经分术

《九章算术》中经分术曰：以人数为法，钱数为实，实如法而一。有分者通之，重有分者同而通之。

古代分数除法常用的方法是"颠倒相除法",这种方法先把两个分数通分,再分子相除,用字母表示为$\dfrac{a}{b} \div \dfrac{c}{d} = \dfrac{ad}{bd} \div \dfrac{bc}{bd} = \dfrac{ad}{bc}$。

**师**:马二十四,直金十二斤。今卖马二十四,三十五人分之,人得几何?

**生**:用十二除以三十五,就可以得到每人能分到三十五分之十二斤。

**师**:除了经分术外,分数的除法还有其他方法,如表5-2所示。

表5-2　历史上分数除法的方法

| 分数除法方法 | | | | |
|---|---|---|---|---|
| 颠倒法 | $\dfrac{b}{a} \div \dfrac{d}{c} = \dfrac{b}{a} \cdot \dfrac{c}{d} = \dfrac{bc}{ad}$ | | 单位法 | $\dfrac{b}{a} \div \dfrac{d}{c} = \left(bc \cdot \dfrac{1}{ac}\right) \div \left(ad \cdot \dfrac{1}{ac}\right) = \dfrac{bc}{ad}$ |
| 交叉相乘法 | $\dfrac{b}{a} \div \dfrac{d}{c} = \dfrac{b}{a} \times \dfrac{c}{d} = \dfrac{bc}{ad}$ | | 化1法 | $\dfrac{b}{a} \div \dfrac{d}{c} = \left(\dfrac{b}{a} \cdot \dfrac{c}{d}\right) \div \left(\dfrac{d}{c} \cdot \dfrac{c}{d}\right) = \dfrac{bc}{ad}$ |
| 同乘法 | $\dfrac{b}{a} \div \dfrac{d}{c} = \left(\dfrac{b}{a} \cdot ac\right) \div \left(\dfrac{d}{c} \cdot ac\right) = \dfrac{bc}{ad}$ | | | |

**师**:从刚刚的介绍中,大家有什么收获?

**生**:我学会了多个分数相除的方法,也更能体会我们现在算法的优化与简洁。

**师**:这就是分数运算的发展和延续。

5. 巩固提升

在本环节中,借助《九章算术》中典型问题创设问题情境,学生合理选择"术"来解决。本题的设计既巩固"术"的理解,又使学生真切地体会到在古代数学与生活的紧密联系,让数学课堂更具生活性。学生在此环节中用文字语言呈现问题的思考与解决过程,促进数学思维能力的发展。

(1)今有三分之二,七分之四,九分之五。问:合之得几何?

**生**:$\dfrac{2}{3} + \dfrac{4}{7} = \dfrac{14}{21} + \dfrac{12}{21} = \dfrac{26}{21}$。

（2）今有九分之八，减其五分之一。问：余几何？

生：$\dfrac{8}{9}-\dfrac{1}{5}=\dfrac{40}{45}-\dfrac{9}{45}=\dfrac{31}{45}$。

6. 课堂小结

师：通过学习本节课，大家有什么收获？

生 1：学习分饼的方法与古埃及人方法很相似，我感到非常自豪！同时在探寻真理的过程中，刘徽等数学家们锲而不舍的精神深深地鼓舞着我。

生 2：古埃及人非常聪慧，能真正感觉到数学来源于生活，服务于生活的魅力。

生 3：分数的演变过程，数学家们对真理不断探索的过程，跨越历史与现实、数学与人文的两座桥梁。

生 4：我体会到现如今分数运算的简洁美。

## 四、学生反馈

课后请学生四人一组完成以下两项作业：

电子小报：翻译并解释一种"术"或我眼中的《九章算术》。

数学写作：跨越时空与刘徽对话。

课后学生提交小报 23 份，数学写作 25 篇。如图 5-2，学生提交小报的主要内容为 4 个部分，分别是对"术"的解释、借助"术"解决实际问题、刘徽介绍和《九章算术》介绍。基本上每名学生都领会了"术"的本质以及古今方法之间的联系与区别，感悟到数学的简洁美。

课后作业反馈情况统计图

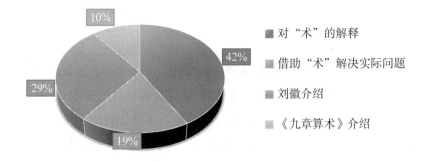

图 5-2　课后作业反馈示例

其中部分电子小报作业如图 5-3 所示。

图 5 - 3　分数主题探究学生电子小报作品

数学写作节选部分作业片段：

**生 1**：我以前没怎么了解《九章算术》，总觉得太枯燥，更别说再加上深奥难懂的数字了，总让人提不起精神。但是后来看了刘徽所著的《九章算术注》，让乏味的数学顿时通俗易懂。以前总觉得现在的方法是原创，却不知在古代已经历了漫长的发展过程。

**生 2**：泱泱华夏大国，文明上下五千年，自然孕育出不俗的数学文化，其中分数就在此列。合分术虽不如现代方法简洁，但确是一种通式通法，能解决所有分数相加的问题，可谓"一招鲜，吃遍天"。

**生 3**：《数学的伟大，不仅仅在现代》：刘徽，您好。我是来自 21 世纪的学生，感谢您对《九章算术》的刻苦钻研，并做出了详细的注释，让原本的《九章算术》变得更完美。您不但把文中"术"的算理解释清楚，还把各种数学方法、数学理论之间的关系挖掘出来，追根溯源。您对数学的研究，不是只停留在"举一反三"和简单的类比上，而是深入探求数学原理，您的这种严谨求实的精神，对我们有着深远的影响。

## 五、讨论

数学文化是数学课堂活力的催化剂，蕴含数理、人文等丰富的教育价值。日常数学教学往往侧重数学知识的解题训练，忽略数学源流的育人价值，忽视对数学文化的感知熏陶。本文基于"分数的运算法则"的史学素材，结合学生的基本学情，引导思考古代分数的加减乘除的算理，再现历史上的数学方法，渗透数学思想。学生不仅掌握知识与技能，体验"做数学"的过程与方法，而且赏析到数学文化的中西交汇，真正落实数学学科智育与德育的双重教学目标。

基于数学文化的内涵分析框架，分析本节课浸润的数学文化有三个内涵维度：

（1）知识源流。本课借助与"分数的运算法则"有关的数学史料，师生一起追溯分数发生发展历程，感受知识背后火热的文化内涵。

（2）审美娱乐。在分析归纳环节中，学生用数学符号分别在四种情况下表示出"术"，以及古今方法对比中揭示数学的简洁美，激发学生数学学习的兴趣，体现出数理趣味。

（3）多元文化。历史上不同时空的数学家对于同一个数学主题往往都做出了各自的贡献，数学史揭示了数学文化的多元性。穿越时空，古今对照，展现历史相似性，使得数学课堂内容丰富而有深度。

实践表明，HPM 视角下"分数的四则运算"教学带领学生经历分数运算发生发展的过程，在寓教于乐中为学生提供了恰当的探究机会，拓宽了学生的思维，激发了学生的创新意识。同时，古今不同方法的对比呈现，揭示了方法之间的内在联系，学生感受到跨越时空的思想碰撞，展示了方法之间的互通互融。

古今中外的数学文化，促使学生深刻地感受数学悠久的历史、古人的智慧以及数学知识的传承。数学因历史而生，却因传承而延续，学生在数学文化中有所感、有所悟，才能切实体验到学习数学的真正意义。

# 第二节　追本溯源　传承创新
## ——以"探究盈不足术"教学为例

### 一、引言

2022 年 4 月，《义务教育数学课程标准（2022 年版）》发布，坚持"将社会主义先进文化、革命文化、中华优秀传统文化等重大主题教育有机融入课程，增强课程思想性"的目标导向。我国古代数学创造出很多具有中国特色和世界影响的成果，是中华优秀传统文化的重要组成部分，中华优秀传统数学文化进课堂对于学生坚定文化自信具有重要价值。

当前初中数学课本采用的是西方数学体系，导致中国古代数学家取得的数学成就逐渐淡出学生的视线。盈不足术是中国古代数学家创造的一种解题算法，可应用于解一元一次方程及其应用题、二元一次方程组等领域，提供给学生不同的解题方法和思维方式。

为让中国古老的盈不足术焕发出新的生命力,我们在西藏和上海两地开展"探究盈不足术"的主题教学。设定教学目标如下:

(1) 学生能够掌握盈不足术的基本计算方法和步骤,能够正确运用该术解决简单的实际问题。

(2) 学生能够通过观察、分析和归纳,发现盈不足术的规律,培养数学探究能力;通过练习和实践,巩固和深化对盈不足术的理解和掌握,提高数学运算和应用能力。

(3) 在古今解法的对比中,培养学生的发散性思维,同时激发学生对古代数学文化的兴趣和热爱,培养对传统文化的尊重和传承意识。

## 二、数学史料及其运用

《九章算术》是我国古代流传下来的一部数学巨著,其第七卷为"盈不足"。盈即多余,不足即缺少,通过多余和缺少,求出正好合适的数,此类问题称为盈不足问题。本卷第1~4题如下:

今有共买物,人出八,盈三;人出七,不足四。问:人数、物价各几何?

答曰:七人,物价五十三。

今有共买鸡,人出九,盈一十一;人出六,不足十六。问:人数、鸡价各几何?

答曰:九人,鸡价七十。

今有共买琏,人出半,盈四;人出少半,不足三。问:人数、琏价各几何?

答曰:四十二人,琏价十七。

今有共买牛,七家共出一百九十,不足三百三十;九家共出二百七十,盈三十。问:家数、牛价各几何?

答曰:一百二十六家,牛价三千七百五十。

这4题都属于同一类型:两次每人(家)出钱数分别导致一个盈数和一个不足数,为一盈一不足型。前3个问题都只有答案不列方法,而在第4个问题的答案之下列有共同的方法:

盈不足术曰:置所出率,盈、不足各居其下。令维乘所出率,并以为实。并盈、不足为法。实如法而一。有分者,通之。盈不足相与同其买物者,置所出率,以少减多,余,以约法、实。实为物价,法为人数。

其一术曰:并盈不足为实。以所出率以少减多,余为法。实如法得一人。以所出率乘之,减盈、增不足即物价。

《九章算术》卷七有 20 个问题，前 8 问是一盈一不足，或两盈，或两不足，或一盈一适足，或一不足一适足，第 9 个以后各问并非盈不足问题，而是可转为盈不足术解决的问题。

盈不足算法在我国数学发展史上是一项很光辉的创造。盈不足算法大约在 9 世纪经丝绸之路西传到阿拉伯国家。13 世纪初，由阿拉伯传到欧洲，在意大利数学家斐波那契《计算之书》（1202 年）的第十三章专门论述盈不足。由于用盈不足术解题时要通过两次假设，因此欧洲各国的算术书中后来都称为"假借法"。

盈不足术西传之后，历经了阿拉伯及欧洲各国。16 世纪末期，利玛窦来到中国，李之藻跟他学习西洋算术，此时盈不足术又回到了离别已久的故乡。然而，李之藻等许多学者由于没有见到《九章算术》等著作，已经是"相见不相识了"。1957 年，钱宝琮在《中国数学史话》一书中指出：在公元十六、七世纪时期，欧洲人的代数学还没有发展到充分利用符号的阶段，这种万能的算法便长期统治了他们的数学王国……在现在的高等数学教科书中，这种求方程实根近似值的方法叫作"假借法"，我们不要数典忘祖，这个方法应该叫盈不足术。

我国古代的盈不足算法所蕴含的模型化方法、化归方法以及近似、逼近的方法，都对数学的发展乃至当今数学教学研究具有深刻的启迪作用和借鉴价值，充分显示出中国传统数学构造性与机械化的特色。

基于上述史料，我们对《九章算术》中的原题进行改编，在课堂中把盈不足术的计算方法介绍给学生，并大胆构想中国古人如何总结出这个方法；再结合现行课本的解方程问题，让古老的算法焕发出新的生命力，让学生在文化自信中开阔思维，发展核心素养。

### 三、教学设计与实施

本节课前，学生已经学习了解一元一次方程及其应用题和解二元一次方程组。本节课以《九章算术》卷七第 1 题为基础，结合学生的生活，进行情景引入，让学生了解盈不足术；然后，师生一起数形结合探究盈不足术的合理性，通过课本例题的新解，让学生感悟盈不足术是通解通法；最后，让学生对比不同解法，体会盈不足术的创造性。

#### 1. 情景引入

**师**：春游的时候，第一小组的几位同学想共同买一个物品，每人出 8 元，还盈余

3元,每人出7元,则还差4元。请问:共有多少人? 这个物品的价格是多少?

**生1:**假设共有 $x$ 个人,则可列方程 $8x-3=7x+4$,解得人数 $x=7$,则物价为 $8x-3=53$。

**生2:**也可通过解二元一次方程组求解,假设共有 $x$ 个人,物品的价格为 $y$ 元,则可列方程:$\begin{cases} 8x-3=y, \\ 7x+4=y。 \end{cases}$

**师:**同学们说得很对,这道题源于我国数学名著《九章算术》第七卷盈不足术的第1题,原题为:今有共买物,人出八,盈三;人出七,不足四。问:人数、物价各几何?

**师:**《九章算术》解法如下(表5-3):将两次每人出钱数并列,将盈亏数分别放在下方。令这4个数交叉相乘并相加得"实",将盈亏数相加得"法","实"除以"法"就是每个人应出的钱数。将两次所出钱之差记为"余","实"除以"余"得物价,"法"除以"余"得人数。

表5-3　盈不足术解"众人买物"问题

| 每人每次出的钱数 | 8 | 7 |
|---|---|---|
| 盈、不足 | 3 | 4 |
| 交叉相乘得"实" | $3\times7+8\times4=53$ | |
| 盈、不足相加得"法" | $3+4=7$ | |
| "实"除以"法"得每个人应出的钱数 | $\dfrac{3\times7+8\times4}{3+4}=\dfrac{53}{7}$ | |
| 出的钱数之差得"余" | $8-7=1$ | |
| "实"除以"余"得物价 | $53\div1=53$ | |
| "法"除以"余"得人数 | $7\div1=7$ | |

**设计意图:**从春游引入,贴近学生的生活,从而引发学生的兴趣;再给学生介绍《九章算术》中的盈不足问题及其算法,追本溯源,激发学生的探究热情。

2. 古法还原

**师:**有一些人共同买一个物品,每人出 $a_1$ 元,还盈余 $b_1$ 元,每人出 $a_2$ 元,则还

差 $b_2$ 元。请问：一共有多少人？这个物品的价格是多少？

**生：** 假设一共有 $x$ 人，物品的价格为 $y$ 元，则

$$\begin{cases} a_1 x - b_1 = y, & ① \\ a_2 x + b_2 = y。 & ② \end{cases}$$

**师：** 如何消去 $y$？

**生：** 由②－①，得到 $(a_2 - a_1)x + (b_1 + b_2) = 0$。

**师：** 故 $x = \dfrac{b_1 + b_2}{a_1 - a_2}$（"余"除"法"得人数）················ (1)

**师：** 如何消去 $x$？

**生：** 由② $\cdot\, a_1$ －① $\cdot\, a_2$，得：$(a_2 - a_1)y = a_1 b_2 + a_2 b_1$。

**师：** 故 $y = \dfrac{a_1 b_2 + a_2 b_1}{a_1 - a_2}$（"余"除"实"得物价）········· (2)

**师：** 通过解二元一次方程组，我们得到盈不足问题的公式(1)和(2)，这和《九章算术》的解法完全一致，由此可见，盈不足术是处理盈不足问题的一种通法。

**师：** 中国古人是如何构造出盈不足术的呢？我们从图形的角度，尝试解释《九章算术》中第七卷第1题的解法。

**师：** 如图（图5－4），长方形 $ABCD$ 代表物价，每人出 8 元，得到总价长方形 $EBCF$，盈余的红色部分（长方形 $EADF$）为 3 元；每人出 7 元，得到总价长方形 $GBCH$，不足的蓝色部分（长方形 $AGHD$）为 4 元；两次出价相差 $8-7=1$ 元，总价相差 $3+4=7$ 元，人数怎么计算？

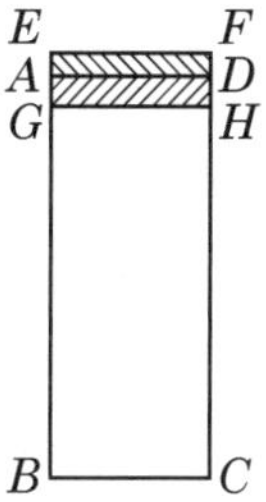

图 5－4　图解《九章算术》中第七卷第1题人数求法

**生：** 人数为 $\dfrac{3+4}{8-7}=7$ 人。

**师：** 如图(1)[图5－5(1)]，每人出 8 元，出价 4 次，盈余红色部分 $3\times4=12$ 元；每人出 7 元，出价 3 次，差蓝色部分 $4\times3=12$ 元。把红色部分和蓝色部分叠合，如图(2)[图5－5(2)]，达到盈亏平衡，此时每人出价 $3\times7+8\times4=53$ 元，为物价的 $3+4=7$ 倍，所以物品一件每人应出钱数 $\dfrac{3\times7+8\times4}{3+4}$ 元，物价怎么计算？

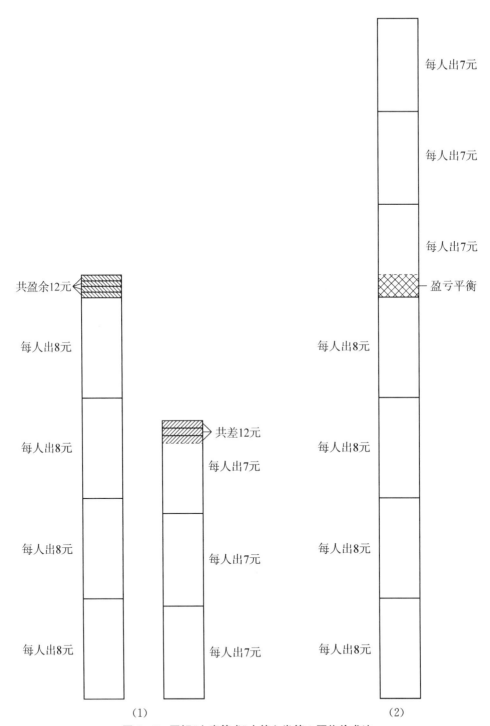

图 5-5　图解《九章算术》中第七卷第 1 题物价求法

生:物价=每人出钱数×人数=$\dfrac{3\times7+8\times4}{3+4}\times\dfrac{3+4}{8-7}=\dfrac{3\times7+8\times4}{8-7}=53$ 元。

设计意图:学生已经学习了解二元一次方程组,教师通过把情景问题一般化,帮助学生得到盈不足术的表达公式,解密盈不足术算法;再通过数形结合的方法,和学生一起探寻中国古代数学家是如何归纳出盈不足术的。

3. 古法新解

盈不足术其实也可运用到我们现在的数学学习中,师生共同完成 3 个例题。

**例 1** 沪教版六年级第二学期课本第 6 章一元一次方程(组)和一次不等式(组)第一节问题 2:有一所寄宿制学校,开学安排宿舍时,如果每间宿舍安排住 4 人,将会空出 5 间宿舍;如果每间宿舍安排 3 人,就有 100 人没有床位。那么在学校住宿的学生有多少人?(本题需要把空出的 5 间宿舍转化为 20 人)

**例 2** (沪教版六年级数学第二学期课本第 47 页例题 6)解方程:

$$\frac{x}{16}=\frac{4x+5}{8}+2。$$

解:原方程即为 $\dfrac{1}{16}x-0=\dfrac{1}{2}x+\dfrac{21}{8}$。

由盈不足术,可得

$$x=\frac{0+\dfrac{21}{8}}{\dfrac{1}{16}-\dfrac{1}{2}}=-6。$$

所以,原方程的解为 $x=-6$。

**例 3** (沪教版六年级数学第二学期课本第 72 页例题 2)解方程组:

$$\begin{cases}2x+4y=9,\\3x-5y=8。\end{cases}$$

解:移项,得 $\begin{cases}y=-\dfrac{1}{2}x+\dfrac{9}{4},\\y=\dfrac{3}{5}x-\dfrac{8}{5}。\end{cases}$

则根据公式(1)和(2)①,可得:

$$x = \frac{-\dfrac{9}{4} - \dfrac{8}{5}}{-\dfrac{1}{2} - \dfrac{3}{5}} = \frac{7}{2},$$

$$y = \frac{-\dfrac{1}{2} \times \left(-\dfrac{8}{5}\right) + \dfrac{3}{5} \times \left(-\dfrac{9}{4}\right)}{-\dfrac{1}{2} - \dfrac{3}{5}} = \frac{1}{2}.$$

所以,原方程组的解为
$$\begin{cases} x = \dfrac{7}{2}, \\ y = \dfrac{1}{2}. \end{cases}$$

设计意图:学生运算能力的形成过程不仅是数学知识(包括算理、算法)的获得过程、用运算律解决实际问题的过程,而且是数学思维、数学核心素养的发展过程。教师通过运用盈不足术,解决学生遇到的一元一次方程及其应用题和二元一次方程组,帮助学生打开思路,培养创造性思维。

4. 课堂小结

**师**:对比两种解法,你能发现盈不足术这种算法的优劣吗?

**生**:盈不足术解一元一次方程或二元一次方程组的计算量明显增大了,但优势是有固定的模式可循,不需要过多的技巧。

**师**:学习了这节课,你有哪些收获?

**生1**:我们在解决课本中的问题时,其实有很多不一样的方法!

**生2**:中国古代的数学家真聪明,能想出盈不足术这样的算法。

设计意图:教师引导学生把课本解方程的方法和盈不足术解法进行对比,进而对盈不足术有了比较深的体会,感悟到中国古代数学家的智慧。同时,也让学生了解到在平时的数学学习中,可以采用灵活多样的思维方式,创造性地解决数学问题。

---

① $x = \dfrac{b_1 + b_2}{a_1 - a_2}, y = \dfrac{a_1 b_2 + a_2 b_1}{a_1 - a_2}$。

### 四、学生反馈

课后教师把学生分成4组,布置开放性作业:以"神奇的盈不足术"为题,制作一份电子小报或进行数学写作。学生提交电子小报2份,数学写作2份。

如图5-6,两份电子小报中,学生主要从盈不足术的出处、例谈盈不足术、盈不足术的影响和自己对盈不足术的理解四个方面展开。其中一篇电子小报中,学生借助自己的理解,对盈不足术进行了几何解析,具有一定的创造性。

**图5-6 "盈不足术"主题探究学生小报作品**

两篇数学写作中,学生围绕什么是盈不足术、例谈盈不足术、盈不足术的原理、盈不足术的应用及学习体会展开,学生在谈到学习体会时说道:"通过本节课的学习,我体会到了中国古代文化的智慧与力量,往后我也会将这种方法融入平常的学习与生活中去。盈不足术作为中国古代人民的智慧结晶,更应该值得被流传千古。"我们可以看到,学生感受到中华优秀传统数学文化的魅力,文化自信的种子埋入了学生的心里。

### 五、讨论

盈不足作为我国古代数学中的一个独特算法,在整个算法体系中占有重要地位,并对后世数学的发展产生了重要影响。由于现行教材采用西方数学体系编排,盈不足术已经逐渐淡出我们的视野。通过对中华优秀传统数学文化的挖掘和本节课的教学,让我们看到盈不足术重新显露出的光芒。

1. 盈不足术模型化的方法有利于培养学生的模型观念

当我们初次接触盈不足术时,由于中国古代数学家还没有现代的数学符号,主要是用文字表述,难免觉得晦涩难懂。但当你真正了解它的时候,你会发现盈不足术以其特定的数学模型,可以解答各种数学问题,是一种很有价值的解题方法。学生在解题过程中,既有假设检验,又有推理分析,并且注重演算程序化、模式化的思想和方法,用盈不足术解答数学问题,规律性强,演算程序化,适用范围较大,对培养模型观念有较高的价值。

2. 盈不足术创造性的应用有利于培养学生的文化自信

实践证明,盈不足术是一个较好的学科德育载体。本节课教师主要探讨盈不足术的合理性及应用,较少提及其先进性及对其他国家的影响。通过运用盈不足术创造性地解决课本的例题,学生在问题解决中体会到盈不足术的价值,在不知不觉中传承和创新性地发展了古代数学中的优秀数学思想。通过课后的开放性作业,学生对盈不足术有了进一步的探究,对中华优秀传统数学文化产生了浓厚的兴趣和求知欲,进而树立了正确的价值观,增强了文化自信和民族自豪感。

中华优秀传统数学文化是一座巨大的宝藏,需要我们师生不断发掘。中学生应该传承和发扬中华优秀传统数学文化,感悟中国古代数学家的智慧,在坚定文化自信中学习数学知识。

# 第三节　探中华优秀传统文化中的对称美
## ——以"图形的运动"综合实践课为例

## 一、引言

《义务教育数学课程标准(2022年版)》要求进一步加强综合与实践,以解决实际问题为重点,以跨学科主题学习为主,以真实问题为载体,适当采取主题活动或项目学习的方式呈现,通过综合运用数学和其他学科的知识与方法解决真实问题。

教育部印发的《中华优秀传统文化进中小学课程教材指南》中明确要求:以具有中国特色的建筑园林、文化遗址、民间艺术等作为背景材料,创设数学探究情境,设计综合实践主题,使学生在数学综合实践中感悟中华优秀传统文化的魅力。

以课程标准为依据,理解中华优秀传统数学文化在数学教材中的呈现方式及教学要求，能够更好地在教学实施中落实中华优秀传统数学文化教育。平移、旋转和翻折是几何图形的三种基本运动，初中数学教材均有涉及。对比北师大、人教版、华师大版和沪教版初中数学教材，我们看到：图形的基本运动在章头、章节中的引入材料、练习题的插图和阅读材料都出现了大量的中国古典建筑、文化遗址和民间艺术中的数学元素，如表 5-4 所示。

**表 5-4　初中数学教材"图形的运动"中传统文化素材**

| 教材版本 | 出现章节 | 出现形式 | 主要内容 |
|---|---|---|---|
| 北师大版 | 七年级下册第 5 章生活中的轴对称、八年级下册第 3 章图形的平移与旋转 | 章头和章节中的引入材料 | 剪纸艺术、故宫、太极图 |
| 人教版 | 七年级下册第 5 章相交线与平行线第 4 节平移、八年级上册第 13 章轴对称、九年级上册第 23 章旋转 | 章头、章节中的引入材料、练习题的插图 | 园林建筑、天安门、京剧脸谱、剪纸艺术、风筝、老北京城示意图 |
| 华师大版 | 七年级下册第 10 章轴对称、平移与旋转 | 章头、章节中的引入材料、练习题的插图和阅读材料 | 山水图、京剧脸谱、中国古典建筑、门窗雕饰、敦煌洞窟图案 |
| 沪教版 | 七年级上册第 11 章图形的运动 | 章头和章节中的引入材料 | 京剧的脸谱、蜡染的花布、剪纸艺术 |

　　目前，综合与实践课程在初中学段学校中的实施情况不容乐观。考虑到各版本教材图形的基本运动知识点中蕴含大量的中华优秀传统文化，为充分发挥中小学课程教材承载的中华优秀传统文化教育功能，笔者设计了"探中华优秀传统文化中的对称美"的综合实践课教学内容，并付诸实施，拟定的教学目标如下：

　　（1）会用数学的眼光看中国特色的古典建筑、文化遗址和剪纸艺术，从中发现平移、旋转和翻折等基本运动与对称性；能够在教师的指导下完成简单的剪纸作品。

　　（2）会用数学的语言表达中国特色的古典建筑、文化遗址和剪纸艺术蕴含的数学美；运用学过的图形的运动知识，通过剪纸或者小报汇报成果，提高动手实践能力和资料收集整理能力。

（3）通过课前、课中、课后的合作探究发展团队合作能力,体会中国古人的智慧,增强中国传统文化自信。

## 二、史料分析与运用

中国古典建筑,作为中华文化的瑰宝,不仅展现了深厚的文化底蕴和艺术魅力,更在其中融入了丰富的数学元素。这些数学元素不仅体现在建筑的结构和布局上,更贯穿于整体设计和细节处理中,使得古典建筑在美学与数学之间达到了完美的融合。

在空间布局上,古典建筑运用了数学几何学中的对称美学。通过对称的布局,建筑呈现出一种平衡和谐的美感,如我们熟知的天坛、故宫和颐和园等。

中国民间剪纸是以中国广大劳动人民群众为主体而创造的一种富有生命力的艺术,产生于汉代,它有着悠久的历史,是千百年农耕文明所形成的艺术体系,是人类非物质文化的重要组成部分。通过用数学的观点对民间传统剪纸艺术的研究,从民间剪纸所蕴含的几何曲线、几何变换、黄金分割等数学元素为出发点,深入探析民间剪纸艺术与数学文化之间的联系,有利于民间剪纸艺术文化的传承和保护,促进多元文化的健康发展和数学文化的交流融合。

中国古典建筑展现了中华民族在数学领域的卓越智慧和深厚底蕴。通过对古典建筑中的数学元素进行深入研究和分析,我们可以更好地理解和欣赏这一中华文化的瑰宝;剪纸集中体现了图形的三种基本运动,特别是轴对称,教师可以设计简单的剪纸活动,让学生切实感受对称之美,感悟中国古人的智慧,增强文化自信。

## 三、教学设计与实施

本章的教学内容属于直观几何阶段,鉴于学生的认知水平、年龄特征,本课例是一节综合实践课,通过赏析、感悟、操作来提升学生对于古典建筑与剪纸中数学美的体会与感受。课前,学生对于教师提供资料阅读探寻其蕴含的数学美;课堂上,以主题汇报的形式展开,进行师生互动;课后,借助开放性作业,进一步个性化探究中国传统文化中的数学。

1. 课前准备

教师将全班学生分为3组,每组8人。教师将青铜峡一百零八塔、福建土楼及剪纸艺术相关的文献、资料、视频发送给三组学生。每组指定组长一人,每组负责一个主题的探究,另外两组作为观察组讨论学习。要求组内所有学生共同对文献、资料、视频中的信息进行阅读和筛选,探寻其中与图形的运动相关的内容。

2.青铜峡一百零八塔赏析与讨论

**组1**:如图(图5-7),一百零八塔位于宁夏回族自治区青铜峡市,是中国现存最大且排列最整齐的塔群之一。塔群随山势凿石分阶而建,共分十二阶梯式平台,由下而上逐层增高,依山势自上而下,按1、3、3、5、5、7、9、11、13、15、17、19的奇数排列成十二行,形成总体平面呈三角形的巨大塔群,因塔数而得名。

图5-7 一百零八塔

**组1**:同学们能不能说一说青铜峡一百零八塔中蕴含的数学元素或者美的元素呢?

**生1**:从整体看,一百零八塔可以看作是一个等腰三角形。

**生2**:如果我们选取其中的一些排列中的数字1、3、5、7……它们都是连续奇数。

**生3**:一百零八塔是一个轴对称图形。

**生4**:如果把它看成等腰三角形,那么它的对称轴是底边上的高所在直线。

**生5**:也可以是顶角平分线所在直线、底边上的中线所在直线。

设计意图:通过对青铜峡一百零八塔赏析与讨论,加深学生对于中国古代建筑中包含的数学美的认知与理解,同时渗透对称、等腰三角形等数学知识。

3.福建土楼赏析与讨论

**组2**:如图(图5-8),福建土楼产生于宋元,成熟于明末、清代和民国时期。福建土楼或方或圆,以圆为主,如珍珠般洒落在闽西南的绿水青山间。福建土楼遵循了“天人合一”的东方哲学理念,建筑风格古朴粗犷,形式优美奇特,尺度适当,功能齐全实用,与青山、绿水、田园风光相得益彰,组成了适宜的人居环境以及人与自然和谐统一的景观。

图5-8 福建土楼

**组2**:同学们能不能说一说福建土楼中蕴含的数学元素或者美的元素呢?

生 1:福建土楼是以土作墙而建造起来的集体建筑,呈圆形、半圆形、方形、四角形、五角形、交椅形、畚箕形等,这些都是数学中的几何图形。

生 2:这些几何图形中,有些是轴对称图形,如半圆形;有些是旋转对称图形,如五角形;圆既是轴对称图形也是中心对称图形。

生 3:福建土楼遵循了"天人合一"的东方哲学理念,给了我适宜的人居环境以及人与自然和谐统一的美感。

生 4:土楼的建筑方式是出于族群安全而采取的一种自卫式的居住样式,让我体会到中国百姓的智慧,我觉得很自豪。

设计意图:通过介绍福建土楼的历史、结构特征及轶事,加深学生对于中国古代名居中包含的数学美的认知与理解,同时渗透轴对称图形、中心对称图形等数学知识,也践行了爱国主义教育,增强了民族自信心。

4. 剪纸艺术的赏析与制作

组 3:下图(图 5 - 9)是中国传统的剪纸作品,剪纸艺术至今已经有 1 500 年的历史了,同学们能不能说一说你了解的剪纸相关知识或者你对于剪纸艺术的理解体会呢?

**图 5 - 9 民间剪纸艺术**

生 1:剪纸艺术以现实生活中的见闻事物作题材,对物象观察,反映了人民淳朴的感情。

生 2:剪纸善于将不同空间、时间的物象进行组合,通过一种夸张和变形的手法来改变对象的性质、形式,进而改变自然原形的惯常标准,这给了我美的感受。

生 3:剪纸一般通过图形的轴对称或者中心对称来完成剪裁和雕刻,另外有些剪纸可以利用教材阅读材料的"平面镶嵌"。

如图 5 - 10,教师借助多媒体展示相关剪纸作品,引导学生欣赏剪纸作品,思考、讨论其中蕴含的图形的运动和对称性。

（1）　　　　　　　（2）　　　　　　　（3）

**图 5‑10　剪纸作品赏析**

**师**：请同学们运用学习过的图形的运动相关知识分析上述 3 幅剪纸作品。

**生 1**：图（1）［图 5‑10（1）］可以看作是由其中一个图形平移得到。

**生 2**：图（2）［图 5‑10（2）］既是一个旋转对称图形，也是一个中心对称图形，它的旋转角为 180°。

**生 3**：图（3）［图 5‑10（3）］是一个轴对称图形。

**生 4**：我发现图（1）［图 5‑10（1）］既是轴对称图形，也是中心对称图形。

**师**：同学们说得很好，请画出每个图形的对称中心或者对称轴。

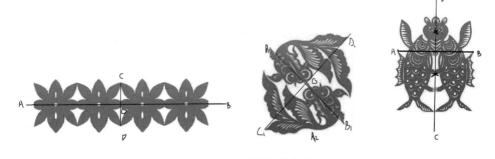

**图 5‑11　学生课堂作业**

如图 5‑12，教师播放剪纸教学视频，内容为基本的剪法和常见的几种剪纸教程。

接下来，教师利用小组合作学习模式开展教学活动，给每个学习小组发一些彩纸和一些剪刀，要求各组成员发挥想象力，在组内进行交流，然后分工合作完成剪纸的制作。在此过程中，教师积极进行指导，要求学生在规定时间内完成作品的制作，并进行课堂展示（图 5‑13）。

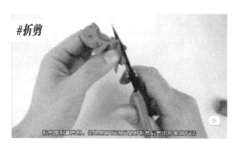

图 5-12 课堂剪纸教学视频截图　　　　图 5-13 学生课堂剪纸作品

设计意图:通过对于剪纸艺术的赏析与制作,让学生体会了对称性在剪纸中的应用,通过历史介绍,增强了文化认同与文化自信。另外,在学生回答部分体现出了不同学科的融合与贯通,是一个意外的惊喜。

5. 课堂小结

**师**:通过本节课的学习,大家有什么收获?

**生 1**:我知道了宁夏一百零八塔、福建土楼、剪纸艺术的历史与发展,从中体会到了中华文化的悠久历史,经历了一次爱国主义教育,增强了民族自豪感与文化认同感。

**生 2**:在这些传统建筑和传统艺术中,我发现数学知识是无处不在的,对称性、几何图形、图形的运动等比比皆是。学习数学对于我们认知世界、感受美有很大的帮助,数学与艺术、数学与建筑之间的关系十分紧密。

**生 3**:实践出真知,学习、操作了剪纸艺术以后,我已经跃跃欲试了,十分迫切地想要再尝试一下,在操作中体会对称性的应用。我想要增强自己的动手能力。

设计意图:学生通过课前的自主学习、课堂的展示和讨论,以及动手尝试,对于中国古典建筑和民间艺术有了较为深入的了解。教师让学生充分表达所获所感,渗透中华优秀传统文化。

**四、学生反馈**

本节课后,教师给学生布置了两道开放性作业,要求学生 2～3 人组成小组完成。

1. 查阅相关文献,以"中华优秀传统文化中的数学"为主题制作电子(手写)小报;

2. 完成一张剪纸创作，说说其中的数学元素或你对剪纸的理解。

课后学生提交剪纸作品9份，电子小报7份。（部分学生作品如图5-14、5-15所示）

9份剪纸作品中，既有利用轴对称进行构图，也有利用中心对称进行构图；学生都配字介绍了剪纸的历史与价值，并从数学的角度谈到了剪纸中的对称性。部分学生提及了剪纸有助于培养动手能力和团队协作的精神，并指出各自作品的美好寓意。

7份电子小报中，学生主要介绍了中国古代建筑的对称之美。内容涵盖了四合院中的对称美、故宫中圆形与外切正方形的关系、天坛中建筑的数学元素、故宫及其红墙图案的对称性、豫园商城的对称性、水乡的房子建筑的对称性和福建土楼中的几何图形。学生的小报从历史角度介绍了许多古建筑与所见所闻，也从对称的角度对美提出了自己的想法与见解，增强了文化认同与文化自信。

**图5-14　学生课后剪纸作品**

**图5-15　学生课后电子小报作品**

## 五、讨论

开展中华优秀传统文化教育,对筑牢民族文化自信,培养青少年做堂堂正正的中国人,具有重要意义。对于中学生的传统文化熏陶,我们主张是主动探究而不是被动接受。本课例以学生为中心,围绕具有中国特色的古典建筑、文化遗址、民间艺术等背景材料,聚焦图形的基本运动,教师引导学生课前主动学习、课中展示成果和课后动手实践并反思提炼,达到了较好的育人效果。

1. 探究与实践相结合,感悟中华优秀传统文化

数学源于生活,古人运用数学创造了大量的实践成果。目前,我们中学生的探究集中在课堂上,导致学生体会不到数学的价值。在学习图形的基本运动时,教材也是借助图片的形式展示了传统文化中的对称美。本课例中,教师课前分发给学生相关的文献资料,引导学生主动探究中国古代建筑中的数学元素,并在课堂上大胆分享,激发了学习热情。课后,学生深入实践,观察生活中的古代建筑,从中发现数学元素的运用,并制作成电子小报,深入感悟中华优秀传统文化的魅力。

2. 动手与动脑相结合,体验中华优秀传统文化

剪纸这项中国传统民间艺术,集中体现了数学的对称之美。学生在数学思维活动的参与下进行实际操作,学生可以将抽象的数学概念和理论转化为具体的实践体验。这样的实践过程能够使学生更好地理解和掌握数学知识,提高对数学思想的认识和感受。在对中国古代建筑之美的探寻中,学生带着所学的对称知识去观察,体验到发现知识的乐趣,并动脑思考其背后的社会因素,从而更好地感悟中华优秀传统文化的内涵和精髓。

经过实践我们感受到,在教师的引导与启发下,本课例的教学目标达成与课堂氛围是比较令人满意的。学生可以在课堂上比较好地表达自己对于对称美的感受、对于传统文化的认同;也能从数学学科知识的角度出发,谈到建筑与剪纸中蕴含的数学元素,甚至有一些超出教师预设的德育目标的落实与爱国主义情感的熏陶。对于中华优秀传统数学文化进初中课堂,本课例是一次有益的尝试与探索。

# 第四节 挖掘传统智慧 创新问题设计
## ——初中"七巧板"主题探究设计与实施

## 一、引言

《义务教育数学课程标准(2022年版)》要求注重情境素材的育人功能,如选用能够展现中国数学家杰出贡献的素材,帮助学生了解和领悟中华民族独特的数学智慧,增强文化自信和民族自豪感。

德国著名数学家希尔伯特曾经说过:数学是根据某些简单规则使用毫无意义的符号在纸上进行的游戏,是制造快乐的游戏。"七巧板"是沪教版数学七年级第二学期教材的探究内容、北师大版数学七年级下册教材的综合与实践内容、华师大版数学七年级上册教材的阅读材料内容,而在人教版中则安排在小学阶段(表5-5)。对于课本中出现的这些游戏介绍内容,不少教师在紧张的教学任务压力下,一般只给学生做简单演示,或者直接把这部分内容留给学生作为课后阅读资料处理,使这一优秀传统数学文化的载体不能充分发挥培养学生核心素养、学科育人的功能。

### 表5-5 中小学数学教材中的七巧板

| 教材版本 | 出现章节 | 出现形式 | 主要内容 |
|---|---|---|---|
| 人教版 | 一年级下册①认识图形(二)⑧总复习;<br>二年级上册③角的初步认识⑥表内乘法(二)的引入;<br>四年级上册⑤平行四边形和梯形;<br>五年级上册⑥多边形的面积;<br>五年级下册⑤图形的运动(三),⑥分数的加法和减法 | 正式内容或新课引入及习题 | 介绍七巧板中的图形、角度;利用七巧板计算面积,表示分数;拼平行四边形和梯形,设计图案 |
| 北师大版 | 七年级下册 | 综合与实践 | 介绍了七巧板的制作过程,以及利用七巧板拼接精美图案 |

（续表）

| 教材版本 | 出现章节 | 出现形式 | 主要内容 |
|---|---|---|---|
| 华师大版 | 七年级上册第 4 章图形的初步认识 | 章节阅读材料 | 利用七巧板拼接精美图案及图形 |
| 沪教版 | 七年级第二学期第 14 章三角形 | 章末探究活动 | 利用七巧板拼接精美图案 |

为充分发挥中小学课程教材承载的传统文化教育功能,我们设计了"七巧板"主题探究教学内容,并付诸实施,拟定的教学目标如下:

（1）了解七巧板的历史和文化背景,掌握七巧板的基本构成和数学性质;

（2）能够运用所学的数学知识（如分数、平行线等）解决与七巧板相关的数学问题;

（3）通过对七巧板的探究,激发学生对数学学习和图形学习的兴趣、热情,增强学生对传统文化的认同感和自豪感。

### 二、数学史料及其运用

古今中外出现过不少的拼板游戏,如欧式七巧板（毕达哥拉斯板）、日本七巧板（智慧板）、越南七巧板、双七巧板、五巧板、十五巧板、二十一巧板等,这些拼板游戏各有特点和趣味,形制各不一样。其中,最科学、最合理、最巧妙、最严谨、表现力最为丰富灵巧的,当数我国的七巧板。

七巧板实指一种正方形拼板,内切七块,故名七巧板。它的历史也许应该追溯到我国先秦的古籍《周髀算经》,其中的正方形分割术可能为七巧板的形成或发展提供了一定的数学基础和思想启示。

南宋时,黄伯思设计了一种由多张桌面呈几何状的桌子组成的"宴几"（图 5 - 16）。这种"宴几"可以根据宴请人数的不同,把桌子拼成不同的形状。又因为"宴"通"燕","宴几"也被称为"燕几"。后来,黄伯思在其编著的《燕几图》中阐明了此桌的原理。

图 5 - 16

到了明代,戈汕在他撰写的《蝶几谱》中对黄伯思的几何桌案做了改进,增加了不规则三角形等多种几何桌面和组合件数,他将这种桌子称为"蝶几",至多由 13

件大小不等的三角形和梯形桌子组成，有一定的比例规格。

到了清代，有人根据蝶几的几何形制成 7 片一套的拼板玩具，取名"七巧板"，人们将用七巧板拼成的各种图形叫"七巧图"。七巧板一经面世就大受欢迎，成为当时最流行的益智玩具。

七巧板不仅深受国人喜爱，且于清代通过各种渠道远渡重洋，传入世界各地。七巧图在西方被誉为"东方最古老的几何玩具"，称它为"唐图"。

1818 年，德国和美国都出版了关于七巧板的书，意大利出版的书中还介绍了中国七巧板的历史。此后，七巧板在欧美广为流传，并深受人们喜爱。

由史料可见，七巧板源于我国，有悠久的历史，体现了古人的智慧。一方面，我们可以在课堂上把七巧板这一素材及其历史展现给学生。另一方面，七巧板中蕴含了丰富的数量关系和位置关系，与初中平行线、无理数和平移等知识点都有联系，教师可以创设问题，让学生在学习情境中亲近数学，深入体会七巧板的应用价值。

### 三、教学设计与实施

本节课授课对象为七年级学生，学生已经学习了分数的四则运算、几何图形初步和平行线等内容。七年级学生普遍好动、好奇和好玩，他们的注意力容易分散且难以持久，在分析和解决问题时，具体形象思维仍起主导作用。本节课前，教师给每组学生发放一套七巧板。课堂上，先认识和制作七巧板；再一起探究七巧板的性质；最后借助原创的典型问题，在复习课本所学知识的基础上，渗透"数形结合"和"出入相补"等数学思想。

1. 认识和制作七巧板

活动 1：播放视频"神奇的七巧板"（视频主要内容为借助七巧板拼图讲解七巧板的来历、七巧板的拼法等）。

教学片段：

**师**：七巧板起源于中国，其历史可以追溯到我国先秦的古籍《周髀算经》中的正方形分割术。其经过不断演变，到清初逐渐定型，即现如今的形制。七巧板在清代传往海外后，立刻引起极大的兴趣，有些外国人通宵达旦地玩它，并叫它"唐图"，意思是"来自中国的拼图"。七巧板应当是现代各种拼图游戏的"始祖"了。

活动2：制作七巧板

教学片段：

**师**：将一张正方形的纸折叠后得到如图(1)[图 5-17(1)]所示的虚线。为了便于说明，在图(1)中标出下列各点的位置，并依次命名为 A、B、……、J 后得到图(2)[图 5-17(2)]；实线连接 EF、AG、BD、GH、JF，然后沿实线剪开，即可得到图(3)[图 5-17(3)]中①—⑦七个板块，这就是一副七巧板了。大家试试看。

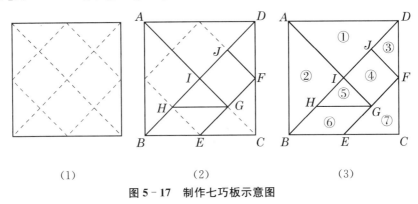

(1)                    (2)                    (3)

图 5-17  制作七巧板示意图

学生动手操作，教师巡查、指导。

**生**：太麻烦了，一不小心就剪错了位置，还得重新开始。

**师**：只是按照已有的步骤剪开就觉得麻烦，几千年前的古人们想出这种制作七巧板的方法是否更加不易呢？我们应当学习古人刻苦钻研的精神。

学生思考，深以为然。

设计意图：从播放七巧板制作成的小故事视频入手，凭借新奇的故事，七巧板鲜艳的色彩以及巧妙的拼图提升了学生对七巧板的学习兴趣。通过动手操作，培养学生细致谨慎的学习态度，获得基本的活动经验，同时感悟古人的智慧，学习他们刻苦钻研的精神，体现人文精神。

2. 七巧板的性质

**师**：在一副七巧板中包含了哪些图形？它们有怎样的大小关系？

**生 1**：有等腰直角三角形、正方形和平行四边形。

**生 2**：通过图(1)[图 5-17(1)]的折叠，我发现最终只剩 1 个③号三角形，打开后得到 16 个三角形，说明图中 16 个三角形的大小是一样的，都等于③号三角形的大小。

**生 3:**①和②号大三角形中各有 4 个③号三角形,所以它们的大小等于③号三角形大小的 4 倍;④号正方形和⑦号三角形中各有 2 个③号三角形,所以它们的大小等于③号三角形大小的 2 倍。

**生 4:**这样可以得到①和②号大三角形的大小是④号正方形和⑦号三角形的 2 倍。

**师:**如何得到⑤号三角形和⑥号平行四边形与其他图形大小间的关系呢?

**生 5:**我试过了,⑤号和③号刚好重合,它们大小相等;⑥号恰好是⑤号和③号拼在一起,因此⑥号平行四边形的大小是③号三角形大小的 2 倍,那么它的大小等于④号正方形和⑦号三角形。

**师:**大家说得都很好。通过刚才大家的讨论,可以把一副七巧板中的图形按照大小关系分为三种类型:大号图形 2 个:①②;中号图形 3 个:④⑥⑦;小号图形 2 个:③⑤。它们之间的面积关系可以描述为:大号、中号、小号图形面积之比为 4∶2∶1。

**师:**通过折叠,你能发现图(1)[图 5－17(1)]里面的角的度数吗?

**生 6:**我发现这些锐角是 45°,钝角是 135°,其余都是直角。

设计意图:从图形到数量,学生进一步认识七巧板的几何构成,在动手操作中发现各板块的大小关系,小组讨论得到七巧板中各块的面积之比,渗透数形结合的基本数学思想。

3. 七巧板中的数学

**师:**七巧板是我国祖先的一项卓越创造,被誉为"东方魔板"。下图(图 5－18)是用七巧板拼成的一个"家"的图形。

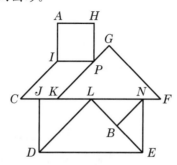

图 5－18　七巧板拼成的"家"

师：图中与直线 $CI$ 平行的直线有哪些？请说出理由。

生 1：由 $\angle C=\angle GKF=45°$，得到 $CI\parallel GK$。依据是同位角相等，两直线平行。

生 2：由 $\angle C=\angle CLD=45°$，得到 $CI\parallel DL$。依据是内错角相等，两直线平行。

师：平行四边形 $CKPI$ 占整个"家"的面积的几分之几？

学生遇到困难，教师组织学生小组讨论。

生：七巧板中面积关系可以描述为：大号、中号、小号图形面积之比为 $4:2:1$。故由图(3)[图 5-17(3)]可知，平行四边形 $CKPI$ 占整个七巧板的 $\dfrac{1}{8}$，也即占整个"家"的面积的 $\dfrac{1}{8}$。

师：指出图中图形的平移运动。

生：$\triangle KFG$ 可以由 $\triangle DEL$ 平移得到。

师：若正方形 $AIPH$ 的面积为 1，求 $DE$ 的长。

学生遇到困难，教师进行引导，正方形 $AIPH$ 可以分割为 2 个相同的等腰直角三角形，$\triangle DEL$ 可以分割为 4 个相同的等腰直角三角形(图 5-19)。

生：$\triangle DEL$ 可以分割为 4 个相同的等腰直角三角形，这 4 个相同的等腰直角三角形可以拼成一个正方形，这个正方形的面积为 2，所以边长为 $\sqrt{2}$，即图(图 5-19)中 $LO$ 的长度，故 $DE$ 的长度为 $2\sqrt{2}$。

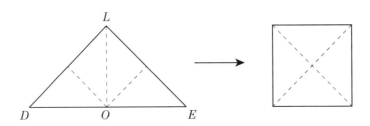

图 5-19　等腰直角三角形拼成正方形

设计意图：让学生知道七巧板不只是拼图游戏，其中还蕴含着数学知识。本题结合课本所学习的平行线、平移和无理数等知识，学生在解决问题的过程中将实际问题抽象成数学问题，培养了数学抽象能力，学生尝试运用"数形结合""出入相补"的思想分析和解决问题。

4. 课堂小结

**师**：通过本节课的学习，大家有什么收获？

**生1**：我知道了关于七巧板的一些历史知识，没想到这个玩具里面包含了很大的智慧，中国古人真聪明。

**生2**：这是我第一次玩七巧板。我学会了制作七巧板，可以回家制作给弟弟妹妹玩。

**生3**：七巧板中有许多数学知识：$45°$、$135°$的角，平行的线段，分数。

**师**：同学们说得很好，"七巧板"是我国古代人智慧的结晶，它是一种集娱乐、教育和数学于一体的益智玩具。对于七巧板，我们不仅要了解其蕴含的文化价值，还要知道其包含的数学原理，通过七巧板来了解数学所蕴含的美。

设计意图：通过小结反思，帮助学生了解数学文化，概括七巧板中的数学知识，感受古人的伟大智慧，凸显中国传统文化的独特价值和魅力。

## 四、学生反馈

本课时结束后布置了两项开放性作业（二选一），学生可以 3～4 人小组合作完成，也可以独立创作：

（1）创作七巧板拼图成语故事。

（2）以"神奇的七巧板"为主题完成数学写作一篇或手抄报一份。

课后学生提交拼图故事 4 个，独立完成的数学写作 12 篇，手抄报 7 份。图 5‐20 是一位学生借助七巧板拼的刻舟求剑的故事（视频截图）：

**图 5‐20　学生七巧板拼刻舟求剑的故事**

学生通过拼图不仅锻炼了动手能力、逻辑思维能力，还收获了做人做事的道理，体现了学科的育人价值。

从提交的数学写作数量来看，83％的学生对于本节课深有感触，并能够写出来。下面是学生的数学写作部分句子摘录：

我上小学的时候,老师教过我们拼七巧板,当时我只会拼一头牛,我以为我很厉害,没想到七巧板有1600多种拼法,我的只是其中一种,也是最简单的。在视频中,我看到别人可以用七巧板拼成语故事,那些人太厉害了。

以前从来没有听说过七巧板,更没有见过,但这节课我见到了,颜色非常漂亮,还用它拼了图形。能够自己拼成图形后,我对数学这门科目有了兴趣。

我在拼七巧板的时候,第一次没有成功,第二次也没有成功,但多试几次就成功了。可见,只要坚持就会成功的。

如图5-21,尽管大部分藏族孩子是第一次制作手抄报,孩子们还是能用手中的彩笔绘出心中的七巧板。学生的手抄报大都提及七巧板的历史和一些七巧板的拼法。令人惊喜的是,有孩子提到:生活中的建筑和图标,都是由很多图形组成的,和七巧板有一样的特点,图形的世界是多彩的,数学来源于生活,服务于生活。

**图5-21　七巧板主题探究学生手抄报作品**

## 五、讨论

七巧板承载着思想和文化,是理想的数学学科德育素材。本节课以七巧板为载体,让学生在做中学,在学中思,试图在传授数学知识的同时传播数学思想、方法和文化,增进学生对中华民族的文化认同,达到学科育人、文化育人的效果。

1. 挖掘传统素材,传承中华文化

在本节课中,教师巧妙地将七巧板这一传统益智玩具引入数学教学,不仅让学生在动手操作中感受几何图形的魅力,更在无形中传承了中华民族的文化精髓。七巧板作为一种历史悠久的拼图游戏,其背后蕴含着丰富的数学原理和文化内涵。通过七巧板的教学,学生不仅能够掌握基本的数学学科知识,还能够深入了解中华民族在数学、艺术等领域取得的辉煌成就，增强对中华文化的认同感和自豪感。

2. 设计综合问题，渗透数学思想

本节课在教学内容的设计上，教师注重将数学知识与现实生活相结合，通过原创的典型问题，让学生在解决问题的过程中复习和巩固所学知识。同时，教师还巧妙地渗透了"数形结合"和"出入相补"等数学思想，让学生在思考问题的过程中，逐步领悟数学的本质和精髓。这种教学方法不仅能够激发学生的学习兴趣和求知欲，还能够培养学生的数学素养和思维能力。

3. 丰富学生反馈，实现学科育人

在课后反馈环节，教师鼓励学生通过七巧板拼成语故事、数学写作和手抄报等多种形式展示自己的学习成果。这种多元化的反馈方式不仅能够让学生更加深入地理解数学知识，还能够锻炼学生的创造力和表达能力。同时，教师还能够通过学生的反馈了解学生的学习情况和需求，在后续的教学提供更加有针对性的指导。通过这种形式的教学和反馈，教师能够真正实现学科育人的目标，让学生在数学学习中获得全面的发展和成长。

本节课通过挖掘传统素材、创新设计综合问题和丰富的学生反馈三个方面的努力，成功地将七巧板这一传统益智玩具引入数学教学，学生在动手操作和解决问题的过程中感受中华优秀传统数学文化的魅力和价值。

# 第五节　弘扬传统数学文化　感悟中华民族智慧
## ——以"勾股定理"的教学为例

## 一、引言

2021 年，教育部印发的《中华优秀传统文化进中小学课程教材指南》中明确要求：在勾股定理的发现和各种证明方法部分，介绍我国数学家关于几何证明的"出入相补"思想方法等。在与西方数学的比较中，让学生体会中国数学思想方法的特点及其价值，感悟中国的创造性智慧。

"勾股定理"是初中数学的重要教学内容，各版本教材都采用"赵爽弦图"的证法，且富含数学文化的元素。4 个版本的教材均提到"赵爽弦图"作为 2002 年国际数学家大会会徽，并在练习中都引用了《九章算术》中的"引葭赴岸"问题。此外，

4个版本的教材均在章末设置了阅读内容,引导学生深入了解勾股定理的历史和典型的证法,如表5-6所示。

表5-6　4个版本教材中"勾股定理"章节的数学文化元素

| 教材版本 | 出现章节 | 证法 | 文化元素 | 阅读材料 |
|---|---|---|---|---|
| 北师大版 | 八年级上册第1章勾股定理 | 赵爽弦图证法 | 2002年国际数学家大会会徽、伽菲尔德的证法、数学泥版、"引葭赴岸"问题、毕达哥拉斯证法 | 勾股世界:勾股定理简史;中国的"青朱出入图";古印度的"无字证明";达·芬奇证法 |
| 人教版 | 八年级下册第17章勾股定理 | 赵爽弦图证法 | 2002年国际数学家大会会徽、《周髀算经》记载、出入相补法、"引葭赴岸"问题 | 勾股定理的证明:毕达哥拉斯证法;弦图的另一种证法;伽菲尔德的证法 |
| 华师大版 | 八年级上册第14章勾股定理 | 赵爽弦图证法 | 2002年国际数学家大会会徽、《周髀算经》记载、弦图的另一种证法、伽菲尔德的证法、希波克拉底"月牙定理"、"引葭赴岸"问题 | 勾股定理史话:勾股定理简史;勾股定理的"无字证明":4种"无字证明"图形 |
| 沪教版 | 八年级上册第19章几何证明的第9节 | 赵爽弦图证法 | 2002年国际数学家大会会徽、"引葭赴岸"问题 | 勾股定理万花筒:勾股定理简史;赵爽证法;伽菲尔德证法;希波克拉底和帕普斯对勾股定理"推广" |

中国传统数学有着悠久的历史、辉煌的成就和丰富的内容。中国古代数学史既是数学教学的目标,也是数学教学的工具,其潜在的教育价值有待于人们去挖掘。为弘扬中华优秀传统数学文化,让学生感悟中华民族的智慧与创造,增强民族自豪感,我们在上海和西藏两地多校开展"勾股定理"教学,拟定的教学目标如下:

(1)掌握勾股定理的内容,了解勾股定理发展简史,特别是中国古代数学家所做的贡献；

（2）会运用勾股定理解决典型问题，掌握出入相补的方法；

（3）通过学习勾股定理的发展史和典型证法，感悟中华优秀传统数学文化，培育文化自信。

**二、数学史料及其运用**

1. 发现勾股定理

勾股定理是人类最伟大的科学发现之一，是初等几何中的一个基本定理。这个定理有十分悠久的历史，四大文明古国均独自发现了勾股定理，并对其进行了一定的研究（图 5 - 22）。

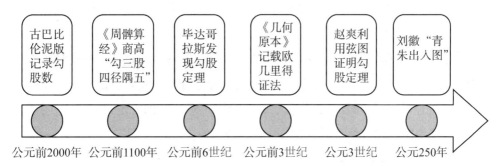

**图 5 - 22　3 世纪前勾股定理的发展史**

约公元前 2000 年，在古巴比伦时期的泥版中就记载了有关勾股定理的问题。约公元前 2000 年，古埃及的"拉绳者"已能解决丈量、建造直角问题。中国最早关于勾股定理的传说，是《周髀算经》中记录的约公元前 1100 年的西周时期。约公元前 6 世纪，印度《绳法经》记述了勾股定理和勾股数组，还画了一张图用来表示作一个正方形使之面积等于两个给定正方形面积的和的方法。

2. 证明勾股定理

《周髀算经》是中国流传至今最古老的一部天文学和数学典籍，它的成书年代保守估计应在公元前 1 世纪。该书开篇记述周公与商高的问答："折矩以为勾广三，股修四，径隅五。既方之，外半其一矩，环而共盘，得成三、四、五。"虽然众多专家学者对这段话的理解不同，但都一致认为这是对勾股定理的证明。

勾股定理在西方被称为毕达哥拉斯定理，相传公元前 500 多年，毕达哥拉斯发现朋友家用砖铺成的地面图案反映了直角三角形三边的数量关系，进而得到勾股定理。公元前 3 世纪,古希腊数学家欧几里得在《几何原本》中借助三角形全等严格证明了勾股定理。

3 世纪,中国古代数学家赵爽在注释《周髀算经》中周公与商高问答后画了"赵爽弦图",运用面积的出入相补证明了勾股定理。

在《九章算术》中,勾股章的第一个公式即为勾股定理的一般性表述:"勾股各自乘,并而开方除之,即弦。"中国古代数学家刘徽注释道:"勾自乘为朱方,股自乘为青方,令出入相补,各从其类,因就其余不动也,合成弦方之幂,开方除之,即弦也。"19 世纪初,清代数学家李锐《勾股算术细草》(1806 年)、李潢《九章算术细草图说》(1820 年刊刻)推测刘徽采用"青朱出入图"证明了勾股定理。

在此后的一千多年里,众多数学家给出了精妙的解法,甚至连美国总统伽菲尔德和意大利画家达·芬奇都有典型证法。

纵观勾股定理的发展史,我们可以看到,它是人类智慧的结晶,不同时代不同民族的数学家都贡献了自己的智慧。中国是较早运用勾股定理解决实际问题的国家之一,同时,赵爽和刘徽等数学家运用对图形切割、拼接的方法,巧妙地证明了勾股定理,是中国古代数学家对世界数学发展做出的贡献。

### 三、教学设计与实施

本节课授课对象为八年级学生,他们已经具备初步的几何知识,如相交线、平行线、三角形等。在从实验几何向论证几何过渡的后期,本节课学生经历勾股定理"观察—发现—猜想—证明"的完整过程,重点是借助"赵爽弦图"对这一定理进行证明,同时介绍勾股定理发展史以及典型的证明方法,让学生体会定理背后所蕴藏的数学思想方法,进而感悟中国古代数学家的智慧。

1. 历史重现

教学情景 1:(将四个全等的直角三角形作为一副学具分发给各小组)教师引导学生拼正方形。

有小组拼出图 5 - 23(1)。

**师**:不错,大家拼出了一个四边形,但能说明它是正方形吗?

**生 1**:它的四条边是全等三角形的短边,所以这个四边形的四条边相等。

**生 2**:还有,根据邻补角的定义,可以得到其中三个角是直角,那么第四个角也是直角,所以四个角相等,它就是正方形。

**师**：说得太好啦，那么利用全等三角形的其他对应边是否也能拼正方形呢？试试看。

学生兴致勃勃，最终拼出了图 5-23(2)。

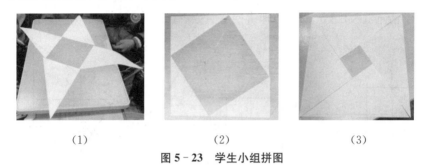

(1)　　　　　　　(2)　　　　　　　(3)

**图 5-23　学生小组拼图**

最后所有小组得到拼图 5-23(2)或 5-23(3)。

教学情景 2：教师选两个拼图结果不同的小组把各自图形贴在黑板上，并口头证明拼图中包含的一大一小两个四边形都是正方形。

**师**：假设每个直角三角形的较短直角边长为 $a$，较长直角边长为 $b$，斜边长为 $c$，大家能表示出自己小组拼图中大正方形面积吗？小正方形面积呢？它们之间有什么关系？你能得到 $a$、$b$、$c$ 之间的数量关系吗？小组交流并推举代表汇报。

**小组 1**：我们小组是第二个图形[图 5-23(3)]。大正方形面积是 $c^2$，小正方形面积是 $(a-b)^2$。外面大正方形面积等于里面小正方形面积与四个全等三角形面积的和，就是 $c^2=(a-b)^2+\frac{1}{2}ab\times 4$，化简得到 $a^2+b^2=c^2$。

**小组 2**：(惊奇)我们的拼图[图 5-23(2)]和他们不一样，但得到的数量关系一样。我们大正方形面积是 $(a+b)^2$，小正方形面积是 $c^2$，大正方形面积减去小正方形面积后就是四个全等三角形的面积和，$(a+b)^2-c^2=\frac{1}{2}ab\times 4$，计算得出 $a^2+b^2-c^2=0$，也能变成 $a^2+b^2=c^2$。

**师**：刚才我们一起得到并证明的是被誉为"千古第一定理"的勾股定理——如果一个直角三角形两条直角边长分别为 $a$、$b$，斜边长为 $c$，那么 $a^2+b^2=c^2$。

教师板书勾股定理内容并介绍它在我国命名的由来。

设计意图：学生通过动手拼图重现历史，体会古代数学家证明定理的过程。同时，在"做"数学中，学生手脑并用，能够对数学学习产生兴趣，积极思考，主动提高课堂参与度。适时融入数学史知识,让学生了解勾股定理是中华优秀传统数学文化。

2. 弦图另证

教学情景 3:如图 5－24,教师讲授赵爽弦图证明勾股定理的另一方法。

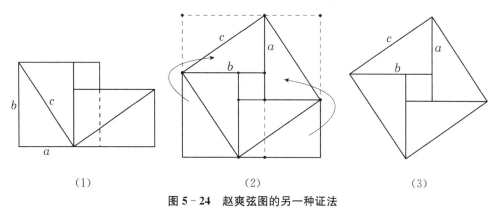

　(1)　　　　　　　　　　　(2)　　　　　　　　　　　(3)

**图 5－24　赵爽弦图的另一种证法**

教师介绍:赵爽利用弦图证明勾股定理的方法是我国古代数学家常用的"出入相补法",通过分割、拼图,利用总面积维持不变或者前后两个图形面积相等来证明结论。这种方法是古人智慧的凝练,它表现了我国古代劳动人民对数学的钻研精神和聪明才智,是我国古代数学的骄傲。为了纪念赵爽在证明勾股定理上的成就,2002 年在北京举行的国际数学家大会用赵爽弦图作为了会徽。

设计意图:使学生掌握利用弦图证明勾股定理的两种方法,它们是我国古代数学家证明勾股定理的典型代表,是我国古人智慧的凝结,背后的"出入相补"原理是中国古代解决几何问题的基本方法,增强学生的民族自豪感与文化自信。

3. 勾股史话

教学情景 4:教师播放以勾股定理发展史(图 5－22)为主线制作的 HPM 微视频,其中包括对毕达哥拉斯、欧几里得和刘徽的"青朱出入图"证明勾股定理方法的介绍。

设计意图:教师通过视频介绍勾股定理的发展史让学生开阔视野,同时体悟数学文化的多元性,让学生初步感受中西方两种不同的证明勾股定理的思维方式,培养学生以开放的眼光看待中西方的数学成就;让学生观看并思考刘徽的"无字证明",能够使他们进一步体会"出入相补"原理,引导学生体会其中蕴含的思想方法,感悟中华民族独特的智慧与创造力，培养学生勇于探索、敢于创新的精神。

4. 牛刀小试

**例 1** 设直角三角形的两条直角边长分别为 $a$、$b$，斜边长为 $c$。

(1) 已知 $a=5$，$b=12$，求 $c$。

(2) 已知 $a=6$，$c=10$，求 $b$。

学生独立完成，小组交流答案，教师针对典型问题集中评讲。

设计意图：帮助学生掌握勾股定理的简单应用，培养学生利用勾股定理解题的基本技能，规范解题步骤，提升思维的逻辑性。

5. 画龙点睛

**师**：通过本节课的学习，大家有什么收获？

**生 1**：我学会了拼赵爽弦图。

**生 2**：我会用赵爽弦图得到勾股定理。

**生 3**：勾股定理历史悠久，赵爽和刘徽等数学家很聪明，找到了证明勾股定理的巧妙方法，值得我们骄傲。

**生 4**：我会用勾股定理求直角三角形的边长。

……

**师**：看来，大家各有收获。我们在使用赵爽弦图证明勾股定理时还认识了"出入相补法"，这种方法体现着数形结合的思想，展现了中国古代数学家的智慧。

设计意图：帮助学生梳理知识，加深通过基本活动得到的经验印象；同时，让学生表达本节课的所感所悟，并渗透中华优秀传统数学文化。

## 四、学生反馈

本节课后，教师给学生布置了开放性作业：以"勾股定理"为话题制作一份手抄报或写一篇作文（数学写作）；要求学生 2～3 人组成小组完成。

课后学生提交小报 12 份，数学写作 10 篇。对于藏族的学生来说，这是他们第一次制作手抄报或进行数学写作，实属不易。如图 5-25，学生提交的小报主要内容为 3 个部分，分别是对勾股定理的解释、借助图形证明勾股定理和勾股定理的应用。基本上每位学生都会解释勾股定理的内容，还有一组学生试图画出勾股树，说明对勾股定理图形有较为深刻的认识。

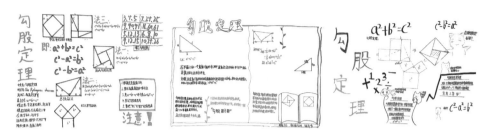

图 5‑25　勾股定理主题探究学生手抄报作品

在数学写作中,学生大多表达了中国古人的智慧以及勾股定理悠久的历史。例如,有学生感悟"我认为古代人民的智慧是值得让人敬佩的,从古代人民的智慧里我学会了用图形解决实际问题"。

通过查阅资料,有学生了解到勾股定理在生活中的应用:"勾股定理在日常生活中也有许多应用,如在建筑的测量、绘图等方面使一些测量变得简单便捷。"也有学生提升了学习数学的兴趣:"我不能像古人那样发现新知识,但我会运用好古人留下来的知识,因为这不仅是古人的智慧,更是推动社会发展的钥匙,所以我会学好它并运用它。"还有学生对勾股定理的证明有了感悟:"我认为勾股定理的各种证法中,最吸引我的是我国数学家赵爽的'赵爽弦图',图形直观而又简便,但又包含了丰富的数学知识。"

### 五、讨论

在西藏传统的课堂中,"勾股定理"这节课的教学,教师主要以讲授为主,往往只告知学生勾股定理内容,要求学生能够应用定理解题即可。把教学重点放在解题上,对于定理的证明很少甚至不作探究,学生往往知其然不知其所以然。通过本节课的实践,笔者对传统数学文化进初中课堂有以下几点认识。

1. 挖掘数学史料,重构教学过程

在教学设计上,笔者有意识地将传统数学文化融入课堂,把数学史料与知识点相结合,重构教学过程。本节课我们先让学生动手拼图再计算得出定理的方法,让学生穿越时空,与古人对话,体会发现知识的快乐,计算得出的定理也符合学生接触的现代数学体系。这种动手实践的方式也更适合基础相对薄弱的西藏学生学情,直接的活动经验能让他们对学习过的知识历久弥新。

2.探究多种证法，体验多元文化

本节课通过学具的使用和教师的引导，学生积极参与数学思维活动，并通过实际操作掌握借助弦图证明勾股定理的两种方法；教师再通过微视频介绍勾股定理的发展史，让学生了解到世界各国数学家证明勾股定理的不同方法，使得课堂的学习变得生动、有趣，极大地开阔了学生的视野。课后学生作业反馈积极。可见，把优秀传统文化融入初中数学课堂，学生能够体验到发现知识的乐趣，进而感悟中华优秀传统文化的内涵和精髓。

3.感悟数学思想，培养核心素养

不论是"赵爽弦图"还是"青朱出入图"，其本质都是运用中国传统数学中一条用于推证几何图形面积的基本思想方法——"出入相补法"。课上教师通过图形的变换和重组激发学生的几何直观与创新意识，培养他们将问题转化为可视化模型，充分感悟这一简明而又直观的方法。勾股定理证明的过程要求学生发现数与形之间的紧密联系和相互转化，同时提升其运用几何性质推理的能力。

由于初次尝试将优秀传统文化引入西藏初中数学课堂，笔者在设计上还存在种种不足。例如，在展示弦图对勾股定理的另一种证法后，应当增加弦图两种证法的优劣比较环节，让学生在两种证法的对比分析中，深入领会"出入相补"的方法。

# 第六节　融入传统文化　启迪学生未来
## ——以"探究杨辉三角"教学为例

## 一、引言

中国古代数学家在数学的许多重要领域中处于遥遥领先的地位，中国古代数学史曾书写下光辉灿烂的篇章，而杨辉三角的发现就是其中十分精彩的一页。如何在初中数学教育中运用中国古代数学史的知识，充分发挥中国古代数学史的作用和价值，是当前初中数学教育面临的一个重要课题。

按照目前的教材编排，学生在高中阶段学习二项式定理的时候，会正式应用到杨辉三角，相关的案例也大都出现在高中教学中。其实在初中阶段，有许多知识点也涉及杨辉三角，如多项式的乘法、开方运算和概率初步问题，现行初中教材也都不同程度地呈现了杨辉三角,如表 5-7 所示。

表 5-7　4 种版本教材中杨辉三角的呈现

| 教材版本 | 呈现章节 | 呈现形式 | 呈现内容 |
|---|---|---|---|
| 人教版 | 整式的乘法和因式分解 | 阅读与思考 | 杨辉三角与 $(a+b)^n$ 展开式 |
| 沪教版 | 概率初步 | 探究活动 | 杨辉三角与路径问题 |
| 北师大版 | 整式的乘除 | 读一读 | 杨辉三角与 $(a+b)^n$ 展开式 |
| 华师大版 | 整式的乘除 | 阅读材料 | 贾宪三角历史与 $(a+b)^n$ 展开式 |

为让学生感受中国古代数学文化的魅力,把中华优秀传统数学文化融入初中数学课堂,我们在上海和西藏两地开展"探究杨辉三角"的主题教学。设定教学目标如下:

（1）学生能够准确理解杨辉构造方法,体会杨辉三角与 $(a+b)^n$ 展开式的内在联系,能够运用杨辉三角解决相关的概率问题;

（2）学生在实践中掌握杨辉三角的应用方法和技巧,提高学生的抽象概括能力和实践应用能力;

（3）学生在探究杨辉三角及其应用的过程中,培养勇于探索、敢于创新的精神,同时感悟中国古代数学家的智慧,培育文化自信。

## 二、数学史料及其运用

中国传统数学取得的成就在宋、元两朝达到了巅峰,它使得目前的中国传统数学在世界数学史上仍占着极为重要的地位,这次顶峰的开创乃源于贾宪三角及其增乘开方法。

11 世纪中叶,中国数学家贾宪发现:在《九章算术》中开平方法用系数 1、2、1,开立方法用系数 1、3、3、1;后者的 3、3 分别为前者 1 与 2、2 与 1 之和;开四次方、五次方和六次方的系数可以类推。贾宪进而给出了一到六次幂的二项式系数表,贾宪称整张表为"开方作法本源图",今称贾宪三角。

如图 5-26,13 世纪,杨辉在其《详解九章算法》中引用了"开方作法本源图",并注明了该图出自贾宪的《释锁算书》。因为贾宪的这本著作已经失传,人们最先看到这张图源于杨辉的著作，我们现在又称它为杨辉三角。

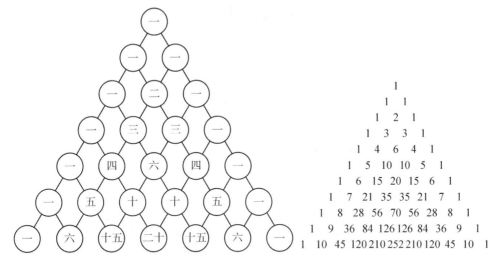

|    图 5‒26    《详解九章算法》杨辉三角示意图    |    图 5‒27    约丹努斯二项式系数表    |

西方最早提出这一数字三角形的是 13 世纪学者约丹努斯，他在一本未出版的算术书中给出一张二项式系数表（图 5‒27），形状与贾宪三角一样，但有 11 层。1654 年，法国数学家帕斯卡在《论算术三角形》一文中，首次将二项式系数表称为算术三角形，并对其性质作了系统的研究，给出了算术三角形的 19 条性质。帕斯卡作为一个集大成者，故西方人把算术三角形称为帕斯卡三角。

基于上述史料，一方面，我们可以引导学生找出杨辉三角蕴含的部分规律；另一方面，杨辉三角在初中数学有广泛的应用，其诞生的本源是开方运算，其广为人知是二项式的展开式，其与概率问题有着天然的联系，这些都可以让学生开展探究。

### 三、教学设计与实施

本节课授课对象为八年级学生，学生已经掌握了多项式乘法法则、开方运算和概率初步知识，具有较强的观察能力和计算能力。教师首先出示图 5‒28（杨辉三角），让学生大胆猜想其中蕴含的规律，在此基础上，介绍相关的数学史，让学生明史鉴今。再通过典型的问题，师生一起探究杨辉三角在多项式乘法、开方运算和概率问题方面的应用，感受杨辉三角的神奇之处，进而感悟中国古代数学家的智慧。

1. 初识杨辉三角

**师:**请同学们观察图 5-28,你能发现哪些规律?

```
                        1
                      1   1
                    1   2   1
                  1   3   3   1
                1   4   6   4   1
              1   5   10  10  5   1
            1   6   15  20  15  6   1
          1   7   21  35  35  21  7   1
        1   8   28  56  70  56  28  8   1
      1   9   36  84  126 126 84  36  9   1
    1   10  45  120 210 252 210 120 45  10  1
  1   11  55  165 330 462 462 330 165 55  11  1
1   12  66  220 495 792 924 792 495 220 66  12  1
                      ······
```

**图 5-28**

**生1:**外围数字都是 1。

**生2:**像一个等腰三角形,是一个轴对称图形。

**生3:**每一行数字前半部分逐渐增大,后半部分逐渐减小,且在中间取得最大值。

**生4:**里面的每一个数字等于其上方(肩上)两个数字之和。

**生5:**奇数层有奇数个数字,偶数层有偶数个数字。

**师:**同学们说得很好! 其实,上图在我国宋朝数学家杨辉于 1261 年所著的《详解九章算法》中就已经出现,我们称它为"杨辉三角"。西方人认为这个图是法国数学家帕斯卡于 1654 年发现的,称它为"帕斯卡三角形",它比杨辉的发现晚了近400 年。

**师:**实际上,在我国北宋数学家贾宪所著的《开方作法本源》中,已经出现了这个系数表,所以此表也称为"贾宪三角",它比柏斯卡的发现早了近 600 年,这体现了中华民族古代灿烂的数学文化。

设计意图:引领学生探寻杨辉三角的奥秘,不仅能加深学生对杨辉三角的认识,还可以让学生更好地感受数与形之间的相互作用;同时,介绍杨辉三角的发展史,让学生受到中华优秀传统数学文化的熏陶。

2. 运用杨辉三角

**环节1　$(a+b)^n$ 的展开式**

师生共同完成填空:

$(a+b)^0 = $ _____ 。

$(a+b)^1 = $ _____ 。

$(a+b)^2 = $ _____ 。

$(a+b)^3 = $ _____ 。

$(a+b)^4 = $ _____ 。

**师**:如果我们把字母前面省略的 1 补上,可以得到下面的结果:

$$(a+b)^0 = 1$$

$$(a+b)^1 = 1a + 1b$$

$$(a+b)^2 = 1a^2 + 2ab + 1b^2$$

$$(a+b)^3 = 1a^3 + 3a^2b + 3ab^2 + 1b^3$$

$$(a+b)^4 = 1a^4 + 4a^3b + 6a^2b^2 + 4ab^3 + 1b^4$$

**师**:你能发现什么?

**生1**:等式后面每个单项式的次数相同。

**生2**:其中的系数和杨辉三角中的前四行完全相同。

**师**:同学们能借助杨辉三角,求出 $(a+b)^5$ 吗?

**生**:$(a+b)^5 = a^5 + 5a^4b + 10a^3b^2 + 10a^2b^3 + 5ab^4 + b^5$。

**师**:杨辉三角体现了 $(a+b)^n$ 展开式中各项系数的规律。

**环节2　抛硬币问题**

师生完成填空:

| 抛 2 枚一元硬币 | |
|---|---|
| 可能的结果 | 发生次数 |
| 2 次正面 | |
| 1 次正面和 1 次反面 | |
| 2 次反面 | |

| 抛 3 枚一元硬币 | |
|---|---|
| 可能的结果 | 发生次数 |
| 3 次正面 | |
| 2 次正面和 1 次反面 | |
| 1 次正面和 2 次反面 | |
| 3 次反面 | |

师：对照杨辉三角，同学们发现什么规律了吗？

生：发生的次数对应杨辉三角第三层和第四层的结果。

师：能根据杨辉三角，完成下列填空吗？

| 抛5枚一元硬币 | |
|---|---|
| 可能的结果 | 发生次数 |
| 5 次正面 | |
| 4 次正面和 1 次反面 | |
| 3 次正面和 2 次反面 | |
| 2 次正面和 3 次反面 | |
| 1 次正面和 4 次反面 | |
| 5 次反面 | |

生：根据杨辉三角，上表发生次数分别为 1、5、10、10、5 和 1。

师：非常好，同学们已经发现杨辉三角在抛硬币问题中应用的规律了。

**环节3 最短路径问题**

师生共同完成下列问题：

如图 5 - 29 是杨辉三角的图形，一只蚂蚁从最高点出发往下爬，在任意一个节点沿哪一条路径往下爬的可能性都相同。最高点以下各横行顺次为第一、二、……层，求：

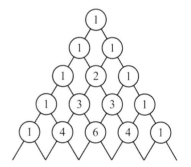

(1) 从最高点爬到第二层各节点的概率；

(2) 从最高点爬到第三层各节点的概率。

图 5 - 29 最短路径问题

师：你能发现什么规律吗？

生 1：蚂蚁从最高点出发往下爬，到每一点的路径数就是圈内数字。

生 2：到每一层的概率之和为 1，每一个点的概率 = $\dfrac{该点数字}{该层数字之和}$。

师：同学们总结得非常好，杨辉三角与最短路径问题也有着天然的联系。同学们小时候玩过的弹珠跌落游戏机,也蕴含了上述规律。如图(图5-30),一到七的奖品是怎么设置的,有兴趣的同学可以进一步探究。

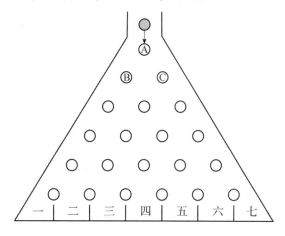

**图5-30 弹珠跌落游戏**

设计意图:结合整式乘法的内容,教师引导学生尝试求形如$(a+b)^n$二项式的展开式,学生进一步认识杨辉三角的运用价值。教师通过抛硬币问题和最短路径问题,引导学生探究杨辉三角在概率问题中的应用,帮助学生进一步了解杨辉三角的组合意义,为探究概率问题提供不一样的解题思路。

3. 课堂小结

**师**:学习了这节课,同学们都有哪些收获?

**生1**:杨辉三角真的太神奇了,这些数字之间包含了很多规律和联系。

**生2**:杨辉三角非常有用,既和$(a+b)^n$的展开式有关,又能解决概率问题!

**生3**:杨辉三角的发现比西方早了近600年,我国古代数学家取得了非常了不起的成就。

**师**:数学家们在研究不同的问题时不约而同地在杨辉三角处相遇! 于是,数学的天空中高悬一道名曰杨辉三角的美丽彩虹,这道彩虹上,中国古代数学家留下了浓墨重彩的一笔。

设计意图:经过三个环节的探究,学生对于杨辉三角在初中数学中的应用,有了较为深入的了解。在此基础上,教师引导学生进行归纳小结,体会杨辉三角在数学中的广泛运用,进而感悟中国古代数学取得的光辉成就。

### 四、学生反馈

课后,教师给学生布置了一项开放性作业:以"我眼中的杨辉三角"为题,制作一份电子小报或手抄报。课后收到作业 28 份,学生的小报主要包含杨辉三角的历史发展、蕴含规律、广泛应用和杨辉简介四个方面,具体如图 5-31 所示。

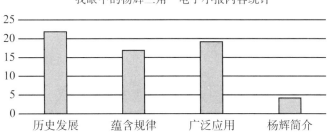

图 5-31　杨辉三角主题学生电子小报内容统计

在"历史发展"中,学生能以时间为轴,简明扼要地介绍杨辉三角的发展历程,明确指出帕斯卡的发现比贾宪和杨辉要晚;在"蕴含规律"中,学生能描述出杨辉三角的构成规律及其他 1~5 条规律;在"广泛应用"中,学生主要从杨辉三角与 $(a+b)^n$ 的展开式、抛硬币问题两个方面展开;在"杨辉简介"中,学生主要介绍了杨辉的生平和在数学领域的主要成就。

如图 5-32,我们看到:学生对杨辉三角的历史有了深入的了解,知道了杨辉三角起源于我国,是中国数学史上的一个伟大成就;对杨辉三角蕴含的规律及其应用进行了一定的归纳和总结,感叹于杨辉三角将许多数学规律的融合,体现了数学的抽象和简洁的美;也开始了解我国古代数学家杨辉和"宋元四大数学家"。令人欣

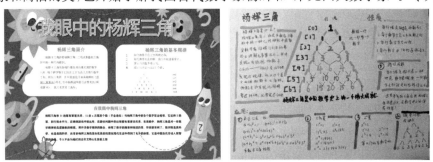

图 5-32　杨辉三角主题探究学生小报作品

慰的是，学生感受到杨辉三角是中国古代劳动人民智慧的结晶，不由为灿烂的中国古代文明心生自豪之情。

## 五、讨论

1. 从学生的最近发展区出发，渗透中华优秀传统数学文化

当我们带着数学史与数学教育的眼光走进中国古代数学史时，可以更加深刻地感受到，该研究领域是一座巨大的"富矿"。本节课教师从学生的最近发展区出发，选取了初中生较为熟悉的多项式乘法和概率问题，引导学生探究杨辉三角的应用价值，学生获得较为深刻的体会。此外，杨辉三角蕴含丰富的数学文化价值，以三个问题为引领，让学生经历探究数学规律的过程，帮助学生更好地感受数学文化，欣赏数学文化，体会数学的思想、精神和价值，进而渗透中华优秀传统数学文化，树立文化自信。

2. 关注初高中衔接，提升学生思维品质

初、高中数学在知识方面存在很多脱节，高中数学知识较初中更加抽象，难度加大，容量更多，一部分学生因此不能尽快适应高中数学学习，对数学产生恐惧心理。在高中阶段，杨辉三角与二项式定理及排列组合有紧密的联系，而这两部分内容，在初中教学涉及的都较少。本节课以 $(a+b)^n$ 的展开式、抛硬币问题和最短路径问题为导引，集趣味性、创新性、探究性于一体，学生主动探寻其共有的规律，发现其都蕴含杨辉三角，提升了学生的思维品质。虽然二项式定理和排列组合公式不适合直接介绍给学生，但在学生心中已经埋下了这些知识的种子。

杨辉三角在数学中有着广泛的应用，本节课由于时间关系，其在生活的运用没有完全展开，留给学生课余探索。新时代学生作为中华民族的传人，有义务和责任来光大中国古代数学的光辉成就；同时，新时代的教师也必然肩负起历史的使命，将中华优秀传统数学文化传承下去。

# 第七节　展现传统数学文化魅力　培育初中学生文化自信
——以"漫谈出入相补原理"的教学为例

## 一、引言

"漫谈出入相补原理"是沪教版九年级数学教材第 24 章"相似三角形"章末的阅读材料内容,学生之前已经学习了勾股定理、四边形和相似三角形等几何内容。在"勾股定理"一节中,教材已经介绍了中国古人借助出入相补原理证明勾股定理的方法。本节课的学习,会让学生发现证明相似三角形中对应线段成比例其实还可以借助出入相补原理,进而感悟中国古代数学家总结提炼出来的这一简单明白的原理。

查阅人教版、北师大版和华师大版初中数学教材,发现人教版教材在八年级下册第 17 章第 1 节中,用赵爽弦图证明勾股定理时,标注了使用的方法是"出入相补法"。其他两个版本的教材都没有提及出入相补原理,但是在"勾股定理"这一章节都增加了勾股定理的"无字证明"阅读材料,其本质就是运用了出入相补原理。

《义务教育数学课程标准(2022 年版)》提出:关注数学学科发展前沿与数学文化,继承和弘扬中华优秀传统文化。有学者曾做过调查,部分教师知道出入相补原理,但由谁在何时提出该原理,却很少有教师了解或查阅过相关资料。为充分发挥中小学课程教材承载的中华优秀传统文化教育功能,我们希望从 HPM 的视角,设计"漫谈出入相补原理"教学内容,并付诸实施,拟定的教学目标如下:

（1）了解出入相补原理的由来及其主要的内容;

（2）会构造辅助矩形,运用出入相补原理解决测量问题;

（3）运用出入相补原理解决实际问题,感悟中华优秀传统数学文化,培育文化自信。

## 二、数学史料及其运用

出入相补原理是吴文俊院士命名的,出典于魏晋数学家刘徽在注《九章算术》勾股术时说的一段话:"勾自乘为朱方,股自乘为青方,令出入相补,各从其类,因就其余不移动也,合成弦方之幂。"可见,出入相补原理源于刘徽对勾股定理的证明。

根据吴文俊院士的研究出入相补原理可以追溯到 3 世纪,曾出现在三国时数学家赵爽的《周髀算经注》和《日高图注》中。吴文俊院士还确认在《周髀算经》《九章算术》《九章算术注》《海岛算经》《日高图注》和《勾股圆方图注》等 6 部数学经典著作中均有出入相补原理的应用。

《九章算术》和《测圆海镜》中许多测量问题,也是利用出入相补原理求解的。例如,《九章算术》中"因木望山"问题,其解法就是运用了出入相补原理。

在中国古代数学史上,数学家运用出入相补原理在计算平面多边形的面积、证明勾股定理、解勾股形问题、开平方和开立方、解二次方程等诸多方面取得了巨大成就。由于本节课的授课对象为九年级学生,且刚好学习了相似三角形的知识,我们选取出入相补原理解决测量问题,学生在问题解决中进行对比,体会出入相补原理的价值。

### 三、教学设计与实施

根据学情,学生刚刚学习了相似三角形,所以本节课从《九章算术》勾股卷的"邑方问题"引入,学生会借助相似三角形对应线段成比例,这与《九章算术》解法并不相同,教师进行设疑;再运用刘徽用"青朱出入图"证明勾股定理,介绍出入相补原理的出处和发展;最后通过典型问题,让学生借助构造辅助矩形,运用出入相补原理,解决求线段长度问题。让学生在问题解决中进行对比,体会出入相补原理的价值,感悟中华优秀传统数学文化。

1. 邑方问题

**师**:在《九章算术》勾股章中有这样一个问题:"今有邑方不知大小,各中开门。出北门三十步有木,出西门七百五十步见木。问:邑方几何?"其大意为:如图 5 - 33,今有正方形小城边长不知其大小,各方中央开有城门。出北门 30 步处有一棵树,出西门 750 步恰能看见那棵树。问:小城的边长是多少?

**生**:利用 Rt$\triangle AEF \backsim$Rt$\triangle GHA$,根据对应边成比例列出方程解出 $x$,即可算出小城的边长。

**生**:也可利用 Rt$\triangle AEF \backsim$Rt$\triangle GOF$ 求解 $x$。

**师**:很好,借助相似三角形性质可以解决本题,《九章算术》中是这样解答的:以两次出门步数的乘积 4 倍,再开方即得小城的边长。我们的古人用的是什么方法?

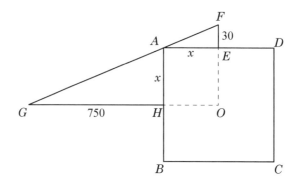

图 5 - 33　《九章算术》中"邑方问题"图

带着这个疑问我们继续学习。

设计意图:对于"邑方问题",学生自然想到的是运用刚刚学习的相似三角形去解决。教师指出中国古人还有其他的方法,进行设疑,引导学生去探究。

2. 出入相补原理

**师:**我们魏晋时期伟大的数学家刘徽用"青朱出入图"证明了勾股定理。我们一起来看看他是如何证明的。

**师:**如图(图 5 - 34),以 Rt△ABC 两直角边 $a$、$b$ 为边分别作正方形 ACDE 和正方形 BCFG,其面积和为 $a^2+b^2$。仔细观察,这两个正方形在图中被分割成几个部分?

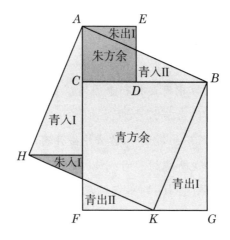

图 5 - 34　青朱出入图

**生:**分割为青出Ⅰ、青出Ⅱ、朱出Ⅰ、青方余和朱方余五个部分。

**师**：以斜边 $c$ 为边作正方形 $ABKH$，其面积为 $c^2$。这个大正方形在图中被分割成几个部分？

**生**：青入Ⅰ、青入Ⅱ和朱入Ⅰ、青方余和朱方余五个部分。

**师**：借助这幅图，如何说明 $a^2+b^2=c^2$？

**生**：只需说明正方形 $ACDE$ 和正方形 $BCFG$ 的面积和等于正方形 $ABKH$ 的面积。

**生**：把青出Ⅰ、青出Ⅱ和朱出Ⅰ分别平移到青入Ⅰ、青入Ⅱ和朱入Ⅰ，可以看到正方形 $ACDE$ 和正方形 $BCFG$ 移成了大正方形 $ABKH$。

**师**：很好，刘徽对图形进行切割、拼接，借助"青朱出入图"证明了勾股定理。"出入相补各从其类"是刘徽对这个方法的总结和明确表达。

**师**：数学家吴文俊将其命名为出入相补原理，认为它是中国古代数学中一条用于推证几何图形的面积或体积的基本原理。

设计意图：教师从刘徽的"青朱出入图"证明勾股定理出发，引入出入相补原理，一方面符合历史的发展顺序，另一方面使抽象的数学在具体图形中得到简明的解释与应用，学生感受出入相补原理的作用。

3. 出入相补原理的应用

**师**：如图（图 5 - 35），设 $O$ 是矩形 $ABCD$ 的对角线 $AC$ 上任意一点，过点 $O$ 分别作一组邻边的平行线 $EG$、$HF$，图中哪几对三角形全等？

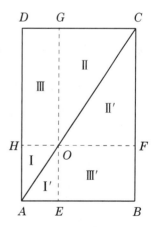

图 5 - 35　矩形中的出入相补原理

**生**：三角形Ⅰ和三角形Ⅰ′，三角形Ⅱ和三角形Ⅱ′，$\triangle ACD$ 和 $\triangle ACB$。

**师**：如果把图形看作由 $\triangle ACD$ 移置到 $\triangle ACB$ 处，同时Ⅰ、Ⅱ各移到Ⅰ′、Ⅱ′，那么依据出入相补原理，得 $S_Ⅲ=S_{Ⅲ'}$，即 $EO \cdot OF = HO \cdot OG$。

**师**：这个结论可以表示成比例形式吗？

**生**：$\dfrac{EO}{OG}=\dfrac{HO}{OF}$。

**师**：很好，在我国古代几何中，由出入相补原理得到线段等积关系，进而解决测量问题。下面我们来看一道例题。

**例 1** 如图 5 - 36,为了测量操场中的旗杆有多高,用一根长为 2 米的标杆 $OH$ 试插在适当的地方,使点 $H$ 在 $AC$ 上,且使标杆 $OH$ 的顶端 $O$ 的影子恰好和旗杆顶端 $B$ 的影子 $C$ 相重合。设旗杆的影长 $AC = a$ 米, $OH$ 的影长 $CH = b$ 米,求旗杆 $AB$ 的长。

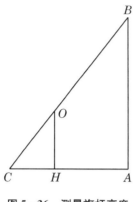

图 5 - 36　测量旗杆高度

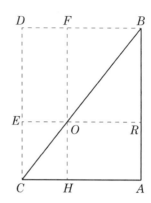

图 5 - 37　构造辅助矩形

教师引导学生把旗杆 $AB$ 和它的影子 $AC$ 当作一个矩形的两边,那么光线 $BC$ 就是矩形的一条对角线,于是满足使用出入相补原理的条件。如图 5 - 37,作辅助矩形 $ABDC$,过点 $O$ 分别作矩形两边的平行线,据出入相补原理,有 $OH \cdot OR = OE \cdot OF$,即可求出旗杆 $AB$ 长为 $\dfrac{2a}{b}$ 米。

设计意图:引导学生通过构造辅助矩形,让图形满足出入相补原理,得到四条线段的乘积关系,即不通过求解相似三角形,也可以求线段的长度,解决测量问题。学生打开思路,另辟蹊径,体会出入相补原理的价值。

4. 再算邑方问题

**师**:我们再来看看《九章算术》中的邑方问题,同学们能不能像例题那样构造一个矩形,满足使用出入相补原理的条件?

**生**:以 $OG$ 和 $OF$ 为矩形的两边,构造辅助矩形 $MGOF$,如图(图 5 - 38)所示。

**师**:对的,以 Rt$\triangle FGO$ 为基础构造矩形 $MGOF$,借助出入相补原理,可得哪 4 条线段乘积相等?

**生**: $AE \cdot AH = AN \cdot AK$。

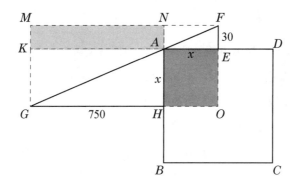

**图 5 - 38 《九章算术》中"邑方问题"辅助矩形**

**师:**是的,借助这个式子,能不能求出小城的边长?

**生:**代入已知条件得到 $x^2=30\times750$。因此,$x=\sqrt{30\times750}=150$ 步,小城边长为 $2x=300$ 步。

**师:**所求小城边长是 $2x=2\sqrt{30\times750}=\sqrt{30\times750\times4}=\sqrt{\overline{两次出门步数相乘\times4}}$。这就是《九章算术》中解答的方法。

**师:**中国古人借助出入相补原理解决了求线段长度问题,体现了中国古人的智慧。

设计意图:通过再算"邑方问题",一方面让学生体会不同的数学解题方法,另一方面感悟出入相补原理的博大精深,培育文化自信。

5. 课堂小结

**师:**通过本节课的学习,大家有什么收获?

**生 1:**我知道了出入相补原理的来源。

**生 2:**运用出入相补原理的关键是构造辅助矩形。

**生 3:**出入相补原理也可以用来求线段长度,和我们学习的运用相似求线段长度的方法不一样。

**师:**同学们说得很好,我国古代数学的成就之一,就是善于在实践的基础上,抽象概括出解决问题的一般方法和原理,出入相补原理就是典型的代表。

设计意图:通过小结,学生回顾出入相补原理发现和发展的过程,感受中国古代几何与欧式几何不同的思维方式,体现数学文化的多元性,进而感受中国古代数学家的智慧。

### 四、学生反馈

本节课后,教师把与出入相补原理相关的部分文献分发给了学生,并给学生布置了两项开放性作业,要求学生2～3人组成一个小组完成:

(1) 查阅相关文献,以"出入相补原理"为主题制成电子(手写)小报;

(2) 以"漫谈出入相补原理"为题进行数学写作。

课后学生提交小报10份,数学写作3篇。如图5-39,学生提交的小报主要内容包含3个方面,分别是对出入相补原理的解释、借助例题说明出入相补原理的应用和借助图形说明出入相补原理。如图5-40,基本上每名学生都会借助图形来说明出入相补原理,这对学生理解原理有帮助,其中一名学生指出出入相补原理蕴含了"数形结合"和"化归"的数学思想,说明有较为深刻的理解。

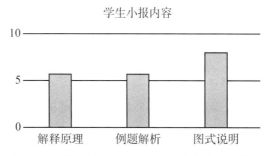

图 5-39　"出入相补原理"主题学生小报内容统计

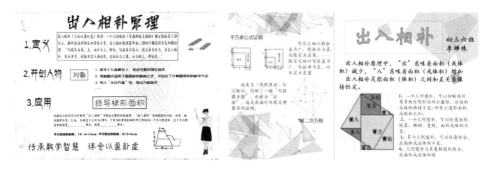

图 5-40　"出入相补原理"主题探究学生电子小报作品

3篇数学写作主要围绕出入相补原理的发展史及其应用、出入相补原理的价值及它是中国古人的智慧几个方面展开,学生认为:出入相补原理简单、覆盖面广且效率高,它是我国古代数学家们对数学学科的卓越贡献之一,民族的自豪感和成就感要牢记心中。

## 五、讨论

中华优秀传统数学文化进初中课堂，对于落实党的"二十大"精神，培养青少年的文化自信有重要的意义。中国古代数学史可以帮助教师构建知识之谐、彰显方法之美、营造探究之乐、实现能力之助、展示文化之魅，而在达成德育之效方面更具有独特的优势，出入相补原理是实施爱国主义教育的理想素材。

本节课从刘徽的"青朱出入图"证明勾股定理，引出出入相补原理，在例1的基础上再算邑方问题，符合历史序和逻辑序；课堂中始终将代数语言和图形表示结合起来，符合学生的心理序，构建了知识之谐。

出入相补原理是中国古代数学家从实践中抽象概括出的一般原理，不管是"青朱出入图"还是再算邑方问题，都体现了方法之美，学生感受到出入相补原理的简明直观。

运用出入相补原理的难点在于构造辅助矩形。课上教师通过图 5-35 引入出入相补原理在求线段长度上的应用，先给出完整的构造图，在例1中教师带领学生一起构造辅助矩形，最后让学生在邑方问题尝试自己构造辅助矩形，学生发现，辅助矩形构造出来以后，问题也就解决了，体会到了探究之乐。

求线段长度的测量问题，不是局限于利用三角形的相似，而是构造辅助矩形借助出入相补原理解决，这样的教学内容活跃了学生的思路，提高了思维的灵活性，使学生在潜移默化中掌握数形结合、转化等思想方法。

多元文化进课堂，能使学生在古今对照、中外对比中更好地理解数学的本质，更好地感悟中华优秀传统数学文化的独特魅力。本节课对于邑方问题的中外两种算法，体现了文化之魅，呈现了数学文化的多元性。

不管是刘徽用"青朱出入图"证明勾股定理，还是借助出入相补原理再算邑方问题，学生都感悟到中国古代数学家的创造性智慧。学生课后的小报和数学写作中也体现了德育之效，学生认为：出入相补原理用简单的方法解决了复杂的问题，在当时是无可挑剔的完美解法，它是我们古代数学家对数学学科的卓越贡献之一。

出入相补原理在初中数学的应用非常广泛，《九章算术》《海岛算经》《数书九章》和《测圆海镜》中众多问题都可以引导学生运用出入相补原理解答，中华优秀传统数学文化进初中课堂，需要我们进行更多的实践和探索。

# 第八节　历史启智增慧　文化培根铸魂
## ——以"圆周率的发展"教学为例

## 一、引言

习近平总书记指出,"坚定文化自信,是事关国运兴衰、事关文化安全、事关民族精神独立性的大问题"。数学文化蕴含着丰富的文化内涵以及人文精神,《义务教育数学课程标准(2022 年版)》中对数学文化的传承作出明确指示,要求在初中数学教学中渗透数学文化,助力数学教学优化创新,落实学科核心素养,达到育人目标。数学课堂中关联我国古代数学家的奋斗史和成就,对于坚定文化自信具有重要的作用。为充分发挥中小学课程教材承载的中华优秀传统文化教育功能,我们设计了"圆周率的发展"主题探究教学内容。

查阅北京版、人教版、华师大版和沪教版初中数学教材,4 个版本对于圆周率的介绍详略各有不同,如表 5-8 所示。

表 5-8　"圆周率的发展"阅读材料在 4 个版本教材中的比较

| 教材版本 | 出现章节 | 出现形式 | 主要内容 |
|---|---|---|---|
| 北京版 | 九年级上册第 22 章圆(下) | 章末阅读理解 | 介绍了割圆术,以及刘徽和祖冲之的贡献 |
| 人教版 | 九年级上册第 24 章圆 | 章中阅读与思考 | 简单提及了圆周率"割圆术"的算法,以及阿基米德、刘徽和祖冲之的贡献 |
| 华师大版 | 九年级上册第 27 章圆 | 章末阅读理解 | 介绍了中国多位数学家和阿基米德在计算圆周率上的贡献 |
| 沪教版 | 六年级第二学期第 4 章圆和扇形 | 章末阅读材料 | 主要介绍了刘徽和祖冲之在计算圆周率上的贡献 |

4 个版本教材中对圆周率的具体求法都未提及。为让学生经历"割圆术"的计算过程,体会中国古代数学家在计算圆周率上的卓越成就,拟定本节课教学目标如下:

(1) 经历中国古代数学家祖冲之计算 π 的过程,掌握"割圆术"的计算方法;

（2）运用"割圆术"计算圆周率的过程中，培养综合运用几何知识解决问题的能力，同时发展计算能力、推理能力和创新意识，体会无限逼近思想；

（3）通过小组合作深入探究计算圆周率的方法，体会多元数学文化，感悟中国古代数学家勇于创造和追求真理的精神。

**二、圆周率之推研**

1. 圆周率发展简史

如图 5-41，对于圆周率 π 的研究是古代数学一个经久不衰的话题。数学是中国人民擅长的学问，中国古代数学长期处于世界上领先的水平，创造出许多具有世界历史意义的成就，其重要表现之一就是圆周率计算，祖冲之在圆周率的计算上闪耀的光芒经久不衰。

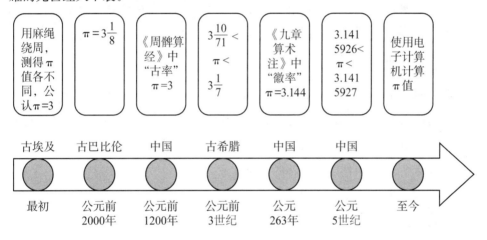

**图 5-41 圆周率发展重要成就时间轴**

2. "割圆术"

所谓"割圆术"，就是先作出圆的边数较少的内接正多边形或外切正多边形（有时两者都作），通过计算其边长进而求出周长或面积（有时两者都求），再将正多边形的边数增加一倍，重复上述计算。"内外夹逼"不断计算获得圆周率。

3. 阿基米德计算圆周率

公元前 3 世纪，阿基米德通过计算边数倍增的圆外切和内接正多边形的周长来求圆周率近似值，开圆周率几何计算之先河。他指出圆的周长介于其内接正多边形的周长和外切正多边形的周长之间，他用逐步增加正多边形的边数的逼近方法,算出圆的内接正96边形的周长和外切正96边形的周长,得到了接近 π 值的上、下界,所得结果是 $3\frac{10}{71} < \pi < 3\frac{1}{7}$。

4. 刘徽与祖冲之计算圆周率

263 年前后,我国数学家刘徽在注释《九章算术》时也独立地运用几何方法求圆周率,称之为"割圆术"。从时间上看,刘徽在阿基米德后近 500 年开始计算圆周率;从方法上看,刘徽着眼于面积且避开外切多边形,仅用内接正多边形单侧逼近圆。

5 世纪,祖冲之继刘徽之后借助"刘徽不等式",仅用勾股定理便计算获得了 $3.141\,592\,6 < \pi < 3.141\,592\,7$ 的结论。他提出了过剩近似值和不足近似值,并指出真值介于过剩近似值与不足近似值之间。祖冲之的这一范围将圆周率精确到小数点后 7 位,领先世界一千多年。

**三、教学设计与实施**

本节课授课对象为九年级学生,学生已经学习了圆与正多边形,因此本节课从圆的内接正多边形画法引入方圆之术,教师设疑引导学生欣赏阿基米德的"割圆术";再经历祖冲之计算圆周率的过程,通过亲自计算体会中国古代数学家在几何研究与计算中的智慧,感受它独特的文化魅力。

1. 方圆之术

**师**:如何画圆 $O$ 的内接正六边形与外切正六边形呢?

**生**:如图(图 5-42),描述圆内接正六边形与外切正六边形画法。

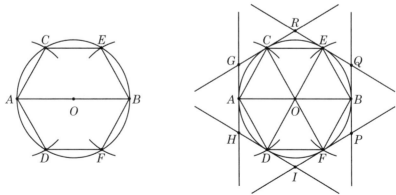

**图 5-42　圆的内接正六边形、外切正六边形画法**

**师：**以此类推，随着正多边形的边数增多，它们从内、外两侧逐渐逼近圆。阿基米德就是采用这样的方法计算圆周率的。接下来，我们一起穿越时空重温一下具体计算过程。

**师：**播放 HPM 微视频向学生介绍阿基米德的计算方法。

画圆 $O$ 的内接正六边形：

(1) 画⊙$O$；

(2) 作直径 $AB$；

(3) 分别以 $AO$ 长为半径，画⊙$A$ 和⊙$B$；

(4) 顺次连接内接正六边形 $ACEBFD$。

画圆 $O$ 的外切正多边形：

(1) 先画⊙$O$ 内接正六边形 $ACEBFD$；

(2) 分别连接过顶点的半径；

(3) 作半径的垂线；

(4) 顺次连接各交点。

设计意图：教师从圆的内接外切正多边形的画法入手，一方面从学生已有的知识经验出发符合认知规律，另一方面也为学生理解内外夹逼的"割圆术"奠定理解基础，利于学生更直观地感受阿基米德的双侧逼近法。

2. 逻辑之美

教师介绍阿基米德的"割圆术"。

如图 5－43，先求 π 的上限，作⊙$O$ 外切正六边形，$AC$ 为其一边的 $\dfrac{1}{2}$，记 $OA=R$，$AC=\dfrac{1}{2}a'_6$，再作 $\angle AOC$ 的平分线 $OD$，同理，$SC$ 为正六边形一边的 $\dfrac{1}{2}$，$OT$ 为 $\angle SOC$ 的平分线，则 $DT$ 为⊙$O$ 外切正十二边形一边，记 $AD=\dfrac{1}{2}a'_{12}$。由角平分线性质定理，

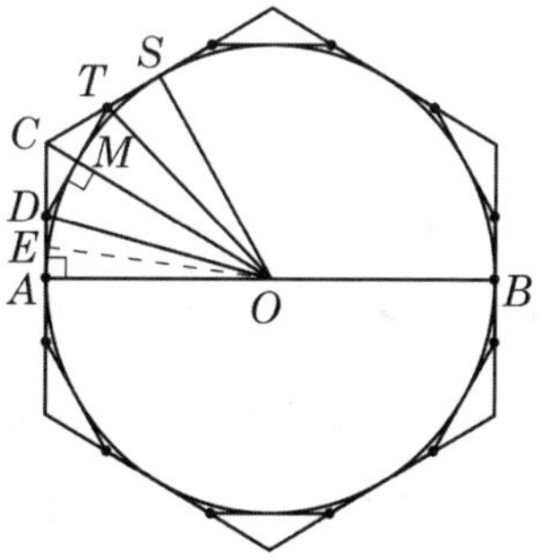

**图 5－43　阿基米德求 π 的上限**

得 $\dfrac{CD}{AD}=\dfrac{OC}{AO}$，即 $\dfrac{CD+AD}{AD}=\dfrac{OC+AO}{AO}$，进而可得

$\dfrac{AO}{AD}=\dfrac{OC+AO}{AC}$。

所以 $\dfrac{R}{\frac{1}{2}a'_{12}} = \dfrac{AO}{AD} = \dfrac{OC}{AC} + \dfrac{AO}{AC} = 2 + \sqrt{3} > \dfrac{571}{153}$。

因为 $C_{圆} = 2\pi R = 2\pi OA < C_{外接正十二形} = 24AD$,

所以 $\pi < \dfrac{12AD}{OA} = \dfrac{12}{2+\sqrt{3}} < \dfrac{12}{\frac{571}{153}} \approx 3.215\,41$。

重复上述过程,当阿基米德计算到第 96 边形时,得到 $\pi < 3\dfrac{1}{7}$。

如图 5 - 44,再求 π 的下限。

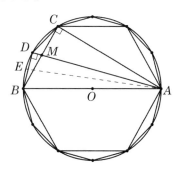

**图 5 - 44　阿基米德求 π 的下限**

$C_{圆} = 2\pi R = \pi AB > C_{内接正十二边形} = 12BD$,

所以 $\pi > \dfrac{12BD}{AB} = \dfrac{12}{\sqrt{8+4\sqrt{3}}} = \dfrac{12}{\frac{12\,055}{3\,120}} > \dfrac{7\,488}{2\,411} \approx 3.105\,77$。

设计意图:教师讲授阿基米德的无限夹逼思想及迭代算法,学生欣赏数学研究的逻辑美,为引入祖冲之算法作铺垫。一方面,阿基米德是首次采用未命名的"割圆术",之后再学习祖冲之的"割圆术"算法,更符合历史的发展顺序;另一方面,对比研究阿基米德从圆内外两侧无限夹逼算法和祖冲之的从圆内一侧无限逼近算法,体现了当时东西方在研究几何方法上的异曲同工之妙,也凸显了我国优秀传统数学文化的价值。

3. 祖先之智

**师:**祖冲之是我们的骄傲,他的贡献要从圆中的余径三角形开始。如图 5 - 45,存在这样一组余径三角形满足:$S_{\triangle ADE} + S_{\triangle DBF} = S_{\triangle ADC} + S_{\triangle DBC}$,请同学们分小组讨论,是否能从面积的角度借用阿基米德的"无限逼近思想"找到一个合适的不等关系呢?

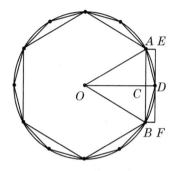

**图 5‑45　刘徽的"割圆术"**

**刘徽小组:** 我们发现了 $S_{圆内接正n边形} < S_圆 < S_{圆内接正n边形} + 2nS_{余径三角形}$。

**师:** 如图(图 5‑45),所有余径三角形的面积和可否用圆内接正多边形的面积来表示呢?

**赵爽小组:** 可以,圆内接正 $n$ 边形的余径三角形的面积和可以表示为圆内接正 $2n$ 边形的面积减去圆内接正 $n$ 边形的面积。

**师:** 正确,推广到一般就是:$S_{2n} < S_圆 < S_{2n} + (S_{2n} - S_n)$,这就是圆的著名不等式"刘徽不等式"。当年,祖冲之就是利用这个不等式在世界上第一次计算出了圆周率的 7 位小数。接下来请各小组一起尝试重历祖冲之计算圆周率的过程。

**杨辉小组:** 我们通过假定 $OB = R = 1$,由于 $\triangle AOB$ 是等边三角形,$AB \perp OD$,$S_圆 = \pi$,利用垂径定理得到 $AC = BC = \dfrac{1}{2}$ 的结论。在 $\mathrm{Rt}\triangle AOC$ 中,由勾股定理得到以下线段长度:

$$OC = \sqrt{1^2 - \left(\dfrac{1}{2}\right)^2} = \dfrac{\sqrt{3}}{2}, \quad CD = 1 - \dfrac{\sqrt{3}}{2} = \dfrac{2 - \sqrt{3}}{2}。$$

$$S_{\triangle AOB} = \dfrac{1}{2} \cdot AB \cdot OC = \dfrac{\sqrt{3}}{4}, \quad S_{内接正六边形} = 6S_{\triangle AOB} = \dfrac{3\sqrt{3}}{2}。$$

$$S_{\triangle AOD} = \dfrac{1}{2} \cdot OD \cdot AC = \dfrac{1}{4}, \quad S_{内接正十二边形} = 12S_{\triangle AOD} = 3。$$

最后,由"刘徽不等式"算出 $3 < S_圆 = \pi < 3 + \left(3 - \dfrac{3\sqrt{3}}{3}\right) \approx 3.401\,92$。

师:同学们很棒!祖冲之就是这样依次迭代计算,将π的范围精确到3.141 592 6与3.141 592 7之间的。同学们要知道,这种算法看似简单,但是在古代却并没有那么简单,他们是怎样计算的呢?

生:我了解到古代算术是用算筹计算的。

师:为你具有丰富知识面点赞!《孙子算经》是我国古代数学的重要著作,其中记载了算筹是当时数学计算的主要工具。

师:据说,祖冲之在用算筹计算的时候,因为数位太多而请自己的儿子帮着一起计算,他们计算所用的算筹一间屋子都放不下,祖冲之能将圆周率精确到小数点后7位是相当了不起的成就。同学们想一想,从祖冲之身上你能看到哪些值得我们学习的呢?

生1:学习上,我们要坚持、不放弃才能获得一定的成果。开创一点都不容易,在过程中要甘于平庸,有时候需要投入大量时间和精力才能取得辉煌的成就。

生2:感到我们中国的数学成就是璀璨的,我们国家也有领先世界水平的数学成就,我们现在也要学习祖冲之的钻研精神,为了让我国在数学的发展史中重新领先而努力。

设计意图:本部分是本节课的亮点,学生小组合作经历祖冲之利用“割圆术”计算圆周率的历程,学生既积累了活动经验,又锻炼了观察、归纳、总结能力。从人文角度、以故事叙事的方式介绍算筹的算法,让学生感受我国古代数学家们的艰辛,感受他们勇于创造和追求真理的人格魅力。

4. 成长之获

师:通过本节课的学习,大家有什么收获?

生1:祖冲之用到了数学的转化思想,他和阿基米德一样利用了极限的思想,从圆内一侧逼近圆周的算法比阿基米德的双侧逼近法更简洁方便。

生2:作为第一个将圆周率精确到小数点后七位的国家,我们对它的重视还是太少了,我们需要用中国的方式来表示对圆周率的尊重。

师:同学们说得很好,“割圆术”是古代极限思想的佳作,是几何研究的重要方法,祖冲之更是推进了圆周率的发展步伐,领先西方数百年,他的丰功伟绩值得我们赞扬和继承。

设计意图：通过小结反思，帮助学生了解和尊重多元文化，感受古代东西方几何研究不同的思维方式，凸显中华优秀传统数学文化的独特价值和魅力。

### 四、学生反馈

本节课后，教师把部分发表的圆周率相关文献分发给了学生，并给学生布置了4项开放性作业，要求学生 2～3 人组成一个小组选择其一完成：

作业 1：制作思维导图介绍 π 发展史；

作业 2：跨越时空与祖冲之对话（数学写作）；

作业 3：制定一个上海特色的 π 日活动方案；

作业 4：制作微视频介绍祖冲之。

如图 5-46，学生通过合作探究共提交作业 8 篇，体现了团队精神，课余继续感悟中华优秀传统数学文化。

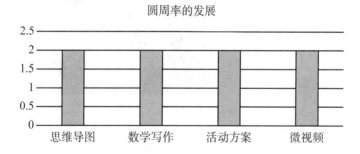

圆周率的发展

**图 5-46 圆周率主题探究学生作业统计**

如图 5-47、图 5-48 和图 5-49，2 份思维导图中除了绘制课堂上重点讲述的圆周率发展史，对于后世 π 的发展进程也进行了整理，脉络清晰明了，说明对圆周率的发展有较为深刻的认识；2 篇数学写作主要围绕圆周率的发展史展开，学生认为：圆周率的应用非常之广，我国古代数学家率先将圆周率推广到了小数点后 7 位，是非常了不起的成就，民族的自豪感和成就感油然而生；学生的 π 日活动方案中，有的小组取小笼包的外形，有的小组取圆口碗、绿豆粥的谐音分别设计了具有上海特色的 π 日活动设计方案；在微视频讲述祖冲之的故事中，学生声情并茂表达了对祖冲之的崇敬之情，如祖冲之不仅在数学方面有极大贡献，他在天文学方面也成绩斐然，启示我们学习上应当具备钻研精神。

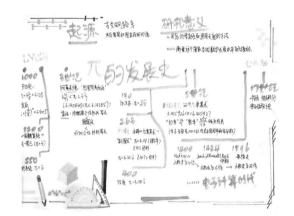

图 5－47　圆周率主题探究学生制作的思维导图

π 日活动方案

1、参与人员：
　每个人
2、活动时间：
　3 月 14 号全天
3、活动地点：
　公共绿地
4、活动内容：
　人们煮好绿豆粥，并将绿豆粥盛到
圆形的碗里喝。

　大家聚在一起熬绿豆粥并盛放在
圆形的碗中；品尝绿豆粥的同时，讨
论和分享π的发展史；观察和品尝绿豆
粥的过程中，探讨古人计算圆周率的方法并自己进行尝试；把绿豆作为点，围成圆并摆一条
直径，通过绿豆的颗数估算圆周率，比比谁算得更精确……
5、活动目的及意义：
　圆周率是中华优秀传数学文化和智慧的体现
　粥是中国传统饮食文化中重要的食物之一
　用圆碗喝绿豆粥，"圆粥绿"谐音"圆周率"
　庆祝和纪念圆周率日，让人们更好地了解和体会圆周率中蕴含的中国古人智慧

图 5－48　圆周率主题探究学生制作的活动方案

　　祖冲之（429 年-500 年），字文远，南北朝时期人，他是中国历史上杰出的
数学家、天文学家、科学家。其最伟大的研究成果是将圆周率计算到小数点 7
位，即在 3.1415926 和 3.1415927 之间。他建立在刘徽的基础上，即运用刘徽
不等式进一步计算得出更为精确的π的约率和密率。
　　除此以外，祖冲之还在天文历法和机械制造方面有所建树。如：他创制了《大
明历》，最早将岁差引进了历法之中以及设计制过过指南车、千里船、定时器等。
　　上完这节课后，骆思涵本人有如下看法：在数学研究方面，祖冲之当时没有
计算器和阿拉伯数字帮助计算，而是凭借超乎常人的毅力，用算筹计算。虽然其
中艰苦我们不得而知，但我们可以学习并弘扬祖冲之这种为学术研究奉献一切，
将所有精力倾注其中，坚持不懈完成自己的研究。
　　聂榕辰本人也体会到：祖冲之不仅在数学方面有极大贡献，在其他各类学
术方面也成就斐然，这启示我们无论是学习何种科目；或是在什么岗位，担任何
种工作，我们都应当具备刻苦钻研的精神，努力做好每件事。

图 5－49　圆周率主题探究学生数学写作

## 五、讨论

中华优秀传统数学文化进初中课堂，对于落实党的"二十大"精神，培养青少年的文化自信有重要的意义。运用中国的数学史可以帮助教师构建知识之谐、彰显方法之美、营造探究之乐、实现能力之助、展示文化之魅，而在达成德育之效方面更具有独特的优势，圆周率发展史的学习是学生坚定文化自信的理想素材。

本节课从方圆之术引出计算圆周率，对比阿基米德"割圆术"的逻辑之美，再现中国数学家祖冲之"割圆术"之智，符合历史序；课堂中故事讲述与几何论证相互穿插符合学生的心理序。欣赏各国对圆周率的重视之举后，再从中国数学家身上汲取成长的力量，体现了认知的完整性，构建了知识之谐。

本节课的教学难点在于探究"割圆术"。课上教师通过流程图的方式，先给出完整的逻辑结构，在论证中教师带领学生一起综合应用初中几何知识解决问题，实现了能力之助；让学生重历古人的探究过程，第一次通过计算获得了 $3<\pi<3.401\,92$ 的范围，营造了探究之乐；学生发现利用祖冲之的割圆术只需从一侧无限逼近，而不需要再用两面夹逼的方法就能计算出圆周率的范围，这种方法更直观易懂，便于计算，体会到了祖冲之算法的方法之美；在数学的漫长发展历程中，没有哪一个常数能像圆周率那样散发着如此经久不衰的魅力，从阿基米德、刘徽到祖冲之，不同时代不同地域的数学家都作出了艰苦卓绝的研究，展现了文化之魅，使学生在博闻广识中提高了学习数学的热情。

学生课后反馈的活动方案、视频讲述、思维导图和数学写作体现了中华优秀传统数学文化的德育之效。学生认为圆周率是我国古代数学家对数学学科的卓越贡献之一，体会到了古代数学家的伟大和他们所创造的辉煌的历史成就，激起了学生强烈的民族自豪感。

## 参 考 文 献

[1] 蔡越江,郭云婷.商高确实证明了勾股定理——兼论这里的"矩"不宜理解为长方形[J].数学的实践与认识,2011,41(12):1-5.

[2] 曹一鸣.中华优秀传统数学文化进中小学数学课程:从意义到实施[J].教

育研究与评论,2022(6):4.

[3] 陈洪鹏.勾股定理研究[D].大连:辽宁师范大学,2011.

[4] 陈仁政.阿基米德与圆周率[J].新世纪智能,2021(89):49.

[5] 崔伟啟,黄丹妮.数学游戏与数学教学——以七巧板为例[J].数学教学通讯,2015(1):14-15.

[6] 方美玲.历史知识分类与历史教学本质——从"祖冲之和圆周率"的教学谈起[J].课程・教材・教法,2008(7):67-72.

[7] 傅海伦.盈不足算法的方法论启示[J].数学通报,1998(9):40-42.

[8] 龚保全,付永红.基于教材单元主题的数学史与数学文化的扩充教学[J].亚太教育,2022(4):104-106.

[9] 李继闵."商高定理"辨证[J].自然科学史研究,1993(1):29-41.

[10] 李文铭,韩红军.刘徽—中国古代数学贡献最大的人[J].数学教育学报,2008,17(5):10-12.

[11] 李莹,韩嘉业,沈中宇.HPM视角下的贾宪三角探究[J].中小学课堂教学研究,2019(11):14-19.

[12] 廖凯.谈教材中"阅读与思考"的作用——以"杨辉三角"为例[J].中学数学教学参考,2019(15):67-69.

[13] 林庄燕,汪晓勤.出入相补原理在初中数学教学中的应用[J].中学数学教学参考,2019(26):9-11.

[14] 刘芳芳.出入相补原理的历史及教学应用[D].太原:山西师范大学,2014.

[15] 钱宝琮.盈不足术的发展史[J].数学教学,1955(1):1-3.

[16] 钱克仁.盈不足术[J].中学数学,1981(2):25-26.

[17] 上海市中小学(幼儿园)课程改革委员会.九年义务教育数学教学参考资料六年级第一学期(试用本)[M].上海:上海教育出版社,2019.

[18] 覃淋."勾股定理"的历史[J].中学生数学:初中版,2019(4):5.

[19] 汪晓勤,赵红琴.阿基米德与圆周率[J].数学教学,2004(1):40-41+39.

[20] 汪晓勤,邹佳晨.基于中华优秀传统数学文化的高中数学留白创造式教学

初探[J].中小学课堂教学研究,2023(9):1-6.

[21] 汪晓勤.基于数学史的数学文化内涵课例分析[J].上海课程教学研究,2019(2):37-43.

[22] 汪晓勤.中华优秀传统数学文化融入初中数学教学的若干路径[J].教育研究与评论(中学教育教学),2022(6):34-39.

[23] 王伯敏.中国民间剪纸史[M].杭州:中国美术学院出版社,2006:10-200.

[24] 王培,王彭德.民间剪纸艺术中的数学文化[J].大理大学学报,2016,1(06):13-18.

[25] 吴娱.中国童玩之七巧图研究[D].南京:南京艺术学院,2019.

[26] 徐传胜."几何学明珠"勾股定理的发现[J].中学生数理化(八年级数学)(配合人教社教材),2015(Z1):43-44.

[27] 杨辉.例谈出入相补原理在初中数学教学中的应用[J].上海中学数学,2019(5):19-21.

[28] 杨辉.增补《详解九章算法》释注[M].吕变庭,释注.北京:科学出版社,2014.

[29] 于骏."数学史融入"的数学教学探析——以七巧板拼图教学为例[J].现代基础教育研究,2020,37(1):8.

[30] 余庆纯,汪晓勤.基于数学史的数学文化内涵实证研究[J].数学教育学报,2020,29(3):68-74.

[31] 岳增成,陈梓欣,林永伟.中华优秀传统数学文化进课堂:价值、标准与路径——以"出入相补原理"为例[J].小学教学(数学版),2022(4):4-7.

[32] 张丽丽.基于项目式学习的初中数学综合与实践课程的实践研究[J].数学教学通讯,2024(2):42-44.

[33] 中华人民共和国教育部.义务教育数学课程标准(2022年版)[S].北京:北京师范大学出版社,2022.

[34] 朱庆云.明晰算理,研透细节——以"盈不足"复习课为例[J].福建教育,2022(7):34-36.

[35] 朱世杰.四元玉鉴校正[M].李兆华,校正.北京:科学出版社,2007.

[36] 邹大海.从《算数书》盈不足问题看上古时代的盈不足方法[J].自然科学史研究,2007(3):312-323.

[37] 邹大海.从先秦文献和《算数书》看出入相补原理的早期应用[J].中国文化研究,2004(4):52-60.

# 后　记

　　本书的主要内容和意义在于,通过系统梳理和深入研究中华优秀传统数学文化,将其与初中数学课堂相结合,探索出了一条富有特色的教学路径。这一路径不仅有助于弘扬中华优秀传统数学文化,也有助于培养学生的数学核心素养和文化自信。同时,本书还为广大一线教师提供了可借鉴的典型案例和实践经验,具有一定的指导和推广价值。

　　随着本书内容的深入探索与实践,我们深感中华优秀传统数学文化融入初中课堂的重要性与必要性,回顾这一过程的点点滴滴,收货满满。我们不仅积累了宝贵的经验,也深刻感受到了教育的重要性和责任。

　　我援助的西藏自治区日喀则市上海实验学校是自治区内唯一一所十二年一贯制学校。学校始终认真推进各项教育教学工作,建成了"优雅＋书香＋生态＋智慧"的美丽校园,构建了"学科课程＋兴趣课程＋创新课程"三维课程体系,促进学生核心素养提升和全面发展。

　　学生的积极参与和作品反馈绝对是本书最大的亮点。我在日喀则市上海实验学校开设了"中华优秀传统数学文化赏析"的社团课,学生对这门课的喜爱让我们深感欣慰。在社团活动中,学生积极参与、热情高涨,不仅深入了解了中华优秀传统数学文化的魅力,还体验到了数学学习的乐趣。他们通过亲手操作、团队合作、交流讨论等方式,感受到了数学文化的博大精深和古人的智慧。其他社团的白玛次罗同学听了我的课后,问下次还能不能继续参加这个社团。

　　虽然一些案例教学内容的难度不大,但对于西藏的孩子,这可能是他们的许多第一次:第一次接触七巧板、第一次制作电子小报、第一次数学写作、第一次合作进行数学主题探究。而对于上海的孩子,他们则充分展示了动手能力和数学思维水平。他们制作了各种精妙的小报来表达对中华优秀传统数学文化的感受,还动手剪纸、制作 HPM 微视频和制定 π 日活动方案,提供了大量珍贵的实践作品。

　　参与教师的成长是我们此次实践活动的宝贵财富。在撰写之初,我们组织沪藏两地 5 校近 20 位优秀教师构成团队,开展实践研究。在将中华优秀传统数学文化融入课堂的过程中,教师们不仅需要深入理解数学文化的内涵,还需将其与初中数学课程内容相结合,设计出富有创意和启发性的教学活动。在这一过程中,团队教师们不断学习、探索和创新,不仅提高了自身的教学能力,也深化了对中华优秀传统数学文化的理解和认识。研究的 2 年时间内,刘强副校长百忙中抽空参与研讨和案例研究,有 4 位团队教师晋升职称,苏慧娟老师荣获西藏自治区骨干教师,刘霄老师荣获长三角区域中学数学青年教师(初中组)教学设计大赛二等奖,卓玛次仁老师获日喀则市教师教学技能大赛二等奖,鲍成成老师、徐娅丽老师第一次发表教学论文……

我在援藏之前,有幸加入汪晓勤老师的上海 HPM 工作室,对数学史与数学教育的融合有粗浅的认识;在援藏过程中,我担任日喀则市兼职数学教研员,听课中发现教师尝试运用数学史开展教学,但由于对相关内容一知半解,存在讲解错误的情况。因此,我在撰写本书过程中,查阅了上千篇论文、多本中外数学史专著,可以说,这本书凝练了中华优秀传统数学文化的精华。

在文献学习的过程中,我深感中华优秀传统数学文化的博大精深,同时也为能够参与这项意义深远的工作而感到自豪。例如,随着对盈不足术的深入了解,我发现其实这是一种程序化的通法,可以解决一元一次方程和二元一次方程组问题;又如,出入相补原理,其应用之广泛,方法之巧妙,令我敬佩。

本书是西藏自治区教育科学研究 2022 年度课题《数学文化视角下西藏初中数学核心素养培育路径与实践研究》(编号:XZEDUP220141)的研究成果。

将中华优秀传统数学文化融入初中课堂需要长期坚持和不断创新。未来,我们将继续深化研究和实践,不断探索新的教学方法和策略,使中华优秀传统数学文化更好地融入初中课堂,为学生的全面发展贡献力量。同时,我们也期待更多的教育工作者能够关注中华优秀传统数学文化的传承与弘扬,共同推动数学教育的创新与发展。

2024 年 6 月于西藏

**图书在版编目（CIP）数据**

明史传智　以文化人：中华优秀传统数学文化融入
初中数学课堂的实践 / 李德虎著. — 上海：上海教育出版
社，2025.1.—（中学数学教研智慧丛书）.
ISBN 978-7-5720-3353-7

Ⅰ. G633.602

中国国家版本馆CIP数据核字第2025TB6661号

责任编辑　章佳维　张莹莹
封面设计　周　吉


Ming Shi Chuan Zhi Yi Wen Hua Ren
明史传智　以文化人
——中华优秀传统数学文化融入初中数学课堂的实践
李德虎　著

出版发行　上海教育出版社有限公司
官　　网　www.seph.com.cn
地　　址　上海市闵行区号景路159弄C座
邮　　编　201101
印　　刷　上海昌鑫龙印务有限公司
开　　本　700×1000　1/16　印张16
字　　数　260千字
版　　次　2025年1月第1版
印　　次　2025年1月第1次印刷
书　　号　ISBN 978-7-5720-3353-7/G·2988
定　　价　59.80 元

如发现质量问题，读者可向本社调换　电话：021-64373213